矫正项目研究成果文库

牟利型毒品罪犯

矫正项目

中国监狱工作协会 | 编

云南省监狱管理局
云南省小龙潭监狱循证矫正课题组 | 编写

法律出版社
LAW PRESS·CHINA

《矫正项目研究成果文库》编委会

云南省小龙潭监狱循证矫正课题组

主　编：胡志辉

副主编：于泉清　周　乐　彭　波　尹正文

成　员：张　俊　田知旗　李向坤　张智宏
王小杰　杨锡涛　谢　瑢　刘明飞
袁　将　王丽艳　金国防　胡　晓
张向杰　朱　立　刘德斌　张明炜
张　雷　赵姗姗　卢江宇　白涛铭
黄安云　查建清　刘应刚　赵　宏
雷声钟　李　刚　刘德华　周雁鸿
查建勇　高　睿　宋晓东　周树平
陈红联　丰　艳

总　序

惩罚与改造罪犯是党和政府赋予监狱的神圣职责，也是监狱人民警察不忘初心、牢记使命的具体表现。监狱安全是国家总体安全的重要组成部分，改造好罪犯对维护监狱安全稳定也有标本兼治的良好效果。监狱应该积极探索精准、科学、系统改造罪犯的方式方法，使罪犯在有限的刑期内得到有效的改造和矫正，尽可能地降低其刑释后的重新犯罪率，这样才能更有效地维护社会的安全稳定，满足人民日益增长的对美好生活向往的需要，进一步增强人民的安全感。监狱履行自己的职责使命，为维护稳定的社会秩序发挥重大作用，这是新时代对监狱工作提出的新要求。

新时代，监狱的在押罪犯结构发生了较大变化，涉黑涉恶类罪犯剧增，无期、死缓罪犯增加，二次服刑罪犯执迷不悟甚至“数进宫”，狱内犯情愈加复杂。《刑法修正案（八）》实施后，限制减刑罪犯出现，罪犯实际服刑时间大幅延长，给监狱工作提出了更高的要求。因此，监狱开展有效、高效的教育矫正研究和探索迫在眉睫。实施科学系统的循证矫正理念矫正罪犯，显然符合时代的发展；在监狱践行改造宗旨、回归主责主业的进程中,遵循“循证矫正”的理念是大有裨益的,用有针对性的矫正内容进行有效的教育矫正,可以有效避免隔靴搔痒、“头痛医头,脚痛医脚”等弊端。用系统、有效、高效的矫正方案,启发罪犯深刻意识到自己进监狱的原因及导致自己进监狱的根源问题,从而让他们认同、配合监狱的矫正活动,在参与中逐步改变他们的认知,进而改变其不良行为习惯或恶习,解决其犯因性问题,最终树立起正确的、健康的、积极的人生价值观念。

2012 年 9 月,司法部在江苏省宜兴市举办循证矫正研讨班,向全国监狱系统作出了开展研究探索循证矫正改造罪犯的工作部署,并选定了部分监狱作为先行试点,云南省小龙潭监狱就是试点单位之一。2017 年,司法部研究室下达关于研究探索循证矫正的研究课题,云南省小龙潭监狱以“‘三十二字’循证矫正工作体系的探索与实践”为项目课题获得批准立项。在接下来的一年多里,课题组汇集基层监狱人民警察的智慧和实践工作经验,在有关专家学者的指导下,进行案例遴选、归纳和理论提升,按期完成了课题研究工作。经司法部研究室和相关专家学者严格评审,该研究课题以较高的评价顺利结项。为进一步丰富国内矫正项目方面研究,推动监狱矫正事业发展,中国监狱工作协会从司法部研究所若干结项课题中遴选出云南省小龙潭监狱“‘三十二字’循证矫正工作体系的探索与实践”这一优秀研究成果,并召开会长办公会对该矫正项目课题进行了认真研究。会议认为,该矫正项目成果丰富、结构完整、务实创新,对推动矫正项目的进步与发展,推动罪犯教育改造工作,都有积极的开创性意义,决定以中国监狱工作协会的名义将其出版,扩大研究成果的影响力,推动研究成果的转化。这也是中国监狱工作协会在工作方式上的一次探索和创新。

2018 年 10 月,为进一步落实中国监狱工作协会会长办公会会议精神,中国监狱工作协会在云南省小龙潭监狱召开"矫正项目系列研究成果"研讨座谈会。会议以到监区现场考评和集中座谈研讨两种方式进行,中国监狱工作协会领导同志带队深入监区一线进行详细的调研指导和现场考评。座谈会上,中国监狱工作协会组织国内矫正领域的相关专家进行了专业的点评和指导,同时指出该系列矫正项目的研究为中国罪犯矫正工作提供了样板、贡献了智慧,具有较强的理论价值和推广价值,要求将该矫正项目成果转化,编撰成循证矫正系列矫正项目丛书。

循证矫正系列矫正项目丛书包括:《三十二字循证矫正工作体系操作指南》《吸食型毒品罪犯矫正项目》《牟利型毒品罪犯矫正项目》《暴力侵害公民财产罪犯矫正项目》《暴力侵害公民生命健康罪犯矫正项目》《暴恐类罪犯去宗教极端矫正项目》《邪教类罪犯矫正项目》《涉黑涉恶罪犯矫正项目》《利用职权侵占公私财物类罪犯矫正项目》《盗窃类罪犯矫正项目》《平安服刑认知提升项目》。

这套循证矫正系列丛书源于实践、高于实践,又服务于实践;既有一定的理论深度,又对实践有指导意义。《三十二字循证矫正工作体系操作指南》开创性地构建了循证矫正具体的操作流程及各步骤具体操作方法。系列矫正项目除必备的脱盲(国家标准语)教育、法律道德认识提升两个公共矫正模块外,直接针对各类型罪犯的犯因进行模块化矫正。每个矫正项目中均有相应的矫正方法、技巧介绍、说理教育,让罪犯能结合理论与实践,学有所知,学以致用。矫正项目立足于监狱,按需定项;形式上立足于单个的警察,有矫正目标、矫正重点与难点、矫正作业等,警察易讲易教;内容选择与编写上立足于罪犯实际,内容丰富、文字通俗、好懂易学、不枯燥不深奥,好用实用,学到的道理能够较容易地应用到日常生活中。

这套循证矫正系列丛书对循证矫正中国化、本土化进行了有益的探索,能够使矫正对象增长知识、改变想法、有所启发,甚至发生心灵的巨变;对监狱工作人员的工作也富有助益。在此特向课题组诸位同志以及帮助、指导编撰工作的各级领导、各位专家学者致以衷心的感谢。这套丛书的出版,得到了法律出版社的大力支持和帮助,在此也深表谢意。

中国监狱工作协会

2021 年 4 月

前　言

由于暴利的诱惑,每年仍有一些人因为牟利,进行毒品的生产、制作、走私、贩卖、运输而受到法律的严厉制裁。除了死刑立即执行外,都投入了监狱服刑改造。对监狱来说,建立一套完整、科学、有效的矫正方法,针对性地矫正涉毒罪犯,进一步提高矫正质量,降低此类罪犯的重新犯罪率,是一项有着重要意义的研究。

联合国发布的《2019 年世界毒品问题报告》中显示:全球 2017 年非法生产的可卡因数量达 1976 吨,创历史新高,比上年增加了 25%;在北美、西欧和中欧,可卡因使用呈上升趋势。全球有数百万种注射毒品,因注射毒品,140 万人感染艾滋病毒,560 万人患有丙型肝炎;因吸毒死亡 58 万人。与此同时,2017 年全球缉获的可卡因数量也相应增加了 13%,高达 1275 吨,是有史以来报告的最大缉获数量。在过去 10 年中,可卡因缉获量增加 74%,而产量只增加了 50%。换句话说,截获增量大意味着可供消费的可卡因数量的增长速度低于可卡因制造的增长速度。这就表明,在全球范围内,执法努力和国际合作比过去更加有效,截获的可卡因产品也就更多。

牟利型毒品罪犯在涉毒型罪犯中最大的特点就是自己不吸毒,只是利用毒品交易牟取非法利益,赚取钱财。这类罪犯一般存在法律、道德意识淡薄,拥有过度的侥幸心理及严重的好逸恶劳思想。他们对毒品交易的危害认识不足,错误认为,只要自己和自己的家人不吸毒就好,毒品的危害程度不大,等等,因此,铤而走险,以毒牟利。这类罪犯罪重刑长,入监后伴随的是数年甚至数十年的刑期,如果其没有树立正确的劳动观,刑释后没有找到一份安身立命的工作,很容易重操旧业,再次犯罪,这些都给社会带来了一些不安定的因素。为解决上述涉毒罪犯的矫正问题,中国监狱特组织编写本书。

本书讲述法律的基本概述,强调禁毒立法的意义、发展、特点,引导矫正对象树立正确的道德观念,同时深入分析毒品交易对个人、家庭及社会的危害,还从人性与良知的角度介绍了“五心”(恻隐之心、是非之心、辞让之心、羞恶之心、敬畏之心)。另外,通过本书的学习,有助于矫正对象破除好逸恶劳,重新树立正确劳动观;破除侥幸心理,加强约束控制,并给予其职业匹配的指导。这是一本专门针对牟利型毒品罪犯矫正的实用书籍,也希望本书能成为一把为广大监狱人民警察提供矫正思路的启迪钥匙,帮助和促进监狱人民警察更有针对性地开展好对罪犯的矫正工作。

本书并非仅为教材,而是一本实用性书籍,有较强的针对性和明确的对象,其特点是“立足监狱,按需定项;立足警察,易讲易教；立足罪犯，易学实用”，但由于时间仓促、水平有限，错误和不妥之处在所难免。敬请广大监狱人民警察在教学和使用中多提宝贵意见，也希望广大服刑人员在学习中，结合个人体会多提建议，以促进本书的进一步完善。在此，也向为本书提供帮助的专家、学者和禁毒相关工作人员表示诚挚的谢意！

目　录

牟利型毒品罪犯矫正项目简介 …………………………………… 1
一、矫正项目简介 ………………………………………………… 1
二、牟利型毒品罪犯矫正项目适用对象 ……………………… 2
三、矫正需求及矫正目标 ……………………………………… 3

脱盲教育篇

法律认知提升篇

第一章　法的基本概述 ………………………………………… 15
第一节　法的含义及特征 …………………………………… 15
一、法的含义 ……………………………………………… 15
二、法的特征 ……………………………………………… 16
第二节　法的规范作用 ……………………………………… 19
一、指引作用 ……………………………………………… 19
二、评价作用 ……………………………………………… 19

三、预测作用 …………………………………………………… 20
四、教育作用 …………………………………………………… 21
五、强制作用 …………………………………………………… 21
第三节 做一名遵纪守法的公民 ……………………………… 22
一、遵守法律的重要意义 ……………………………………… 22
二、做遵纪守法公民的基本要求 ……………………………… 23
第二章 禁毒立法的意义 ……………………………………… 26
第一节 禁毒立法重要性认知建立 …………………………… 26
一、以史为鉴,禁毒事关国家存亡 …………………………… 26
二、禁毒立法是社会发展的需要 ……………………………… 27
三、禁毒立法是青少年健康成长的重要保障 ………………… 28
第二节 禁毒立法发展史 ……………………………………… 30
一、第一个阶段:起步阶段 …………………………………… 31
二、第二个阶段:禁毒立法的春天 …………………………… 32
三、第三个阶段:禁毒立法的发展阶段 ……………………… 33
四、第四个阶段:禁毒立法新起点 …………………………… 34
第三节 禁毒法律体系概述 …………………………………… 34
一、国际公约 …………………………………………………… 35
二、法律 ………………………………………………………… 35
三、行政法规与部门规章 ……………………………………… 35
四、司法解释及司法机关规范性文件 ………………………… 36
五、地方性法规和地方政府规章 ……………………………… 36

第四节　我国禁毒工作立法特点 …………………………… 37
一、加重处罚 ………………………………………………… 37
二、细化条例 ………………………………………………… 39
三、完善国际禁毒合作机制 ………………………………… 39

道德认知提升篇

第一章　道德的含义及功能 ………………………………… 45
一、道德的含义 ……………………………………………… 45
二、道德的功能 ……………………………………………… 45
第二章　道德的种类 ………………………………………… 48
一、社会公德 ………………………………………………… 48
二、职业道德 ………………………………………………… 51
三、家庭美德 ………………………………………………… 54
四、个人品德 ………………………………………………… 55
第三章　社会主义核心价值观 ……………………………… 60
一、国家层面的价值目标 …………………………………… 60
二、社会层面的价值取向 …………………………………… 61
三、个人层面的价值准则 …………………………………… 61
第四章　践行社会主义核心价值观 ………………………… 71
一、遵守基本规范 …………………………………………… 72
二、遵守生活规范 …………………………………………… 74
三、遵守学习规范 …………………………………………… 75

四、遵守劳动规范 …………………………………… 77
五、遵守文明礼貌规范 ……………………………… 78

重塑新生篇

第一章　毒品交易危害教育 ………………………… 83
第一节　毒品知识概述 ……………………………… 84
一、毒品的定义 ……………………………………… 84
二、毒品的分类 ……………………………………… 84
三、毒品的危害 ……………………………………… 85
第二节　毒品交易的危害 …………………………… 87
毒品交易导致犯罪率攀升 …………………………… 87
一、毒品问题严重危害社会治安稳定 ……………… 88
二、毒品问题极易污染社会风气 …………………… 89
三、毒品问题导致大案要案增多 …………………… 90
四、毒品交易导致的其他问题 ……………………… 91
毒品交易造成社会财富大量流失 …………………… 91
一、毒品交易造成整个社会的劳动力减少 ………… 91
二、毒品交易造成大量的国家财政损失 …………… 92
毒品交易引发家庭危机 ……………………………… 95
一、投资贩毒，人财两空，造成家庭经济危机 …… 96
二、身陷囹圄，责任缺失，造成家庭职能危机 …… 98

第二章　“五心”认知提升 …… 102
第一节　认识“五心” …… 102
恻隐之心 …… 103
一、恻隐之心的含义 …… 103
二、恻隐之心的特点 …… 106
三、恻隐之心的表现 …… 108
四、恻隐之心的作用 …… 113
是非之心 …… 118
一、是非之心的含义 …… 118
二、是非之心的表现 …… 120
三、是非之心的作用 …… 129
辞让之心 …… 137
一、辞让之心的含义 …… 137
二、辞让之心的表现 …… 138
三、辞让之心的作用 …… 148
四、辞让之心的提升对罪犯的作用 …… 153
羞恶之心 …… 159
一、羞恶之心的含义 …… 160
二、羞恶之心的表现 …… 160
三、羞恶之心的作用 …… 166
敬畏之心 …… 168
一、敬畏之心的含义 …… 168

二、敬畏之心的表现 …… 169
三、敬畏之心的作用 …… 176
第二节 “五心”的作用与意义 …… 181
“五心”在道德行为中的作用 …… 181
一、在行为萌芽阶段的预测、筛选和定向作用 …… 181
二、在行为实施阶段的检测、监督和调整作用 …… 183
三、对行为结果的反思、评价和辐射作用 …… 184
坚守“五心”对罪犯矫正的意义 …… 185
一、有利于提升罪犯的道德意识 …… 186
二、有利于提升罪犯的认罪悔罪意识 …… 189
三、有利于提升罪犯的赎罪意识 …… 191
第三节 提升“五心”的方法 …… 195
运用情景实例呈现法提升恻隐之心 …… 195
一、情景实例呈现法的含义 …… 196
二、情景实例呈现法的具体运用 …… 196
运用情景活动法提升是非之心 …… 200
一、情景活动法的含义及意义 …… 200
二、情景活动法的运用 …… 201
运用案例分析法提升辞让之心 …… 214
一、案例分析法的内涵和意义 …… 214
二、案例分析法的操作步骤 …… 214
三、案例分析法的实际演练 …… 215

运用两种方法提升羞恶之心 …… 220
一、运用对比提升法提升羞耻心 …… 220
二、运用换位思考法引发罪犯的愧疚心 …… 226
运用刑罚体验法提升敬畏之心 …… 229
一、刑罚认知 …… 229
二、刑罚体验对比法 …… 230
第三章　破除恶劳好逸恶习，树立劳动光荣理念 …… 234
第一节　劳动认知教育 …… 234
一、劳动的含义 …… 235
二、劳动的外在形式 …… 235
三、劳动的意义 …… 236
第二节　认识恶劳好逸 …… 241
一、恶劳好逸的概念 …… 241
二、恶劳好逸的外在表现 …… 241
三、恶劳好逸的内在原因 …… 243
四、恶劳好逸对个人的危害 …… 244
第三节　端正劳动态度，消除恶劳好逸思想 …… 247
一、劳动态度的含义 …… 247
二、劳动态度不端正的表现 …… 248
三、端正劳动态度的举措 …… 249
第四章　破除侥幸心理，加强管理控制 …… 253
第一节　破除侥幸心理 …… 253

侥幸心理的概念 …………………………………… 253
侥幸心理的表现 …………………………………… 255
一、工作、学习生活中 …………………………… 255
二、越轨违法中 …………………………………… 256
侥幸心理的特征 …………………………………… 257
一、普遍性 ………………………………………… 257
二、差异性 ………………………………………… 259
三、成功难以达成性 ……………………………… 260
四、投机取巧性 …………………………………… 261
五、强化性 ………………………………………… 261
六、腐蚀性和传染性 ……………………………… 263
侥幸心理的作用 …………………………………… 264
一、激励作用 ……………………………………… 264
二、调节作用 ……………………………………… 265
三、娱乐作用 ……………………………………… 266
四、伪避险作用 …………………………………… 266
第二节　侥幸心理的管理控制 ……………………… 267
适度管理侥幸心理 ………………………………… 267
一、目标适度可行 ………………………………… 268
二、不过度依赖 …………………………………… 268
三、不过度投入 …………………………………… 269
用道德约束侥幸心理 ……………………………… 270

一、树立正确的价值观 …… 271
二、珍惜个人信用 …… 272
三、学会自我反思 …… 273
四、懂得将心比心 …… 274
用法律震慑侥幸心理 …… 276
一、树立对法律的敬畏之心 …… 276
二、法律面前莫侥幸,侥幸必被抓 …… 277
三、莫做心虚贼、惊弓鸟 …… 278

职业匹配指引篇

第一章　树立正确职业观 …… 283
第一节　职业概述 …… 283
一、职业的含义 …… 283
二、职业的特性 …… 283
三、职业的分类 …… 285
四、职业观不正的表现 …… 285
五、树立正确的职业观 …… 286
第二节　职业生涯规划基本概述 …… 287
一、职业生涯规划的概念及特性 …… 287
二、职业阶段划分与职业规划 …… 289
三、影响职业生涯规划的不良心态 …… 291
四、职业生涯规划的重要意义 …… 294

第二章　九型人格与职业规划 …… 297
第一节　职业规划步骤及自我认知 …… 297
一、确定志向 …… 297
二、准确自我评估和分析客观条件 …… 297
三、制订适度的职业目标 …… 298
四、制订行动计划、考核措施,并进行评估和调整 …… 298
第二节　九型人格与职业规划 …… 299
一、九型人格的含义 …… 299
二、九型人格与职业规划 …… 300
三、各类型人格职业匹配 …… 301
四、九型人格自测与分析 …… 307
第三章　职业成功及其必备的素质 …… 309
第一节　职业成功 …… 309
一、职业成功的含义 …… 309
二、职业成功的标准 …… 310
第二节　成功职业者必备的九大素质 …… 312
一、动力 …… 312
二、进取心 …… 315
三、诚信 …… 319
四、积极心态 …… 324
五、科学管理时间 …… 328
六、善于学习 …… 331

七、有效沟通 …………………………………………………… 337
八、高效合作 …………………………………………………… 344
九、自信 ………………………………………………………… 349
附件一　主题活动 …………………………………………………… 355
附件二　牟利型毒品罪犯矫正项目测评试卷(A) ………… 356
牟利型毒品罪犯矫正项目测评试卷(A)答案 ………… 363
附件三　牟利型毒品罪犯矫正项目测评试卷(B) ………… 366
牟利型毒品罪犯矫正项目测评试卷(B)答案 ………… 373

牟利型毒品罪犯矫正项目简介

一、矫正项目简介

为便于精准矫正，我们将涉毒罪犯分为吸食型毒品罪犯和牟利型毒品罪犯。吸食型毒品罪犯主要是指曾经有吸毒史以及因吸毒衍生犯罪（如以贩养吸、运输毒品、盗窃、抢劫等）而入狱的罪犯；牟利型毒品罪犯主要是指自己不吸毒，专门利用毒品牟利入狱的罪犯（如走私、贩卖、运输、制造、非法持有毒品）。本矫正项目专指牟利型毒品罪犯矫正项目。

本矫正项目按照“理论联系实际、主客观相结合、模块化矫正、阶梯式递进”的原则进行。根据牟利型毒品罪犯的特点，设置以下5个大矫正模块（5个矫正篇），分别为：脱盲教育篇、法律认知提升篇、道德认知提升篇、重塑新生篇、职业匹配指引篇。其中，重塑新生篇是针对性矫正模块，它包含了毒品交易危害教育、“五心”认知提升、破除恶劳好逸恶习以及破除侥幸心理等内容。

在矫正实施阶段，以脱盲教育和法律认知提升为基础，以道德为导引，以职业匹配指引为支撑，以唤醒良知、管理侥幸心理为核心；注重矫正的针对性，理论知识讲解与主题训练操作相结合，充分调动矫正对象的主观能动性，进行启发式、参与式矫正。

本矫正项目共计13章23节，含3个主题活动。

矫正项目实施流程如图1所示：

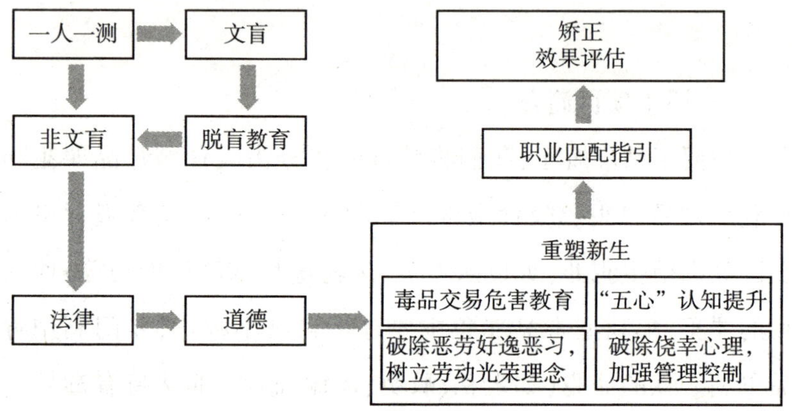

图1　矫正项目实施流程

二、牟利型毒品罪犯矫正项目适用对象

符合以下条件的，认定为牟利型毒品罪犯。

第一，毒品类罪犯。

第二，无吸毒史。

备注：

1. 一年以上刑期的男女罪犯通用。

2. 以贩养吸类毒品罪犯既是吸食型毒品罪犯，又是牟利型毒品罪犯，此类型罪犯先安排其参加“吸食型毒品罪犯矫正项目”，结束后再安排其参加本矫正项目。

三、矫正需求及矫正目标

对牟利型毒品罪犯的构成进行测试、调查、研究后，可以发现，本类型罪犯文化水平参差不齐，但都具备了以下特征：法律知识匮乏或对法律没有敬畏之心；道德水平低下，以毒牟利，损人利己；只顾眼前利益，错误认为毒品交易危害不大；对吸毒者家破人亡没有恻隐之心，暴利当前失去是非善恶之心，非法赚取钱财没有敬畏之心；过度的侥幸心理及严重的好逸恶劳思想占据内心等。因此，针对这些特征，本矫正项目明确了 8 大类矫正需求及相应矫正目标，如下：

矫正需求一：文化水平参差不齐。

矫正目标：通过开展脱盲教育，使文化程度较低的矫正对象能够掌握基本的文化知识，为后续系列矫正打下基础。

矫正需求二：法律知识匮乏，法律意识淡薄，或对法律没有敬畏之心。

矫正目标：了解法律的基本内容，提升法律认知水平。讲解禁毒立法的重要性，深入分析禁毒立法发展史及禁毒法律体系，使矫正对象知法守法。

矫正需求三：道德意识淡薄，为牟利，不顾吸毒者死活，损人利己。

矫正目标：通过学习相关道德的基本含义、特征、作用等，使矫正对象提升道德认知。

矫正需求四:对毒品交易犯罪造成的危害认识肤浅。

矫正目标:引导矫正对象学习,深层次了解毒品对家庭、国家、人类社会的危害。

矫正需求五:良知被蒙蔽。

矫正目标:通过学习"五心"(恻隐之心、是非之心、辞让之心、羞恶之心、敬畏之心),使矫正对象提升对人性的认知,唤醒被蒙蔽的良知。

矫正需求六:劳动观歪曲,好逸恶劳。

矫正目标:深刻分析好逸恶劳危害,讲解劳动认知,使矫正对象端正劳动态度,树立正确的劳动观。

矫正需求七:侥幸心理过度且失控。

矫正目标:讲解侥幸心理概念、表现、特征、作用等,使矫正对象能够正确认识侥幸心理,并管控好侥幸心理。

矫正需求八:职业观不正,缺乏适宜的职业规划。

矫正目标:使矫正对象明确自身职业需求,认清自身职业能力,能结合自身能力和社会需求,制订适宜自身的职业规划。

脱盲教育篇

脱盲，即脱离文盲状态，能读书识字，能理解书面材料，能用书面语言表达自己的思想。在参加脱盲教育的识字和学习过程中，矫正对象要跟随矫正官进行一系列的思维活动及其他智力活动，如观察、比较、想象、推理等，这些或分析或综合或形象或抽象的思维活动，可以使矫正对象的智力得到训练，并不断提升其读、写、听、看的学习认知能力，还可以逐渐培养矫正对象对是非对错的辨识能力。

中华文化博大精深，从《三字经》《千字文》的识字开始，就饱含着纲常伦理的道德教育。汉字映射着中华民族博大精深的文化内容和文化心理，反映中华民族认识世界的方式。

本篇是矫正模块的开端，语文部分从生活常识到四季更替，从学习历史到了解祖国；数学部分讲述基本的加、减、乘、除和常见的各种图形形状。在学字认字识字的同时，更加重视激发矫正对象的爱国情怀，培养其自主学习和勇于创新的精神，形成健康的审美情感，从而有效地提升矫正对象的素养，为后续矫正工作打下坚实的基础。

本矫正模块总课时：190 课时

矫正目标：能正确地认、读、写汉字；了解汉字与汉语拼音的关系，认读声母表、韵母表；能够阅读涉及日常生活的通俗文字材料内容；可以利用字典等工具进行扩展练习；数字及其符号认读；了解数学单位；学会使用时间工具；学会两位数以内的加、减、乘、除运算。

建议课时：190 课时（见表 1）

表1　脱盲教育教学课时安排

教学内容	课时数
生活中的读与写	120
第一单元　汉语拼音	20
第一课　ɑ　o　e	1
第二课　i　u　ü	1
第三课　b　p　m　f	1
第四课　d　t　n　l	1
学习园地一	2
第五课　ɡ　k　h	1
第六课　j　q　x	1
第七课　zh　ch　sh　r	1
第八课　z　c　s	1
学习园地二	2
第九课　ɑi　ei　ui	1
第十课　ɑo　ou　iu	1
第十一课　ie　üe　er	1
第十二课　ɑn　en　in　un　ün	1
第十三课　ɑnɡ　enɡ　inɡ　onɡ	1
学习园地三	2
怎样查字典(一)	1
第二单元　识字	100
识字(一)	6
第一课　一去二三里	1
第二课　数量词	1
第三课　常用的计量单位	1

续表

教学内容	课时数
第四课　票据用语	1
语文园地一	2
识字(二)	7
第一课　亲属的称呼	1
第二课　生活用品(一)	1
第三课　生活用品(二)	1
第四课　常见食物	1
第五课　蔬菜	1
语文园地二	2
识字(三)	6
第一课　人体健康	1
第二课　医院就诊科室	1
第三课　健康饮食	1
第四课　饮食疗法歌	1
语文园地三	2
识字(四)	6
第一课　城市公用标志	1
第二课　城市常见禁止标志和限制标志	1
第三课　城市常见安全警示标志	1
第四课　交通出行	1
语文园地四	2
识字(五)	7
第一课　国旗　国徽　国歌	1
第二课　歌唱祖国	1

续表

教学内容	课时数
第三课　我们的祖国(一)	1
第四课　我们的祖国(二)	1
第五课　中国传统节日	1
语文园地五	2
识字(六)	6
第一课　春	1
第二课　春风吹	1
第三课　春来了	1
第四课　古诗两首	1
语文园地六	2
识字(七)	7
第一课　夏	1
第二课　太阳岛上	1
第三课　盛夏	1
第四课　古诗两首	1
语文园地七	2
怎样查字典(二)	1
识字(八)	7
第一课　秋	1
第二课　秋天到	1
第三课　秋天的图画	1
第四课　秋天	1
第五课　古诗两首	1
语文园地八	2

续表

教学内容	课时数
识字(九)	6
第一课　冬	1
第二课　我爱你,塞北的雪	1
第三课　瑞雪图	1
第四课　古诗两首	1
语文园地九	2
识字(十)	7
第一课　农作物名称	1
第二课　传统农业常用名词	1
第三课　现代农业常用名词	1
第四课　多种经营奔小康	1
第五课　科学种菜能致富	1
语文园地十	2
识字(十一)	7
第一课　珍惜时光	1
第二课　董遇勤学的故事	1
第三课　匡衡借光读书	1
第四课　“黑板”跑了	1
第五课　学棋	1
语文园地十一	2
识字(十二)	7
第一课　古今科技	1
第二课　梦圆飞天	1
第三课　太空生活	1

续表

教学内容	课时数
第四课　电子邮件	1
第五课　克隆	1
语文园地十二	2
识字(十三)	7
第一课　改造“三字经”(一)	1
第二课　改造“三字经”(二)	1
第三课　吴明德学文化	1
第四课　从 20 岁到 60 岁	1
第五课　左新民的故事	1
语文园地十三	2
识字(十四)	6
第一课　品德	1
第二课　孔子谈道德	1
第三课　孙叔敖的故事	1
第四课　在金色的沙滩上	1
语文园地十四	2
总复习	8
生活中的数与算	70
第一单元　数	42
1.1　数的认识	4
1.2　加法	5
1.3　减法	5
1.4　乘法	9
1.5　除法	9

续表

教学内容	课时数
1.6　四则混合运算和应用题	6
数学园地(一)	4
第二单元　认识平面图形	26
2.1　线段、射线和直线	3
2.2　角	4
2.3　垂线和平行线	4
2.4　三角形	5
2.5　四边形	7
2.6　圆	1
数学园地(二)	2
第三单元　计算器	2
3.1　计算器的认识	1
3.2　计算器的使用	1
总课时数	190

入监4周内,开展文化水平摸底测试,测试内容难易程度可以参照《三十二字循证矫正工作体系操作指南》中的罪犯入监文化水平摸底测试试卷,成绩低于60分的,认定为文盲,同时符合司法部《教育改造罪犯纲要》规定的入学条件,为本模块的适用对象。鼓励年满45周岁且能够坚持正常学习的罪犯参加脱盲教育。脱盲教育统一使用司法部监狱管理局编写的“文化教育”系列教材之《扫盲》。脱盲教育结束后,由监狱统一组织考试,考试合格者,颁发地方教育部门认可的脱盲证书。

法律认知提升篇

恩格斯说过,“人来源于动物界的这一事实已经决定人永远不能完全摆脱兽性,所以问题永远只能在于摆脱得多些或少些,在于兽性或人性的程度上的差异”,所以人类制定法律来规范人的行为。法律禁恶,着重于抑制人的非理性。法律是一种外在性、他律性的规范,依靠国家强制力而运作。我们每个人无论做什么事,都要学会用法律做准绳来衡量自己的一言一行。

毒品交易、以毒牟利是严重的违法犯罪行为,这些行为破坏社会秩序、威胁国家安全,是世界各国都严厉打击的对象。因此,世界各国都在为禁毒而立法,我国也不例外。

本篇从法律的基本概念开始讲解,着重阐述禁毒立法的重要性、发展史,以及我国禁毒工作的立法特点,从认识法律到敬畏法律的角度引导矫正对象远离毒品犯罪,使之遵纪守法,做一名合格公民。

本矫正模块总课时:14 课时

第一章　法的基本概述

矫正目标：了解法律的含义、特征、类型及作用；树立依法行使权利、履行义务的意识；明白法律对一切个体都具有约束力。

建议课时：6 课时

第一节　法的含义及特征

建议课时：2 课时

一、法的含义

法是由国家制定或认可，由国家强制力保证实施的，反映国家意志和利益的规范体系。法的目的在于维护社会关系和社会秩序。广义的法，是指国家制定或认可并由国家强制力保证实施的各种行为规范的总和；狭义的法，是指拥有立法权的国家机关依照立法程序制定和颁布的规范性文件，即法律。

根据立法机关不同，可以将法律划分为宪法、法律、行政法规、规章等。宪法由全国人大修改，由全国人大及其常委会监督实施;法律由全国人大及其常委会制定;国务院制定行政法规;地方省级人大及其常委会可以制定地方性法规;国务院各部、委员会等可以制定部门规章;地方省政府等可以制定政府规章。

二、法的特征

(一)法是调整人的行为的一种社会规范

社会规范是指人与人相处的准则。社会是由人与人的关系构成的,社会规范则是维系人们之间交往行为的基本准则。法调整人与人之间的社会关系,违法犯罪会受到法律的惩罚。

(二)法是由公共权力机构制定或认可的具有特定形式的社会规范

法律形成有两种基本方式:一种是制定法律,即享有国家立法权的机关,按照一定的权限划分,依照法定的程序将国家的意志转化为法律。通过制定方式形成的法律就是成文法或制定法。另一种是通过国家认可的方式形成法律,这种形成法律的方式是对社会中已有的社会规范(如习惯、道德、宗教教义、政策)赋予法的效力。

(三)法是具有普遍性的社会规范

法的普遍性具有两层含义:一是普遍有效性,即在国家权力所及的范围内,法具有普遍效力或约束力。二是要求平等地对待一切人,要求法律面前人人平等。

(四)法是以权利义务为内容的社会规范

法是通过设定以权利义务为内容的行为模式的方式,指引人的行为,将人的行为纳入统一的秩序之中,以调节社会关系。法所规定的权利义务,不仅是对公民而言的,而且也是针对一切社会组织、国家机构的。法不仅规定义务,而且赋予权利。法的存在,意味着人们谋求自身利益行为的正当性,意味着个人追求现实利益的正当性。

权利是规定或隐含在法律规范中、实现于法律关系中、主体以相对自由的作为或不作为的方式获得利益的手段。我国《宪法》规定公民的基本权利,主要包括以下几个方面:(1)法律面前一律平等;(2)政治权利和自由,包括选举权和被选举权,言论、出版、集会、结社、游行、示威的自由;(3)宗教信仰自由;(4)人身与人格权,包括人身自由不受侵犯,人格尊严不受侵犯,住宅不受侵犯,通信自由和通信秘密受法律保护;(5)监督权,包括对国家机关及其工作人员有批评、建议、申诉、控告、检举并依法取得赔偿的权利;(6)社会经济权利,包括劳动权利,劳动者休息权利,退休人员生活保障权利,因年老、疾病、残疾或丧失劳动能力时从国家和社会获得社会保障与物质帮助的权利;(7)社会文化权利和自由,包括受教育权利,进行科研、文艺创作和其他文化活动的自由;(8)妇女保护权,包括妇女在政治、经济、文化、社会和家庭生活等方面享有同男子同等的权利;(9)婚姻、家庭、母亲和儿童受国家保护;(10)华侨、归侨和侨眷的正当权利和利益受国家保护。

义务是规定或隐含在法律规范中、实现于法律关系中的、主体以相对被动的作为或不作为的方式保障权利主体获得利益的手段。我国《宪法》规定公民的基本义务,主要包括以下几个方面:(1)维护国家的统一和全国各民族的团结;(2)遵守《宪法》和法律,保守国家秘密,爱护公共财产,遵守劳动纪律,遵守公共秩序,尊重社会公德;(3)维护国家的安全、荣誉和利益;(4)保卫祖国,抵抗侵略,依照法律服兵役和参加民兵组织;(5)依照法律纳税;(6)其他义务。如劳动、受教育既是公民的权利又是公民的义务。

(五)法是以国家强制力为后盾,通过法律程序保证实现的社会规范

法律强制是一种国家强制,是以军队、监狱等国家强制力为后盾,以相应的法律制裁措施来保证。因此,法律就一般情况而言,是一种最具有外在强制性的社会规范。另外,法律的制定和实施都必须遵守法律程序。

矫正作业:

1. 法的含义及特征是什么?
2. 我国《宪法》规定公民有什么权利?
3. 我国《宪法》规定公民有什么义务?

将答案填写在《矫正足迹》上。

第二节　法的规范作用

建议课时:2 课时

根据行为主体的不同,法的规范作用可以分为:指引、评价、预测、教育和强制作用。学习法的规范作用有利于知法懂法遵法守法。

一、指引作用

指引作用,是指法律作为一种行为规范,为人们提供了某种行为模式,指引人们该怎么做或者不该怎么做。法的指引的对象是本人的行为。法的指引是一种典型的规范性指引。

二、评价作用

评价作用,是指法律具有判断、衡量他人行为是否合法或违法以及违法性质和程度的作用。评价的对象是他人的行为。法律是一种判断标准,一种评价尺度。在对他人的行为进行判断或评价时,离不开一定的判断标准或评价尺度。法律的评价更客观、更明确、更具体,为人们提供了一种维护社会秩序、促进社会发展的可靠的评价工具。如果说法的指引作用可以视为法的一种自律功能的话,那么法的评价作用则可以视为法的一种他律功能。

三、预测作用

预测作用,是指当事人可以根据法律预先估计到他们相互将如何行为,以及某种行为在法律上的后果。预测作用的对象是人们相互的行为,可以分为两种情况,即行为人依据法律调整相互关系和行为人依据法律预测国家对某种行为的态度。在第一种情况下,当事人可以相互预测对方的行为。由于法律规范的存在,一定法律关系中的当事人可以预先估计到对方应当如何行为,从而自己采取相应的行为。例如,在合同关系中,甲方在履行自己的合同义务时,可以合理地预计对方也会履行合同义务;如果任何一方违约,违约方也会估计到另一方将采取哪些求偿行为。在第二种情况下,是指人们可以依据法律,预先估计到国家对某种行为所采取的态度,预见到某种行为是合法还是违法,在法律上是有效还是无效,国家会予以肯定、保护或奖励,还是否定或制裁。

当然,人们也可以预先知道该种行为是否属于法律干预的范畴。对于试图违反法律的人来说,法律起着预警的作用;对于希望在一个合理、公正社会中生活的公民来说,法律起着预示、提示的作用,帮助人们自觉在理性、法治的轨道中生活。因此,法律的预测作用对于市场经济的运行是必不可少的,对于一个有序社会的建立、维护和发展也是十分重要的。

四、教育作用

教育作用,是指通过法律的实施对一般人今后的行为所产生的影响。这种作用的对象是一般人的行为,包括正面教育和反面教育。首先,对违法行为实施法律制裁,对包括违法者本人在内的一般人来说,都具有教育和警戒作用;其次,对合法行为加以保护、赞许或者奖励,使对所有人都有鼓励和示范作用。法的教育作用可以将法律中体现的某种思想、观念灌输给社会成员,将外在的规范内化,形成习惯。

五、强制作用

强制作用,是指法律对违法行为具有制裁、惩罚的作用。强制作用的对象是违法者的行为。法的强制作用有时通过制裁违法犯罪行为直接显现出来;有时则作为一种威慑力量,起着预防违法犯罪行为、增进社会成员的社会安全感的作用。

遵守法律是我们每个公民应尽的责任和义务,是保持社会和谐安宁的重要条件,是维护社会公共生活正常秩序的必要条件,是成为一个守法公民的最基本要求。

遵守法律的现实意义非常重大,可以概括为3个基本保障:

(1)遵守法律是维护人民、国家利益的基本保障。

(2)遵守法律是实现公平正义的基本保障。

(3)遵守法律是实现社会稳定、长治久安的基本保障。

国无法不治,民无法不立。倘若没有法律的规范,失去法度的控制,各项社会秩序就得不到保障,生存、发展的环境就会遭到破坏,人们就不可能安居乐业。人人遵法纪,凡事依法纪,则社会安定、经济繁荣、生态良好、人民幸福。

矫正作业:

1. 法的规范作用有哪些?

2. 遵守法律可以得到哪几个基本保障?

将答案填写在《矫正足迹》上。

第三节　做一名遵纪守法的公民

建议课时:2 课时

一、遵守法律的重要意义

遵守法律是我们每个公民应尽的责任和义务,是保持社会和谐安宁的重要条件,是维护社会公共生活正常秩序的必要条件,是成为一个守法公民最基本要求。

法律在这个社会中是一种权威,人们需要依据它来生活;法律是一扇屏障,弱小者的利益得以保障;法律更是一条粗大的铁链,它紧紧地绑住犯罪分子,阻止他们在这个社会中胡作非为。

二、做遵纪守法公民的基本要求

遵纪守法是每个公民应尽的社会责任和道德义务，是保持社会和谐安宁的重要条件，是对每一位公民最基本的要求。逆法而动，越规而行，是无知和愚昧的表现。这种无视法律法规、无视纪律规范的行为，绝不会带来什么好的后果，终究会受到法纪的惩处。

（一）心中有法

要求每一位公民都要知法、学法、懂法，提高自身辨别是非的能力。不仅学生要学，老师也要学；警察要学，罪犯也要学，各行各业的人都要学。把法律知识普及全社会，使之家喻户晓、人人皆知。

现代社会中，有些人为了追求个性化，认为被规矩束缚着，不利于自己的发展，干一些违反规则的事才能体现自己的特立独行、与众不同；还有些人认为，讲法律就没有自由，讲自由就不能受法律的约束。而自由是相对的，是有条件的。鸟在空中飞翔，它们是自由的；鱼在水中嬉游，它们是自由的。如果把鸟放入水中，让鱼离开了水，那么它们不仅得不到自由，而且很快就会死掉；人走在马路上是自由的，但如果不遵守交通规则，乱窜马路，被车辆撞倒，那就失去了行走的自由。个人的思想体系中没有遵纪守法意识，很容易让坏习惯成为自己自然而然的行为模式，小事变大事，违纪就会逐步变成违法，这绝不是危言耸听。

“以遵纪守法为荣,以违法乱纪为耻”,要求大家确立法律意识,自觉地维护法律的权威,严格依照法律法规办事,不越规、不逾纪。增强法律意识和观念,有利于形成积极健康向上的社会风尚,有益于进一步构建社会主义和谐社会。

(二)心存敬畏

树立敬畏法律意识,“有所畏”才能“有所为有所不为”。“有所畏”是对国家法律法规的一种敬畏,是一种自律、一份清醒,是自觉把自己的行为关进制度的笼子、法律的笼子。要求大家在行使权利时常怀敬畏之心,自觉接受法律约束和监督,“有所畏”是为了更好地“有所为”,否则,就会因为不遵纪守法而走上犯罪的道路。

《明史》记载,一天,明太祖朱元璋早朝时问群臣:“天下何人最快活?”有人说功成名就者最快活,有人说富甲天下者最快活……答案五花八门。朱元璋听着这些回答只是颔首捻须,不以为然。这时一个名叫万钢的大臣回答:“畏法度者最快活。”朱元璋连连点头,称其见解“甚独”。这话有哲理,也有远见。法度是人类社会的“保护神”,不可亵渎和违反。违背、忤逆法度,可乘一时之机,可图一时之快,可获一时之利,然而,古往今来又有几人真正快活?

敬畏法律是发挥法律指引功能的文化心理机制。法律指引大家明白,在日常生活中什么事能做、什么事不能做。比如,你过马路,不管有没有警察,都会按照红绿灯过马路,这就叫作敬畏法律。所以,做遵纪守法的合格公民要对法律心存敬畏。

(三)自觉守法

遵纪守法,贵在习惯养成。守法律、讲规矩,说易行难,这就要求大家时时、事事、处处养成遵纪守法的行为习惯,从小处着手,从小事做起,将“守法律、讲规矩”的要求落实到生活中,落实到具体的行动中,不断增强自身遵纪守法的自觉性。对于全社会成员而言,就是把法律和规矩放在自己的行动前面,自觉把遵规守纪作为人生戒律,把法纪真正写在心里。

遵纪守法既是法律的要求,也是道德的要求。公民只有坚守法律底线,筑牢道德防线,才能更好地适应社会,实现个人的人生价值,社会也才能实现真正的和谐。所以做一件事之前,一定要先想想,这件事对不对,该不该做,能不能做,三思而后行。

随着社会的不断进步和发展,法律越来越受到人们重视。做一位遵纪守法的合格公民,就要做到学法、知法、懂法、守法、用法。只有每一位公民遵纪守法,人民才能安居乐业,家庭才会和睦,生活才会幸福,社会才会和谐。

矫正作业:

1. 遵守法律有什么重要的意义?

2. 结合自身实际,谈谈怎样做一名遵纪守法的公民?

将答案填写在《矫正足迹》上。

第二章　禁毒立法的意义

矫正目标:通过本章,使矫正对象了解禁毒法律体系的5个构成部分,促使其重塑法律认识,懂得禁毒立法的重要意义,学会思考毒品犯罪的危害。

建议课时:8 课时

第一节　禁毒立法重要性认知建立

建议课时:2 课时

想想林则徐虎门销烟的壮观场面,再看看圆明园断壁残垣场景的图片,不禁感叹祸国殃民的鸦片给我国人民带来的巨大伤害。

一、以史为鉴,禁毒事关国家存亡

1838 年,道光帝派湖广总督林则徐为钦差大臣,奔赴广东查禁鸦片。林则徐到任后,严行查缴鸦片 2 万余箱,并于虎门海口尽数销毁,打击了英国鸦片走私商贩,维护了我国的权益,史称虎门销烟。英国政府以此为借口,于 1840 年入侵我国,发动了第一次鸦片战争。战争以英国获胜而结束,清政府被迫在南京签订了中国近代第一个不平等条约——中英《南京条约》,英国逼迫清政府割让香港、赔款,开放5个通商口岸,同清政府议定关税,取得领事裁判权及自由通商的权利。法国、比利时、瑞典等国家也借机胁迫清政府签订了类似条约,加剧了对我国的关税、贸易、司法等主权的破坏,导致自给自足的自然经济进一步解体,中国逐渐成为世界资本主义的商品市场和原料供给地,开始沦为半殖民地半封建社会。

1856年,英国以“亚罗号事件”为借口,再次发动对中国的侵略,史称第二次鸦片战争。英国等列强用战争的方式逼迫清政府签订了《天津条约》等一系列不平等条约,让我国主权再遭重创。两次鸦片战争使我国主权遭到严重破坏,国库被掠夺一空,国家一贫如洗,民不聊生,出现令人悲愤的凄惨局面——“国家无可以充饷之银”。

从上述历史当中,我们不难发现,毒品对国家的危害是巨大的,禁毒事关国家存亡。

二、禁毒立法是社会发展的需要

中华人民共和国成立后几十年的无毒环境,让人们的毒品危害观念逐渐淡化。但20世纪70年代末以来,国际毒潮不断侵袭中国,过境贩毒引发的毒品违法犯罪死灰复燃。自1979年云南武警边防部队查破第一起携带毒品过境案以来,仅不足1

年时间,全国公安机关破获的贩毒案件就迅速攀升到900起。在暴利的刺激下,毒犯们漠视国家关于禁毒的法律规定,毒品犯罪问题愈演愈烈。

《2016年中国毒品形势报告》数据显示,吸毒人员总量缓慢增长。截至2016年年底,全国有吸毒人员250.5万名(不含戒断3年未发现复吸人数、死亡人数和离境人数),同比增长6.8%,滥用合成毒品人员151.5万名,占60.5%;滥用阿片类毒品人员95.5万名,占38.1%;滥用大麻、可卡因等毒品人员3.5万名,占1.4%。全国查获复吸人员60万人次,其中滥用合成毒品人员占62%,滥用阿片类毒品人员占37.4%,滥用大麻、可卡因等毒品人员占0.6%。全国查获复吸人员已由过去以滥用阿片类人员为主,转变为滥用合成毒品人员为主。由此可见,毒品对我国的危害多么严重。

《2017年中国毒品形势报告》数据显示,全国共破获毒品刑事案件16.5万起,抓获毒品犯罪嫌疑人19.4万名,缴获各类毒品102.5吨,同比上年分别增长13.2%、15.0%和48.7%。

所以,加强禁毒立法,推进依法打击毒品犯罪和禁毒执法行动,对我国社会的发展具有重大意义。

三、禁毒立法是青少年健康成长的重要保障

梁启超曾说:“少年智则国智,少年富则国富,少年强则国强,少年进步则国进步。”一个国家的进步与富强离不开青少年

群体，而目前，中国毒品形势低龄化明显，状况不容乐观。

《2017年中国毒品形势报告》凸显吸毒人员低龄化的特点。2017年，全国234.5万名吸毒人员中，不满18岁的有4.3万名，占1.8%；18岁到35岁的有142.2万名，占60.6%；36岁到59岁的有87万名，占37.1%；60岁以上的有1.1万名，占0.5%。该报告中的数据显示，年轻人为吸毒人员的主要群体。

目前，在市面上流行的冰毒、摇头丸、氯胺酮等新型毒品，与海洛因等传统毒品相比，戒断症状和生理依赖性相对较弱，特别是青少年对其危害认识不足，因而具有较强的迷惑性、欺骗性。新型毒品迎合了青少年爱刺激、追潮流的特点，披上娱乐化的“糖衣”，出现在青少年常常参与的K歌、蹦迪、开Party等很多娱乐活动中，成为青少年追捧的“时尚”；加之一些娱乐场所不法业主为追逐暴利，纵容或直接贩卖新型毒品，导致一些娱乐场所吸贩新型毒品问题日益突出。再者就是新型毒品的原料易得，制取和售卖都很容易，形态多为片剂或粉末，有些以奶茶、果汁以及跳跳糖等“零食”的包装出现，易被误食滥用，这对青少年的成长极为不利。当今社会，不乏因误吸食毒品而毁掉自己人生道路的新闻，新闻里的主角也多是青年一代。如果我们青少年的生活中满是毒品的朦胧、虚幻身影，则他们将会被毒品及其伴生物毁坏。

因此，禁毒立法，既能加大对毒品违法行为的惩治力度，又能加强禁毒宣传教育，预防青少年沾染毒品，有利于教育、引导青少年培养积极、健康的生活情趣,这是营造良好生活氛围的需要,是青少年健康成长的重要保障。

据《2018 年中国毒品形势报告》,吸毒人数首次出现下降,但规模依然较大。截至 2018 年年底,全国吸毒人员 240.4 万名(不含戒断 3 年未发现复吸人数、死亡人数和离境人数),同比下降 5.8%,新发现吸毒人员同比减少 22.6%,其中,35 岁以下人员同比下降 31%,有 30 个省区市涉毒违法犯罪人员中未成年人所占比例下降,青少年毒品预防教育成效继续得到巩固。

矫正作业:

1. 从历史的角度,讲述毒品带来的危害,解读禁毒立法的必要性。

2. 禁毒立法的重要意义是什么?

将答案填写在《矫正足迹》上。

第二节 禁毒立法发展史

建议课时:2 课时

史料记载,我国最早的禁烟立法可追溯到明代末年。崇祯十二年(1639 年)、崇祯十六年(1643 年),崇祯皇帝两次发出敕令,规定违令者可处死。清初,皇太极曾下令禁烟,“贩运一斤以上烟草者,捉拿后可先斩后奏。一斤以下者处徒刑”,后又明令“不许种植,不许贩运”烟草。

雍正七年(1729 年),颁布了第一道查禁鸦片谕旨,规定“兴贩鸦片烟照收买违禁物例,枷号一个月,发边卫充军。若私开鸦片烟馆,引诱良家子弟者,照邪教惑众律拟监候,为从杖一百,流三千里。船户,地保,邻右人等俱杖一百,徒二年。如兵役人等藉端需索,计赃照枉法律治罪。失察之讯口地方文武各官,及不行监察之海关监督,均交部严加议处”。在《海关则例》药材项下订有鸦片税银等。

中华人民共和国成立以来,我国政府坚持严厉禁毒立场,采取了一系列措施严厉打击毒品犯罪。回顾这段历程,可将我国禁毒立法分为 4 个阶段。

一、第一个阶段:起步阶段

20 世纪 50 年代到 70 年代末,立法禁毒开门红,创造了“无毒国”奇迹。

中华人民共和国成立之初,全国罂粟种植面积达 100 万公顷,吸毒人员 2000 万名,平均 25 人中就有一个瘾君子,以贩毒为业者 30 多万名,这是旧中国的遗毒。1950 年 2 月 24 日,发布《关于严禁鸦片烟毒的通令》,党和政府发动人民群众,在全国开展了轰轰烈烈的禁烟禁毒运动。该通令发布后,党和政府坚持惩办与教育相结合的禁毒方针,收缴毒品,禁种罂粟,封闭烟馆,严厉惩治制贩毒品活动,8 万多名毒贩被判处刑罚,2000

万名吸毒人员被戒除毒瘾。短短3年,我国就基本禁绝了为患百余年的鸦片烟毒,创造了举世公认的奇迹,巩固了新生的人民政权,树立了党和政府的威信和形象,赢得了广大群众的信任和爱戴。

二、第二个阶段:禁毒立法的春天

20世纪70年代末至1997年我国《刑法》修订实施期间,成立国家禁毒委员会,全面立法禁毒。

针对改革开放后,来自"金三角"地区的过境毒品导致我国烟毒死灰复燃的问题,党中央、国务院于1981年、1982年连续发布了《关于重申严禁鸦片烟毒的通知》《关于禁绝鸦片烟毒问题的紧急指示》,在西南地区开展了以堵源截流为主的区域性禁毒斗争。国务院针对特殊药品的管理,出台《麻醉药品管理办法》(1987年11月)和《精神药品管理办法》(1988年12月),这两个办法在相当长一段时期内发挥了重要作用。

中央政治局常务委员会于1990年12月专题研究禁毒工作;中共中央、国务院于1991年2月下发加强禁毒工作的五号文件;国务院成立全国禁毒工作领导小组,对外称国家禁毒委员会,加强对全国禁毒工作的统一领导,为全国公安机关增加3000名禁毒编制和专项补助经费,并于1995年1月出台了《强制戒毒办法》。全国禁毒工作领导小组于1991年6月召开第一次全国禁毒工作会议,在全国范围内全面部署禁毒斗争。

1997 年 3 月，八届全国人大五次会议修订《刑法》，增加了惩处走私、贩卖、运输、制造毒品罪的专门章节，进一步完善了打击毒品犯罪的刑事法律。

三、第三个阶段：禁毒立法的发展阶段

20 世纪 90 年代中后期，国际毒潮泛滥对我国影响加大。中央政治局常务委员会于 1996 年 12 月召开专门会议，进一步加强禁毒工作；中共中央、国务院于 1997 年 1 月下发五号文件，明确各级党委、政府主要领导是当地禁毒工作的第一责任人；同年 3 月，国家禁毒委员会召开第二次全国禁毒工作会议，部署开展了 80 年代以来我国第一次全国范围的禁毒专项斗争，并在此基础上，于 1998 年 5 月至 7 月在北京中国人民革命军事博物馆举办了以“珍爱生命、拒绝毒品”为主题的全国禁毒展览。这次展览，被媒体誉为中华人民共和国成立以来展览时间最长、观众最多、规格最高、教育面最广、社会效果最好的一次展览。国务院于 1998 年批准公安部成立禁毒局，于 1999 年重新组建了新一届国家禁毒委员会。1999 年 8 月，国家禁毒委员会在包头市召开了第三次全国禁毒工作会议，我国禁毒工作进入一个新阶段。自 1998 年以来，国家禁毒办每年都发布《中国毒品报告》，通报我国的禁毒形势和成效。

2005 年 8 月，国务院废止《麻醉药品管理办法》和《精神药品管理办法》，出台了《麻醉药品和精神药品管理条例》和《易制

毒化学品管理条例》。

四、第四个阶段:禁毒立法新起点

2007 年 12 月 29 日,全国人大常委会通过《禁毒法》。《禁毒法》从立法高度确立了禁毒工作的重要地位,为在新形势下全面加强禁毒工作提供了有力的法律保障,并确保禁毒工作的深入开展,实现了在制度、机制、措施上对禁毒资源的有效整合,这标志着我国禁毒工作由此进入全面依法治理的新阶段。

矫正作业:

1. 我国禁毒立法分为哪几个阶段?

2. 从我国禁毒立法的 4 个阶段可以看出禁毒形势如何? 为什么?

将答案填写在《矫正足迹》上。

第三节　禁毒法律体系概述

建议课时:2 课时

从立法主体角度,禁毒法分为国际公约、法律、行政法规与部门规章、司法解释及司法机关规范性文件、地方性法规和地方政府规章 5 个构成部分。

一、国际公约

20 世纪 90 年代中期，国际社会有关毒品和毒品犯罪的国际公约、协定及议定书共约 17 个。其中最重要的有 3 个：《经〈修正 1961 年麻醉品单一公约的议定书〉修正的 1961 年麻醉品单一公约》、《1971 年精神药物公约》和《联合国禁止非法贩运麻醉品和精神药物公约》。我国参加或者批准了这 3 个国际公约，这 3 个国际公约属于我国禁毒法律体系的重要组成部分，我国有责任和义务遵守和执行。

1990 年 2 月 20 日至 23 日，国际合作取缔麻醉药品和精神药物非法生产、供给、需求、贩运和分销问题的联合国大会禁毒特别会议在纽约举行，包括中国在内的 100 多个国家派团参加，会议通过了《政治宣言》和《全球行动纲领》。该宣言和纲领对于促使世界各国加大对毒品犯罪的打击力度，严惩国际毒品犯罪，具有极为重要的作用。

二、法律

法律是全国人大及其常委会制定并通过的基本法律，其法律效力仅次于宪法，普遍施行于全国。我国现行涉及禁毒的法律主要有 3 部：《刑法》《禁毒法》《治安管理处罚法》。

三、行政法规与部门规章

由国务院及其各部委、直属机构制定并施行全国，其法律效力低于法律。比较重要的有《麻醉药品和精神药品管理条例》《戒毒条例》《公安机关强制隔离戒毒所管理办法》等。

四、司法解释及司法机关规范性文件

司法解释，是指根据全国人民代表大会常务委员会《关于加强法律解释工作的决议》(1981 年 6 月 10 日)的规定，最高人民法院对属于法院审判工作中具体应用法律、法令的问题进行的解释，以及最高人民检察院对属于检察院检察工作中具体应用法律、法令的问题进行的解释。如最高人民法院《关于全国法院毒品犯罪审判工作座谈会纪要》(2015 年 5 月 18 日)等。

司法机关规范性文件，其含义比司法解释广，包括司法解释在内。具体包括最高人民法院、最高人民检察院、公安部、司法部、国家安全部制定通过的，并可施行于全国的规范性文件，如规定、决定、解释、批复、通知等。如最高人民法院、最高人民检察院、公安部《办理毒品犯罪案件毒品提取、扣押、称量、取样和送检程序若干问题的规定》(2016 年 5 月 24 日)等，都属于司法机关规范性文件。

五、地方性法规和地方政府规章

地方性法规是由省、自治区、直辖市或者“较大的市”的人大及其常委会根据本行政区域的具体情况和实际需要，在不同宪法、法律、行政法规相抵触的前提下制定，如《云南省禁毒条例》《江苏省禁毒条例》等。地方政府规章是由省、自治区、直辖市和“较大的市”的人民政府，根据法律、行政法规和本省、自治区、直辖市的地方性法规所制定，如《云南省戒毒规定》等。

矫正作业：

简述我国禁毒立法体系有哪几个部分？

将答案填写在《矫正足迹》上。

第四节　我国禁毒工作立法特点

建议课时：2 课时

党和政府高度重视毒品问题，自《关于严禁鸦片烟毒的通令》的出台开始到现在适用的《刑法》《戒毒条例》《治安管理处罚法》等，我国现已有一整套禁毒法律体系。回顾禁毒立法的全历程，我国禁毒立法有以下特点。

一、加重处罚

一是加重对走私、贩卖、运输、制造毒品行为的惩罚。我国现行《刑法》第 347 条第 1 款规定：“走私、贩卖、运输、制造毒品，无论数量多少，都应当追究刑事责任，予以刑事处罚。”

二是规定了较重的刑罚。除对毒品犯罪行为规定死刑外，还规定了其他较重的刑罚,体现在有期徒刑的量刑幅度调整上,由修改前的 2 个量刑幅度修改为后来的 3 个量刑幅度。具体变化内容:我国 1979 年《刑法》第 171 条规定量刑幅度为 5 年以下有期徒刑和 5 年以上有期徒刑。我国 1997 年《刑法》规定量刑幅度为 3 年以下有期徒刑、3 年以上 7 年以下有期徒刑、7 年以上有期徒刑。此外,2015 年《刑法修正案(九)》取消了走私武器、弹药罪等 9 个适用死刑的罪名,涉毒罪名适用死刑的情况没有变化,体现了国家对毒品犯罪从严惩处的立法精神没有变。

三是针对毒品犯罪以获取暴利为目的的特点,普遍规定了适用财产刑——罚金和没收财产。罚金主要适用于贪财图利和与财产有关的犯罪,就现行的《刑法》来看,主要的财产刑是罚金。罚金的适用,由原来的“可以”修改为“并处”。如我国 1979 年《刑法》第 171 条的罚金规定为可以并处没收财产或可以并处罚金。而全国人大常委会《关于禁毒的决定》及我国 1997 年《刑法》中关于罚金的规定修改为并处没收财产或并处罚金。

四是增加了适用刑罚的种类。其一,主刑种类增加。我国 1979 年《刑法》第 171 条规定的主刑有拘役、有期徒刑,而在全国人大常委会《关于禁毒的决定》和我国 1997 年《刑法》的主刑规定修改为管制、拘役、有期徒刑、无期徒刑和死刑。其二,普遍适用罚金这种附加刑。

二、细化条例

个人吸毒行为,原来以劳动教养等方式处理,而现行法律则规定个人吸毒行为是一种违法行为,除受《治安管理处罚法》规制外,还受《禁毒法》《戒毒条例》等法律法规的约束。总体上,国家对吸毒行为的管理呈现严格、细化的特点。

一是细化了一般吸毒行为立法处罚,提高了罚款上限。罚款数额在《治安管理处罚条例》第 24 条规定为"二百元以下",在全国人大常委会《关于禁毒的决定》第 8 条提高到"可以单处或者并处二千元以下罚款"。现行《治安管理处罚法》第 72 条规定为"可以并处二千元以下罚款"。

二是对成瘾吸毒行为的处罚加重。这体现在强制戒毒的时间大大延长,还增加了社区康复治疗。《强制戒毒办法》第 6 条规定:"强制戒毒期限为 3 个月至 6 个月,自入所之日起计算。……报原作出决定的公安机关批准,延长强制戒毒期限;但是,实际执行的强制戒毒期限连续计算不超过 1 年。"而现行的《禁毒法》和《戒毒条例》则规定:强制隔离戒毒的期限为 2 年,最长可以延长 1 年。对于被解除强制隔离戒毒的人员,强制隔离戒毒的决定机关可以责令其接受不超过 3 年的社区康复。

三、完善国际禁毒合作机制

加入国际公约,让逃亡国外的毒贩无处遁形。上节提到 20

世纪90年代中期,国际社会有关毒品和毒品犯罪的国际公约、协定及议定书共约17个。近年来,为加大打击处理毒品犯罪,我国加强禁毒国际合作,扩大禁毒合作领域,完善双边、多边禁毒合作机制,解决犯罪分子逃避法律制裁的问题,使毒品犯罪无处遁形。

"缅北毒王"谭晓林的落网就是最好的例证。谭晓林,四川省乐至县人,毒枭,先后向我国境内贩运大宗毒品55次。拥有4亿余元资产,有一支270人配备先进美制武器的"武装部队"。其私人部队成员都是一些退伍军人,专业水平不亚于正规军人。谭晓林有雄厚的财力、装备精良的私人武装,加上其在缅甸,认为中国禁毒法律的适用范围到不了缅甸,我国对他没有办法。然而,谭晓林没有想到的是,毒品犯罪及其伴生的洗钱犯罪属国际犯罪,为国际所痛恨,世界各国对此"零容忍",加之我国早已加入国际公约,国家间能以国际合作方式处理此类犯罪。2000年8月1日,云南省人民检察院批准了云南省公安厅提请对谭晓林进行逮捕的意见,并经公安部报国际刑警组织于2000年10月25日批准对其签发了红色通缉令。2001年4月20日,谭晓林被缅甸警方抓获。4月23日下午,中国警方代表到达缅甸木姐市警察局,缅甸政府向中国警方移交了谭晓林。最终,烜赫一时的"缅北毒王"被判处死刑。

打击国际大毒枭,还有一个著名的案例。糯康(Naw Kham,1969年11月8日~2013年3月1日),又名宰糯康、岩糯康，掸族，缅甸掸邦人，外号“教父”，是特大武装贩毒集团“糯康集团”首犯。长期从事制贩毒品、绑架杀人等犯罪活动。2011年10月，糯康制造震惊国际的“湄公河惨案”。糯康认为，泰国、老挝、缅甸3国交界的“金三角”地带属于特别地带，但他低估了世界各国打击毒品犯罪的决心。2012年4月26日，在中国与缅甸、老挝、泰国等国的合作下，在老挝博乔省的一个码头附近将其抓捕。2013年2月26日，云南省高级人民法院作出终审裁定。主犯糯康、桑康、依莱、扎西卡4人数罪并罚，判处死刑，另两名被告人扎波、扎拖波分别被判处死缓和有期徒刑8年。

还有很多案例，无论是中国人还是外国人，无论是在国内还是在国外，毒品犯罪都是“过街老鼠人人喊打”。随着国际禁毒合作机制愈加完善，毒品罪犯最终难逃法网。

矫正作业：

1. 简述我国禁毒立法的3个特点。
2. 通过学习我国禁毒立法的特点，总结毒品交易的后果。

将答案填写在《矫正足迹》上。

道德认知提升篇

道德是中华民族的传统美德，道德激发人的理性，让人分清善恶，使人明辨是非。牟利型毒品罪犯在实施犯罪的过程中以毒牟利，其实就是典型的毫无道德的损人利己表现，因为一般牟利型毒品罪犯自己及其家人都不吸毒，甚至他们还告知自己亲人要远离毒品。但是，为了牟利，他们却不顾别人吸毒后家破人亡的惨剧，不顾国家、社会的稳定和谐，不知廉耻地干起了违法犯罪的毒品交易。

本篇讲解道德的基本概念，介绍不同领域的道德，引导矫正对象学习社会主义核心价值观，提升其道德素质，激励其从自身做起，践行道德。

本矫正模块总课时：14 课时

第一章　道德的含义及功能

矫正目标:通过本章,促使矫正对象掌握道德的含义和功能,促使其明白,道德是人们立身做人的内在需要;并在生活中做到修身律己,学会用道德准则来约束自己的行为。

建议课时:2 课时

一、道德的含义

道德是一种社会意识形态,是以善恶为标准,通过社会舆论、传统习俗和内心信念来评价人们的行为。它是调整人与人之间以及个人与社会之间相互关系的行为准则和规范。道德是做人做事和成人成事的底线。

二、道德的功能

道德的功能,是指道德作为社会意识的特殊形态对于社会发展所具有的功效和能力。道德的功能集中表现为,它是处理个人与他人、个人与社会之间关系的行为规范及实现自我完善的一种重要精神力量。道德的最主要的功能有认识功能、规范功能和调节功能。

(一)认识功能

道德的认识功能,是指道德反映社会关系,特别是反映社会经济关系的功效与能力。道德往往借助于道德观念、道德理想、道德准则等形式,帮助人们正确认识社会道德生活的规律和原则,认识自己对社会、他人、家庭的道德义务和责任,使人们的道德选择、道德行为建立在明辨善恶的道德认知基础上,从而正确选择自己的道德行为,积极塑造自身的善良道德品质。

在付诸行动前,也就是什么都还没有做的时候,道德可以帮助你去认知"这么做是道德的,那样做是不道德的",你就会通过思考来决定要不要采取行动,这就是一种认知,是道德的认知功能。

(二)规范功能

道德的规范功能是指在正确善恶观的指引下,规范社会成员在职业领域、社会公共领域、家庭领域的行为,并规范个人品德的养成。

当你正在做一件事情的时候,道德会在你的脑子里面规范你的行为,让你知道这样做是不对的,要克制住不去做;而那样做是很好的,鼓励自己应该继续那样做。这就是道德的规范功能。

(三)调节功能

道德的调节功能,是指道德通过评价等方式,指导和纠正人们的行为和实践活动，协调社会关系和人际关系的功效与能力。道德调节的形式主要是道德评价，通过社会舆论、传统习惯和人们的内心信念来发挥调节作用。道德的调节功能主要是不断调节社会整体和个人的关系，调节个人与个人的关系，使个人、他人与社会的关系逐步完善和谐。

你做完一件事情，这件事情产生了不良的结果。别人就会指责你，“这么做是不道德的”，你就会反思，再遇到此类事件，心里就会对自己说“这样做是不道德的”，并学着调整自己的行为方式，就不再这么做或者再做点什么事情来弥补造成的过失。而如果你做得好，别人就会鼓励你、表扬你，觉得你这么做是正确的，很多人就会向你学习，都像你这样去做，道德的行为就成了榜样。这就是道德在人们行为后的调节功能。

道德的功能彰显了道德的力量。道德的力量是广泛的、深刻的，它影响人们的意志、行为和品格，也影响社会的存在和发展；道德的力量随着时代的发展而发展，是推动人类文明不断向前发展的重要力量。

矫正作业：

1. 道德究竟是什么？

2. 道德的功能有哪些？

将答案填写在《矫正足迹》上。

第二章　道德的种类

矫正目标:通过本章,促使矫正对象明白,道德是调节人们思想行为、人际关系、维护社会秩序的一种重要手段;明白根据调节领域、调节方式、调节目标不同,道德又可分为社会公德、职业道德、家庭美德和个人品德 4 个方面。

建议课时:4 课时

一、社会公德

社会公德,是公民在社会交往和社会公共生活中应该遵守的道德准则。它是在人类长期社会生活实践中逐渐积累起来的,是人们为了群体的利益而约定俗成的应该做什么和不应该做什么的行为规范。它是维护社会成员之间最基本的社会关系秩序、保证社会和谐稳定的最起码的道德要求。

（一）社会公德的内容及含义（见表2）

表2　社会公德的内容及含义

内容	含义
文明礼貌	要求人们在公共生活中举止文明、礼貌待人、和谐相处，这是社会交往最起码的道德要求
助人为乐	要求人们在公共生活中团结友爱、互相关心、互相帮助、见义勇为，这是人们在公共生活的交往中用以调整相互关系的一般行为规范
爱护公物	要求人们在公共生活中爱惜和保护全民所有和集体所有的公共财物，这是社会公德的重要的内容，是社会文明程度的重要标志
保护环境	要求人们讲究公共卫生、保护自然环境和人文环境，这是社会公共生活中人们应当遵循的最基本的行为规范，是当今时代社会公德的重要内容
遵纪守法	要求人们在公共生活中自觉遵守法律、法规、纪律，这是社会公德最基本或最低层次的要求，是维护公共生活秩序的重要条件

（二）社会公德的特点

1. 基础性。社会公德是社会道德体系的基础层次，是每个社会成员都应该遵守的最起码的道德准则，是为维护社会公共生活的正常进行而提出的最基本的道德要求。

2. 全民性。社会公德是社会全体成员都必须遵守的道德规范，具有最广泛的群众性和适用范围。在同一社会中，任何社会成员不管属于哪个阶级或从事何种职业，对于社会公共生活的基本规则，都必须遵守，否则就要受到社会舆论谴责。

3. 相对稳定性。社会公德作为“多少世纪以来人们就知道的、千百年来在一切行为守则上反复谈到的、起码的公共生活规则”,是人类世世代代调整公共生活中最一般关系的经验的结晶。大多是生活经验的积累和风俗习惯的提炼,往往不需要作更多的说明就能被人们理解。如遵守公共秩序,保持公共卫生,敬老爱幼,互相帮助,礼貌待人,拾金不昧,见义勇为等。

(三)自觉遵守社会公德

社会公德作为人们公共生活中最起码、最简单的行为准则,是适应社会和人的需要而产生的,和广大人民群众的切身利益密切相关。

第一,认真学习社会公德规范的内容,是自觉遵守社会公德的前提和基础,是维护社会公共生活正常秩序的必要条件。人们要通过学习,明确知道社会公德规范的基本内涵、要求,在公共生活中自觉规范、调整自己的行为方式,以良好的品格和风范影响他人。

第二,自觉培养社会公德意识,是成为一个有道德的人的最基本要求。一个具有社会公德的人,不仅要熟知社会公德规范,更要有自觉遵守、维护社会公德的意识。培养良好的社会公德意识,要在形成正确道德认知的基础上,增强社会责任感和使命感,养成履行社会公德的行为习惯。培养公德意识的实践活动有很多具体方式,既可以通过社会公德的宣传活动普及公德规范,传播文明新风,也可以结合自身的优势和特点服务社会、回报社会;既可以参加各种社会公益活动,也可以结合自己的兴趣爱好加入各种社会公益组织。参与公德实践活动本身就是一种学习,可以从中体会到什么是符合社会公德规范的言行,什么是不符合社会公德规范的言行,从而在实践中不断提高自身的道德素养。

第三,努力提高践行社会公德的能力。“勿以恶小而为之,勿以善小而不为。”社会公德需要从小事做起,在点点滴滴的日常小事中践行,社会公德所规范的行为包括社会公共生活中方方面面最微小的行为细节。比如,见到长辈主动问候,乘坐公交车主动为老幼病残乘客让座,在银行、邮局等公共场所排队时自觉站在“一米线”外,随手关水关灯,不随手扔垃圾、不随地吐痰,这些都属于社会公德。人们的社会公德意识,就是在这些不起眼的一举手一投足间慢慢升华的。

二、职业道德

职业道德,是从业人员在一定的职业活动中应遵循的、具有自身职业特征的道德要求和行为准则。

(一)职业道德的内容及含义(见表3)

表3　职业道德的内容及含义

内容	含义
爱岗敬业	要求从业人员,无论从事什么职业,都应该干一行爱一行,爱一行钻一行,精益求精,尽职尽责,“以辛勤劳动为荣,以好逸恶劳为耻”。这是社会主义职业道德的最基本要求或是最低层次的要求

续表

内容	含义
诚实守信	要求从业人员,在职业活动中应该诚实劳动、表里如一、信守承诺、讲求信誉、遵守职业纪律,“以诚实劳动为荣,以见利忘义为耻”。这既是做人的准则,也是对从业者的道德要求
办事公道	要求从业人员在职业活动中,自觉遵守规章制度、秉公办事、平等待人、清正廉洁,不谋私利、不滥用职权、不损人利己、不假公济私
服务群众	要求从业人员在职业活动中,尽力设法满足服务对象的要求,处处为他们的实际需要着想,尊重他们的利益,取得他们的信任和信赖
奉献社会	要求从业人员在职业活动中树立为社会、为他人做奉献的职业精神。这是社会主义职业道德中最高层次的要求

(二)职业道德的特点

第一,规范性和专业性。职业道德是基于一定职业的特殊需要以及与社会联系的特定方式所产生的对本职业行为规范的基本要求。每种职业都有其自身的具体规定,即职业规范,各种职业的职业道德的具体内容是不同的,具有很强的专业性。职业道德调节的范围则主要限于本职业的成员,而对于从事其他职业的人就不一定适用。职业道德的调节范围主要是:从事同一职业人员的内部关系;本行业从业人员同其服务对象之间的关系。

第二,可操作性与准强制性。职业道德往往采取制定诸如制度、章程、守则、公约、誓词、条例等简洁实用、生动明快的形式表现出来,具有很强的可操作性。同时,这种道德要求又与行政纪律结合起来,具有一定程度的强制性。

第三,相对稳定性和连续性。由于人们的职业生活代代相传,具有历史的连续性和相对稳定性,因此,职业道德相较其他行为规范而言,更加具有稳定性和连续性。一般来说,职业道德所反映的是本职业的特殊利益和要求,而这些要求是在长期的反复的特定职业社会实践中形成的,有些是独具特色、代代相传的。不同民族有各具特色的职业生活方式,特定职业也有其特定的职业生活方式。这种由不同职业、不同生活方式长期积累逐渐形成的相对稳定的职业心理、道德传统、道德观念以及道德规范、道德品质,形成职业道德相对的连续性和稳定性。像医生的宗旨是救死扶伤,军人须服从命令,商人则要诚信无欺,教师要为人师表,领导应以身作则等,这些均已是约定俗成的社会共识,已流传几千年。

(三)自觉遵守职业道德

第一,加强职业道德建设。加强职业道德建设是社会主义道德建设的重要任务,是社会主义精神文明建设的重要内容。加强职业道德建设,是纠正行业不正之风、形成良好的社会道德风貌的重要手段;是提高从业者素质的重要途径;是提高工作效率和质量、促进社会生产力发展的必要条件。

第二,提高职业道德素质。从业人员应该认真学习、积累和掌握职业道德要求的基本内容,明确职业活动的基本规范和目的,增强职业道德意识,并体现在职业活动中;努力塑造良好职业品质,有利于提升职业道德素质;努力锻炼实际履行职业道德规范的能力。只有不断地实践职业道德行为,才能真正提升自己的职业道德素质,使自己的知识、意志、能力在服务社会的职业劳动过程中得到提高和升华。

三、家庭美德

家庭美德,是调节人们在家庭生活方面的关系和行为的道德准则,涵盖了夫妻、长幼、邻里之间的关系。

(一)家庭美德的内容及含义(见表4)

表4 家庭美德的内容及含义

内容	含义
尊老爱幼	要求在家庭生活中尊敬、照顾和赡养老人,抚养、疼爱和教育子女
男女平等	要求在家庭生活中男女享有平等的地位、权利和尊严
夫妻和睦	要求在家庭生活中夫妻互敬互爱互助互信互谅。夫妻关系是家庭生活的核心,夫妻和睦是夫妻之间最基本的道德要求
勤俭持家	要求在家庭生活中勤奋劳作,节约俭朴,合理持家。这是兴家之本、富家之路,是中华民族的传统美德
邻里团结	要求在家庭生活中与邻里友好往来、互相帮助、和睦相处。这是中华民族的传统美德,也是社会主义新型道德关系的要求

(二)弘扬家庭美德

第一,认识家庭美德的重要性。中华民族自古以来就重视家庭、重视亲情。天伦之乐、尊老爱幼、贤妻良母、相夫教子、勤俭持家等,都体现了中国人的这种观念。“家和万事兴,家齐国安宁。”实现中华民族伟大复兴的中国梦,离不开千千万万“家和”的力量,离不开许许多多“最美家庭”的滋养。

第二,营造良好家风。家风,是指一个家庭或家族的传统风尚或作风。良好的家风,对家庭成员的个人修养、品德操守等产生重要而积极的作用;家风不正,家庭成员的个人品行也容易出问题。家教是实现家庭美德与家风互动的主要环节,要通过家教来推动良好家风的传承和落实。

第三,遵守婚姻家庭法律规范。婚姻家庭关系不仅需要道德来维系,也需要法律来调整,遵守婚姻家庭生活中的法律规范是自觉遵守家庭美德的集中体现。

四、个人品德

个人品德,是个人通过自觉的道德修养和社会道德教育所形成的稳定的心理状态和行为习惯。

(一)个人品德的特点

1. 实践性

品德是做出来的,不是说出来的。如果一个人满嘴仁义道德,天天说自己是个品德高尚的人,那不是真的有品德,因为,只有做出来的事情有品德那才是真的有品德。

2. 综合性

品德是方方面面的,无论做什么事,无论在什么地方都做得好才叫有品德。例如,有的人对待自己家人的时候特别有品德,爱护家人,有什么好东西都想着留给家人,很无私,特别温暖;但是,他对待他人、对待同事却可以做出特别无耻、特别苛刻的事情,那么这种人不叫有品德。看一个人要综合来看,要看他在方方面面的为人处世。

3. 稳定性

品德一贯如此,不是临时的、短暂的道德思维,它一经形成,就会长时间影响人的知、情、意、行各方面,使人形成一定的道德评价"定式"、道德行为习惯等。

(二)个人品德的作用

1. 对社会道德的发展变革产生重要的推动作用

整个社会由个人组成,个人品德是社会道德建设的基础。社会道德只有同个人品德相结合,才会转变为现实的道德力量。同时,个人品德提升的过程能动地作用于社会道德,能够为社会道德的发展进步创造条件、提供动力。个人品德是社会公德、职业道德、家庭美德建设的基础,是弘扬以爱国主义、集体主义为核心的社会主义道德的重要内容。如果每个人都品德高尚,那么整个社会的道德就会被推动着向前进步,文明程度就会越来越高,社会就越来越和谐。

2. 是个人自我完善的内在依据

个人在行为过程中整合行为动机、确定行为目标、自觉调控行为过程等都是个人品德功能和作用的体现。

（三）加强个人修养

1. 提高个人道德修养的自觉性

“见贤思齐焉，见不贤而内自省也”出自《论语·里仁》，意思是几个人在一起，有品德高尚的人，就向他靠拢，学习他的长处。看见没有德行的人，要借他作为一面镜子来反省自己，看看自己是否有和他一样的不足和错误；如果有，就要及时改正。提高道德修养要依靠自己，个人应自觉自愿地通过学习来提高修养，而不能由别人来逼迫自己提高修养。

2. 运用有效方法提高道德修养

（1）省察克治。省察，就是自我反省，即反思检查自己的思想行为。克治，就是自我改正，即克制自己感情用事并自觉修正自身言行，“知耻”“改过”。省察克治就是指，一个人对自己日常行为的反省和检查，自觉克服自身不足、不良之处，以使自己的行为始终符合社会道德规范。省察克治，既是一种自我修养能力，又是一种道德实践方法。

（2）学思并重。对于道德修养来说，为学是一个不可或缺的步骤。为学之道，在强调好学、博学的学习态度之后，还要能够运用正确的学习方法，学思并重，即通过思维活动把所学的知识融会贯通。

（3）慎独自律。慎独是指，在个人独处、无人监督时，也坚守自己的道德信念，对自己的言行小心谨慎，自觉按道德要求行事，不做不道德的事。

(4)陶冶情操。提高对自然、社会和艺术美的感受,在丰富的社会生活实践中,以丰富、高尚的感情和志趣启迪自我的心灵,不断培养和加深自己的道德情感,激发道德需要和欲望。

(5)勤于实践。加强道德行为训练,是提升道德修养的根本途径。具体的要求有两方面:其一,知行统一。通过道德实践,保持道德认识与道德行为的有机统一,把外部的道德教育转化为个人内在的道德品质。只有在亲身参加道德活动和社会实践的过程中,才能真正懂得加强道德品质修养的重要性和迫切性,才能深刻理解和自觉地接受社会主义道德的基本原则和规范。也只有在各种道德活动中通过具体处理自己与他人、自己与社会的错综复杂的道德关系,个人才能最终学会分辨是非善恶,改过迁善并检验自我道德修养的实际效果,才能把外部的道德教育转化为内在的道德信念和道德品质。其二,积善成德。所谓"积善成德",是讲个体的道德品质是由其平时一个个的善的行为长期不断积累的结果。个体道德的形成和发展不是一蹴而就的,要成为一个有道德的人,只有从当下做起,从小事做起,一点一滴,持之以恒,日积月累,方能收到实效。

社会公德、职业道德、家庭美德、个人品德这 4 种道德是一个有机的统一体,其外延由大到小,内涵由浅到深,共同构成一个完善的道德体系。个人品德是基础,社会公德是素质,职业道德是能力,家庭美德是修养。

每个人先有良好的个人品德,才能有以"爱"为核心的家庭美德;有了无数个美好和谐的家庭,我们的社会大家庭才能安定团结,亿万人民才能在新时代的征程中,同心协力,共同奋斗,不断努力,把美好生活的蓝图变成现实。

矫正作业:

1. 道德可以分为几个方面?各方面有哪些具体内容?

2. 社会公德、职业道德、家庭美德、个人品德各有什么特点?

将答案填写在《矫正足迹》上。

第三章　社会主义核心价值观

矫正目标：通过本章，使矫正对象熟知社会主义核心价值观的含义和内容。

建议课时：4 课时

道德在中华民族历史的长河中，经过不断的发展、弘扬，形成了越来越符合中国现阶段国情、民情的社会主义核心价值观。

社会主义核心价值观内容：富强、民主、文明、和谐、自由、平等、公正、法治、爱国、敬业、诚信、友善。这 24 个字蕴含了丰富的内容，分别从国家、社会、个人 3 个层次进行阐述，对“我们要建设什么样的国家、建设什么样的社会、培育什么样的公民”等重大问题进行了深刻解答。

一、国家层面的价值目标

“富强、民主、文明、和谐”为国家铸魂，从国家层面标注了社会主义核心价值观的时代刻度。我们的国家经济是富强的，政治是民主的，文化是文明的，社会是和谐的。这是我国社会主义现代化国家的建设目标，也是从价值目标层面对社会主义核心价值观基本理念的凝练，在社会主义核心价值观中居于最高层次，对其他层次的价值理念具有统领作用。

二、社会层面的价值取向

“自由、平等、公正、法治”为社会安心。这一层面的价值追求回答了我们要建设什么样的社会，揭示了社会主义社会发展的价值取向，是对美好社会的生动表述；反映了中国特色社会主义的基本属性。

三、个人层面的价值准则

“爱国、敬业、诚信、友善”为个人树德。社会由若干个体组成，社会整体的文明、进步、发展必须建立在个体积极性和创造性充分发挥的基础上。没有个体公民道德素质的提升，社会风气的净化便是空中楼阁；缺少了全体社会成员的共同努力，健康社会风尚的形成就无从谈起；不改善社会个体成员的情操修养，全民族精神气质的升华也会遥遥无期。共性需要表现为个性，普遍需要具体到个别。要实现国家富强、民族振兴、人民幸福的中国梦，就需要向每一个公民提出爱国、敬业、诚信、友善的道德要求，社会主义核心价值观不能缺失公民个人层面的价值准则。

当前，中国正处于经济、社会迅猛发展，进一步全面深化改革的重要时期，不同矛盾、各种思潮交织激荡，人们思想行为的独立性、选择性、多变性、差异性明显增强。但越是纷繁复杂，越要站得住脚跟，越需以社会主义核心价值观为思想的指南、价值的航标，培育昂扬向上的公民品格。

"爱国、敬业、诚信、友善"，这一层面的价值准则明确回答了我们要成为什么样的公民，是其他两个"倡导"的基础，是从个人行为层面对社会主义核心价值观基本理念的凝练。它覆盖社会公德、职业道德、家庭美德、个人品德等各领域，是公民必须恪守的基本道德准则，也是评价公民行为的基本价值标准。

（一）爱国是民族精神的核心

爱国是公民最基本的价值准则，是爱国主义的思想感情和行为标准，包括坚决维护中国共产党的领导，对中华民族大家庭的归属认同，对实现中国梦的强烈期盼，对优秀民族文化的自豪等。

爱国主义是中华民族精神中最稳定的文化基因。自古以来，以热爱祖国为荣，以危害祖国为耻，一直都是国人普遍认可的道德标准。时至今日，经过数千年的沉淀，特别是近百年来自强斗争的洗礼，爱国主义已然内化成了中华民族的精神核心，构成了实现中国梦的精神支柱。

中国从有文字记载以来，几千年的历史，在不同的时代，爱国有不同的内涵。新中国成立以后，爱国的内涵进一步发展，爱国就是爱中国共产党领导下的社会主义祖国。虽然时代不同内涵不同，但是爱国都有一个共同点，就是都怀着一颗赤诚的爱国之心。例如,文天祥的“人生自古谁无死,留取丹心照汗青”,戚继光的“封侯非我意,但愿海波平”等,其体现的爱国主义的豪迈气概,从古到今是相同的。脚踏实地的爱国主义行动也是相同的,爱国从来不是空洞的口号,而是脚踏实地的行动。我们要树立为万世开太平这种博大的胸怀和高远的志向,为实现中华民族伟大复兴共同奋斗。

“国家兴亡,匹夫有责”,这句名言表达了中华儿女对祖国无限的热爱和勇于担当历史重任的精神,是所有爱国之人的心声。作为中华民族的一员,我们应该如何理解爱国呢?

爱国是一种信仰。一个连自己国家都不爱的人,怎么能让人看得起?身在中国,就得爱这个国家。爱国就是看着祖国不断强大,心里油然而生的那种自豪的感情,为祖国感到骄傲。爱国就是无论你走到哪个地方,都坚定地为国家的利益着想。

有爱国的心,更要有爱国行动。中国有一个传统,就是在孩子刚刚懂事的时候,家长就会教他认识国旗、学唱国歌,教他爱祖国的山河、历史和文化,从小就熏陶、培养他的爱国情感,把爱国的美德融化在血液中。爱国要以心热爱、以身践行,一旦祖国有需要、民族召唤,人人将前仆后继,排除万难,不怕牺牲,勇往直前,捍卫祖国的独立主权和尊严。为了祖国的繁荣昌盛,要把爱国的思想落实到行动上,从我做起,从小事做起。

(二)敬业是职业道德的灵魂

敬业是社会主义核心价值观个人层面中最重要的一条,也是最基本的一条。只有通过敬业,其他各方面才能够体现出来,才能做好。可以说,敬业是社会主义核心价值观的一个立足点,一个重要抓手;个人要培养和践行社会主义核心价值观,就要从敬业开始。

首先,公民应热爱、珍视自己的工作和职业,踏踏实实地诚实劳动。我们知道这个世界是靠劳动创造的,劳动不但创造了物质财富,还创造了精神财富,没有劳动,一切都不可能实现。天上不会掉馅饼,所以我们需要勤勉努力,扎实肯干,一点一滴,日积月累地创造。其次,敬业除了需要辛勤劳动,还要严守纪律,严守职业道德。任何工作都有它的规程和章程,任何岗位都有必须注意的事项,因此,敬业要求我们一定要严格遵守各行各业的规章制度,要信守职业道德和工作纪律,这是保证单位、公司业务及个人事业发展和正常运行的一个根本条件。所有生气蓬勃的社会,都把敬业作为核心价值加以强调,将之作为对自己成员的基本要求。

敬业是职业道德的灵魂,最通俗的理解就是干一行、爱一行、专一行。但为什么要敬业呢?这个问题从个人角度来回答,原因包括4个方面。

第一,人有表达自己、实现人生价值的需要。人们只能通过将自己的能力与才干投射到工作中,才能表现自己的力量和智慧,通过自己的劳动创造来改变事物,从而用工作的成果证实自己。在这个过程中,人二重化为自己和自己的工作成果,将逝去的工作时间和耗费的劳动力凝结在产品中,并在这个现实的成果中展现了自己的力量与价值。如果不敬业,人的力量就得不到表达,人的价值就无从实现。

第二,提高、丰富人的能力需要敬业。人的多数能力都不是自然具备的,而是后天历练的产物。历练的过程需要学习与实践,越是敬业的人,实践的程度越深,他得到锻炼的机会就越多,他的能力也就越丰富,提高得越快。对工作敷衍了事、不负责任的人,表面上看起来是占了便宜,少付出了努力,结果却是丧失了实践机会,天长日久,在一些公平竞争的机会中就会处于劣势地位。

第三,人的性格完善需要敬业。敬业使人变得严谨认真,有条不紊,明事理而又坚毅顽强。一方面,工作有其自身的规律,要求敬业的人让自己的行为符合工作规律;另一方面,工作中往往需要与他人合作,又要求敬业的人使自己的行为符合与他人交往的要求。这样,就形成了对敬业者性格的锻炼;久而久之,敬业者的性格就会发生潜移默化的变化,变得适于工作和合作,并散发出一种特有的性格魅力。

第四,人的生活需要敬业。无论是个人生活品质的提高,还是家庭生活条件的改善,都依赖于经济收入。而在以按劳分配为主的社会中,人所取得的社会产品的份额是与他的劳动成果直接相关的。越是敬业的人,他的劳动成果就越多;对社会的贡献越大,社会给予他的回报自然也就越多。

总而言之,从个人的角度来看,敬业是一种对自己有多方面提高和回报的美德。

(三)诚信是公民道德的基石

诚实守信是人类千百年传承下来的优良道德品质。诚信既是个人道德的基石,又是社会正常运行不可或缺的条件。诚信缺失的个人将失去他人的认可,诚信缺失的社会将失去人与人之间正常关系的支撑。

诚信在人际关系、社会秩序等诸多领域发挥着重要作用,是文明社会道德和法律的根基。在现代社会中,从普遍的道德要求出发,诚信包括诚实劳动、恪守承诺、真诚待人 3 个方面。其一,诚信是劳动创造的态度和品德问题,要求人们在认识、改造自然和社会的活动中,尊重客观事实,不作假,不投机取巧、偷奸耍滑。其二,诚信要求人们遵守诺言、契约,反对毁约和违背诺言的行为。这些诺言、契约既包括因人们自己承诺而引发的特定权利和义务,也包括国家法律、法规、政令、规章制度等规定的普遍权利与义务。其三,诚信要求为人做事实在、实诚,不欺人亦不自欺,反对虚伪和欺骗。

诚信被称为公民的第二张“身份证”。诚,侧重于人之真诚坦荡、真实无妄的内在道德修养;信,侧重于人之处事无欺、外信于人的做事原则的践行。诚与信组合起来,便是内外兼备、表里如一的道德人格。诚信一直是立人之本、齐家之道、交友之基、经商之魂、为政之要。人们常说“诚信者赢天下,失信者寸步难行”。

无论是“富强、民主、文明、和谐”国家层面的价值目标，还是“自由、平等、公正、法治”社会层面的基本社会属性，抑或是“爱国、敬业、诚信、友善”公民的基本价值追求，其立足点都是诚信。以国家层面为例，诚信在现代市场经济健康有序发展中起着基石作用，是经济持续健康发展的基本保障；健全社会主义民主政治，发展社会主义政治文明要以诚信为基础；以诚信为重点的思想道德建设本身就是文化建设的重要内容和基本手段。诚信是构建和谐社会的道德基础，诚信缺失，将导致社会道德沦丧、世情冷漠、腐败横行、犯罪高发。可见，社会主义核心价值观各要素之间是互相联系的，而诚信处于基础地位。

需要特别指出的是，诚信的内涵是有条件的，而不是绝对的，它需要由更高、更重要的价值来引领和统率。当诚信的要求与更高、更重要的价值相冲突时，诚信需要服从那些更高、更重要的价值。例如，当诚信与爱国相冲突时，诚信就应该服从爱国。如果外国间谍向公民刺探、索要事关我们民族利益的机密时，公民在这种情境中讲求诚信，那无疑是非常愚蠢的，因为这样的诚信会损害国家利益。

诚信是中华民族的传统美德，是中华民族共同的心理归趋。社会主义核心价值观的培育和践行，离不开诚信这一道德基石，只有人人从“我”做起，只有在社会中普遍培育诚信意识，社会主义核心价值观才能内化为人们的自觉追求并转化为实际行动。让诚信真正根植人心,社会文明才能更进一步。

(四)友善是社会和谐的“润滑剂”

友善思想在我国传统文化中源远流长。古人很早就提出了“仁者爱人”“出入相友,守望相助”“推己及人”等理念。当前,社会主义核心价值观在个人层面倡导友善,既是对传统道德精华的继承,又反映了人类社会发展和中国的现实需要。友善具体表现为:一是与他人相处,要相互尊重、理解宽容、协调合作;二是对外部世界,要尊重自然、保护环境、珍惜资源。践行社会主义友善的价值观,是社会主义条件下处理人际关系、建设和谐家园、实现民族梦想的重要精神条件和价值支撑。

“友”在甲骨文中像两只手,象征着朋友之间的援手,因此其本意是帮助。“善”由一个“羊”字和一个“言”字组成:羊是吉祥的代表,言是讲话,因此,其本意是吉祥的话语。两者结合起来,寓意是互相帮助和互相祝福。互相帮助,意味着在其他人处于困境时,要助人为乐;互相祝福,意味着在其他人不需要自己帮助时,保持良好心态。具体来说,友善需要公民做到待人平等、待人如己、待人宽厚与助人为乐4个基本方面。

友善,需要公民做到待人平等,这是友善的前提。所有人,无论地位高低、财富多寡,都是平等的社会成员。成员之间的互相支持和帮助,由于其平等的前提,自然是友善之举,而非逢迎与恩赐。

友善,需要公民做到待人如己,这是友善的重要方法。人从生存、发展的需要出发，不会对处于困境的自己无动于衷，也不会对自己恶意加害。如果人能够把对待自己的这种态度扩及他人，无疑能够做到扶危济困、善以待人。待人如己，从消极的方式来说，就是对自己的行为要有所限制，不要将自己不愿意承受的事情强加在别人身上，“己所不欲，勿施于人”。待人如己，从积极的方式来说，就是要对自己的行为有所激发，将自己想做到的和想得到的分享和给予他人，成人之美，“己欲立而立人，己欲达而达人”。

友善，需要公民待人宽厚，这是友善的重要要求。友善不仅需要在与他人趣味相投、关系良好时表现出来，更重要的是对与自己不同，甚至小有过节的人能够心平气和，容人之过。人的脾气性格难免不同，兴趣爱好常有差别，甚至利益还会时常冲突，有时感到被他人冒犯也就相当正常了。如果这时大家针锋相对，就谈不上真正的友善；只有“化干戈为玉帛”，才能表现友善的价值。中国传统文化非常强调宽厚的美德，提出应该“贤而能容罢，知而能容愚，博而能容浅，粹而能容杂”，意思是指，君子贤能而能容纳软弱无能的人，聪明的人能容纳愚笨的人，才学渊博的人能容纳才学疏浅的人，道德纯粹的人能容纳品行不佳的人。现代社会中，公民的公共空间比传统社会更大、更复杂，进入社会交往范围的人也更多，因此更加突显人与人之间性格各异、看法悬殊、智愚不等，宽厚待人对于构造和谐的社会公共空间来说也尤为重要。当然，宽厚不等于盲目迁就，更不等于姑息养奸，对于社会败类仍然应该疾恶如仇。

友善,还要能够做到助人为乐,这是友善的直接表现。友的最初意思便是互相帮助,这是善意最直接、也是最真实的表达。爱自己、爱家人都不难,难的是对不那么熟悉的人也能够伸出援手;表达善良的意愿、说出祝福的话语也不难,难的是给予实实在在的帮助。友善并不是要人们在自己的能力范围之外去关心他人,而只是要求人们在力所能及的范围之内帮助解决别人的问题,甚至只是自己举手之劳,却能够给别人帮上大忙。只要做到了助人为乐,就一定能够让他人感受到友善。

在个人层面的4项价值观中,友善相对处于更基础的地位,其他3项价值观都与友善相关联。如果一个人在日常交往中对身边人都不能以善相待,就不能指望其会爱国,也不能指望其会在具体工作岗位上兢兢业业、为社会和他人奉献。一个不爱他人、只关心自己利益的人,是很难在人际交往中做到尊重他人、诚信无欺的。所以,友善是社会和谐的“润滑剂”,在实践中积极倡导、培育友善价值观,对于社会主义核心价值观的整体培育与践行具有极为重要的意义。

矫正作业:

1. 社会主义核心价值观分为几个层面?各有什么内容?

2. 请说明什么是社会主义核心价值观的核心、灵魂、基石、“润滑剂”?为什么?

将答案填写在《矫正足迹》上。

第四章　践行社会主义核心价值观

矫正目标：通过本章，促使矫正对象明白践行社会主义核心价值观，对自身顺利改造具有的重要意义。使其学会把践行社会主义核心价值观作为在服刑改造中一项既具基础性、内在性，又具目标性、规定性的重大任务来认识和落实，确保在改造中始终沿着正确的方向前进。

建议课时：4 课时

社会主义核心价值观是社会主义核心价值体系的内核，体现社会主义核心价值体系的根本性质和基本特征，反映社会主义核心价值体系的丰富内涵和实践要求，是社会主义核心价值体系的高度凝练和集中表达。社会主义核心价值体系是以马克思主义指导思想为灵魂、以中国特色社会主义共同理想为主题、以民族精神和时代精神为精髓、以社会主义荣辱观为基础的价值观。

社会主义核心价值观落实到个人层面，就是人们的行动向导、行为准则，须将社会主义核心价值观的要求，转化为人们的行为操守和行为准则。《监狱服刑人员行为规范》就是社会主义核心价值观在监狱中的延伸，是以社会主义核心价值观为引领,把社会主义核心价值观的要求转化到正在服刑的罪犯的改造行为准则中;是社会主义核心价值观在监狱中的制度化、日常化、具体化和形象化;是把社会主义核心价值观融入服刑改造的日常行为中,渗透到服刑生活的各个方面。所以,遵守《监狱服刑人员行为规范》,是每一名服刑罪犯践行社会主义核心价值观的有效途径。

《监狱服刑人员行为规范》是罪犯接受改造必须遵守的行为准则,是考核罪犯改造表现的一项基本内容,是实施奖惩的重要依据。它从基本规范、生活规范、学习规范、劳动规范、文明礼貌规范 5 个方面,教育、指引、规范每一名服刑罪犯的思想和行为,是对罪犯这一特殊群体的特殊要求,它比一般意义上的行为规范更具有强制性,是伴随每一名服刑罪犯从入监到出监的行为指南。

一、遵守基本规范

基本,是指根本的、主要的;是事物的本源,贯穿于事物的始终。《监狱服刑人员行为规范》中的基本规范,是服刑罪犯在监狱中最根本的、最主要的行为指引,是贯穿于整个服刑改造始末的行为准则。

基本规范,是服刑罪犯行为选择的工具,是维持监狱良好秩序的重要手段,是制定其他有关规范的基础,是服刑罪犯在监狱中立身行事的基本要求,是对服刑罪犯奖惩的总依据。

基本规范中明确规定：

“第一条　拥护宪法，遵守法律法规规章和监规纪律。

第二条　服从管理，接受教育，参加劳动，认罪悔罪。

第三条　爱祖国，爱人民，爱集体，爱学习，爱劳动。

第四条　明礼诚信，互助友善，勤俭自强。

第五条　依法行使权利，采用正当方式和程序维护个人合法权益。

第六条　服刑期间严格遵守下列纪律：

（一）不超越警戒线和规定区域、脱离监管擅自行动；

（二）不私藏现金、刃具等违禁品；

（三）不私自与外界人员接触，索取、借用、交换、传递钱物；

（四）不在会见时私传信件、现金等物品；

（五）不擅自使用绝缘、攀援、挖掘物品；

（六）不偷窃、赌博；

（七）不打架斗殴、自伤自残；

（八）不拉帮结伙、欺压他人；

（九）不传播犯罪手段、怂恿他人犯罪；

（十）不习练、传播有害气功、邪教。”

遵守基本规范，不断调动和激发服刑罪犯的改造内驱力，促使其自觉地按照基本规范的要求进行自我修正和自我监督，增强身份意识、改造意识、集体意识以及规范意识；促使其由对规范的依从转变为对规范的认同；不断强化其行为的规范性，使之深刻认识自我改造的必要性与重要意义。

二、遵守生活规范

生活,是指人们衣、食、住、行等方面的情况。顾名思义,《监狱服刑人员行为规范》中的生活规范,就是规定服刑罪犯每天从起床到就寝,应按行为准则的要求,规范自己改造生活中的一举一动,逐渐养成良好的行为习惯。

行为习惯,是指稳定的、经常的、在一定条件下自动化的行为方式。服刑罪犯严格遵守生活规范,就是从良好的作息习惯养成开始,强化行为规范意识的培养,矫正原有恶习,有效提升自身的规则意识。在日常生活中遵守规范,反复学习和训练,从小处着眼,由小处入手,寓大于小,由小及大,日积月累,使生活规范逐步固定下来变成自觉不自觉的行为定式,帮助服刑罪犯在改造中养成良好的行为习惯。

生活规范中明确规定:

"第七条　按时起床,有秩序洗漱、如厕,衣被等个人物品摆放整齐。

第八条　按要求穿着囚服,佩戴统一标识。

第九条　按时清扫室内外卫生,保持环境整洁。

第十条　保持个人卫生,按时洗澡、理发、剃须、剪指甲,衣服、被褥定期换洗。

第十一条　按规定时间、地点就餐,爱惜粮食,不乱倒剩余饭菜。

第十二条　集体行进时，听从警官指挥，保持队形整齐。

第十三条　不饮酒，不违反规定吸烟。

第十四条　患病时向警官报告，看病时遵守纪律，配合治疗。不私藏药品。

第十五条　需要进入警官办公室时，在门外报告，经允许后进入。

第十六条　在野外劳动现场需要向警官反映情况时，在三米以外报告。

第十七条　遇到问题，主动向警官汇报。与警官交谈时，如实陈述、回答问题。

第十八条　在指定铺位就寝，就寝时保持安静，不影响他人休息。”

生活规范，是服刑罪犯日常生活中看得见、摸得着、好操作、能固化的行为准则。服刑罪犯应严格遵守生活规范，通过每天严格、反复的训练，令行禁止，提高自我约束、自我规范、自我管理的能力，变被动为主动，将规则意识贯穿于改造的方方面面，使各种规范内化于心、外化于行，逐步形成自觉行为。

三、遵守学习规范

学习，是指从读写、听看、研究、实践中获得知识或者技能。社会在发展，人类在进步，社会对每个人的要求也在不断发生变化，要适应时代的变化，就需要通过不断的学习来更新自己的认知。在监狱，服刑罪犯要进行自我改造，更需要文化的洗礼和熏陶，学习就显得尤为重要。

通过学习更新知识结构和思维认知，使之成为落实各项行为规范、提升改造质量的前提条件。只有在正确思想的指导下，《监狱服刑人员行为规范》才能真正落实并收到实效，服刑罪犯自我改造才能收到成效。

学习规范中明确规定：

“第十九条　接受法制、道德、形势、政策等思想教育，认清犯罪危害，矫治恶习。

第二十条　接受心理健康教育，配合心理测试，养成健康心理。

第二十一条　尊重教师，遵守学习纪律，爱护教学设施、设备。

第二十二条　接受文化教育，上课认真听讲，按时完成作业，争取良好成绩。

第二十三条　接受技术教育，掌握实用技能，争当劳动能手，增强就业能力。

第二十四条　阅读健康有益书刊，按规定收听、收看广播电视。

第二十五条　参加文娱活动，增强体质，陶冶情操。”

服刑罪犯应遵守学习规范，将学习融入日常改造中，不仅要汲取知识的能量，还要明确学习目的，增强学习自觉性，自觉深挖犯罪根源，加强自我修养，培养良好兴趣，陶冶高尚情操，增强心理承受能力和自我情绪调控能力，使自己的精神世界健康、充实，并将所学知识入脑入心，形成自己的见解，知荣辱、明是非、辨善恶、分美丑，与原有的错误人生观、价值观割裂开，逐步形成正确的道德认知和高尚的道德情感。

四、遵守劳动规范

劳动是人类社会生存和发展的基础，是人类维持自我生存和自我发展的唯一手段，而且是人类最基本的实践活动。

劳动规范中明确规定：

“第二十六条　积极参加劳动。因故不参加劳动，须经警官批准。

第二十七条　遵守劳动纪律，坚守岗位，服从生产管理和技术指导。

第二十八条　严格遵守操作规程和安全生产规定，不违章作业。

第二十九条　爱护设备、工具。厉行节约，减少损耗，杜绝浪费。

第三十条　保持劳动现场卫生整洁，遵守定置管理规定，工具、材料、产品摆放整齐。

第三十一条　不将劳动工具和危险品、违禁品带进监舍。

第三十二条　完成劳动任务，保证劳动质量，珍惜劳动成果。”

服刑罪犯应遵守劳动规范，脚踏实地劳动，提升劳动能力，在劳动中培养劳动观念，磨炼劳动意志，端正劳动态度。劳动是培养劳动技能的有效途径。劳动技能的形成无一例外，都是在实践中获得的。服刑罪犯应珍惜劳动的机会，在劳动改造中努力学习劳动技能，获取生产经验，具有一技之长，最终成为自食其力的人。

五、遵守文明礼貌规范

文明是社会发展到较高阶段表现出来的状态。礼貌是在人际交往中言语动作谦虚恭敬，符合一定礼仪的表现。《监狱服刑人员行为规范》中的文明礼貌规范从内容上看，有仪容、举止、表情、动作、语言、谈吐、待人接物等方面的准则；从对象上看，有公共场所礼仪、文明交往等方面的要求。文明礼貌是一种品质，是一种修养，讲文明懂礼貌的人会给人以友善之感，能很好地调节人与人之间的关系。

文明礼貌规范中明确规定：

“第三十三条　爱护公共环境。不随地吐痰，不乱扔杂物，不损坏花草树木。

第三十四条　言谈举止文明。不讲脏话、粗话。

第三十五条　礼貌称谓他人。对人民警察称‘警官’，对其他人员采用相应礼貌称谓。

第三十六条　服刑人员之间互称姓名，不起(叫)绰号。

第三十七条　来宾、警官进入监舍时，除患病和按规定就寝外，起立致意。

第三十八条　与来宾、警官相遇时，文明礼让。”

服刑罪犯应遵守文明礼貌规范，在日常的改造言行、待人接物中，展现自己文明友善的形象。文明礼貌的重塑是自我改造的有力补充，是改造成果的直观外在表现。罪犯在服刑过程中养成遵守文明礼貌的习惯，可以逐步端正自身言行举止，有助于营造文明有序的改造环境，健康良好的氛围也有利于加快改造的进程。正在服刑的罪犯迟早要重新回归社会，除了应学习一些必备的生存技能以外，更需要掌握好与他人相处的法则和规范，对文明礼貌规范的学习能够帮助服刑罪犯顺利走向社会，适应社会，融入社会。

社会主义核心价值观的根本在于实践，公民是实践的主体。正在服刑的罪犯也是社会成员之一，在监狱践行社会主义核心价值观，要从遵守《监狱服刑人员行为规范》做起。作为一名服刑罪犯，应严格遵守《监狱服刑人员行为规范》，从现在做起、从点滴做起，在思想上提高自己遵守规范的主动性，在行动上不折不扣地按照规范要求行动，自觉成为一名社会主义核心价值观的践行者，在遵守《监狱服刑人员行为规范》的基础上，不断深化对社会主义核心价值观的理解和认同，并在不断积累和实践中,最终达成社会共识。

矫正作业:

1. 抄写一遍《监狱服刑人员行为规范》。

2. 在服刑期间如何践行社会主义核心价值观?

将答案填写在《矫正足迹》上。

重塑新生篇

“新生”一词的解释为：初学的儒生，精神上的再生或者刚入学的学生。对于入监服刑的罪犯来说，新生的含义即自觉改正，重新做人。新生意味着，有针对性地矫正自己过去的缺点及错误，唤醒自己被遮蔽的良知，与自己的过去一刀两断，不在同一个坑里跌倒两次，不再犯类似的错误，开启自己全新的一段生命旅程。

无论是吸食型毒品罪犯、牟利型毒品罪犯，还是暴力侵财型罪犯、暴力侵害公民生命健康型罪犯，抑或是盗窃类罪犯、涉黑涉恶类罪犯、邪教类罪犯、暴恐极端宗教类罪犯以及利用职务之便侵占公私财物类罪犯，罪犯的犯罪原因和需矫正的内容大致可概括为：对其自身犯罪危害认识不清，良知被眼前的利益或一时之气遮蔽，有的对毒品危害认识不清，产生心瘾后难以戒断，丧失自信、失去亲情以及信任感崩塌；有的恶劳好逸，胆大妄为，恃强凌弱；有的利欲熏心，不知敬畏；有的被“洗脑”欺骗还深信不疑；有的不会管理自身情绪，戾气缠身，怨气冲天；还有部分人存在严重的侥幸心理等。重塑新生篇根据循证矫正原则，对罪犯的犯因开展针对性矫正及教育，是打开罪犯新生之门的重要钥匙。

重塑新生篇在不同的矫正项目中，表述的是对应各自矫正项目的针对性矫正内容，本篇根据不同的犯罪类型，抓住各不相同的犯因，开展针对性矫正，指导罪犯正确解决在刑满后可能面对的一些困难和问题，引导其重塑新生，唤醒良知，深刻认识犯罪危害，从根源上解决犯罪相关问题，找回天生的善性，为重回社会、走向新生打下坚实的基础。

牟利型毒品罪犯矫正项目的重塑新生篇主要内容包括：毒品交易危害教育、“五心”认知提升、劳动观重塑、侥幸心理管理。

本矫正模块总课时：86 课时

第一章 毒品交易危害教育

交易,指两方以货币及服务为媒介的价值交换,是买卖双方对有价物品及服务进行互通有无的行为。它可以是以货币为交易媒介的一种过程,例如,在市集交易大米、蔬菜,在证券交易所交易股票;也可以是以物易物,例如,1 头牛交换 3 只羊。

交易的商品及服务均应为法律规范内合法的内容,法律法规禁止交易的商品或者服务,即违法的交易或者服务。如毒品、珍稀野生动植物等。

毒品交易就是让法律禁止的毒品流入社会,牟取暴利的过程。无论是走私、贩卖、运输毒品,还是种植、加工、制造毒品,都与毒品的吸食行为紧密联系在一起,进行交易的目的都是牟取暴利,最终致使无数生命受到残害。

毒品交易违背了人类社会的基本价值观念和伦理道德,也破坏了人们以血的教训换来的对禁毒的共识。如果错误站在狭隘的个人利益立场,就看不到吸食毒品给国家、民族带来巨大伤害。本章从毒品交易给国家、社会、民族带来的危害进行阐述。

建议课时:12 课时

第一节　毒品知识概述

矫正目标：促使矫正对象从毒品的定义、分类、危害 3 个方面了解毒品，认识毒品的危害性。

建议课时：2 课时

一、毒品的定义

根据我国《刑法》第 357 条的规定，毒品是指鸦片、海洛因、甲基苯丙胺（冰毒）、吗啡、大麻、可卡因以及国家规定的其他能够使人形成瘾癖的麻醉药品和精神药品。《麻醉药品及精神药品品种目录》中列明了 121 种麻醉药品和 149 种精神药品。

麻醉药品，是指由国际禁毒公约和我国法律规定管制的，连续使用、滥用或者不合理使用，易产生身体依赖性和精神依赖性，能成瘾癖的药品。其中最常见的麻醉药品类有大麻类、鸦片类、可卡因和海洛因等。

精神药品，是指由国际禁毒公约和我国法律法规规定管制的，直接作用于人的中枢神经系统，使人兴奋或抑制，连续使用能产生依赖性的药品，常见的有冰毒、摇头丸等。

二、毒品的分类

从毒品的来源看，可分为天然毒品、半合成毒品和合成毒品3大类。其中,天然毒品是从毒品原植物中提取的毒品,如鸦片、大麻等;半合成毒品是由天然毒品与化学物质合成而获得的,如海洛因等;合成毒品是完全用化学合成的方法制造的,如冰毒等。

从毒品出现的时间顺序看,可分为传统毒品和新型毒品。传统毒品,一般指鸦片、海洛因等出现较早的毒品。新型毒品,主要指冰毒、摇头丸等后来人工化学合成的毒品,在我国,主要从20世纪末21世纪初开始在歌舞厅等娱乐场所中出现。

合成毒品作为新型毒品,其原料实际上来自一些被称为前体化学品的化学品原料。前体化学品可直接生产毒品,又具有合法的工业用途,生产起来比较快捷,这给公安缉毒工作增加了很大的难度。有些人在自己家的厨房里就可以生产冰毒,在自己家的车库里也可以压制毒品药片。当一种前体化学品难以获取时,制毒者就可以用另外一种化学品替代。吸毒者和贩毒者可以说涉及全世界每一个国家和地区,因此,打击毒品犯罪是全世界每一个国家非常重要的任务。

三、毒品的危害

(一)吸毒对个人的危害

1. 吸毒使吸食者丧失意志和毅力,扭曲人格。

2. 吸毒严重摧残人的身体,容易使人感染艾滋病等传染性疾病,甚至致人死亡。

3. 吸毒使吸食者引发自伤、自残、自杀等行为。

(二)吸毒对家庭的危害

1. 一人吸毒便是倾家荡产。

2. 人性泯灭。

3. 家破人亡。

4. 祸及子孙。

(三)吸毒对社会的危害

1. 道德丧失。

2. 诱发犯罪。

3. 滋生腐败。

通过对毒品的概念、常见分类及危害的学习,了解几乎所有的国家都在忧虑毒品的危害。更为严重的是,传统毒品的问题尚没有解决,新型毒品已疯狂泛滥,尤其是在发展中国家更以令人心惊的速度恶化着。

矫正作业:

1. 吸毒会对个人造成什么危害?

2. 吸毒会对家庭造成什么危害?

3. 吸毒会对社会造成什么危害?

将答案填写在《矫正足迹》上。

第二节　毒品交易的危害

矫正目标：促使矫正对象明白“一毒毁三代”的道理，认识到自己的犯罪行为不仅严重缺乏社会公德，还违背了伦理道德。毒品交易对国家、社会以及家庭都会造成严重的危害。

建议课时：10 课时

1988 年 12 月通过的《联合国禁止非法贩运麻醉药品和精神药物公约》中就提到：“麻醉药品和精神药物的非法生产、需求及贩运的巨大规模和上升趋势，构成了对人类健康和幸福的严重威胁，并对社会的经济、文化及政治基础带来了不利影响……”作为“地球村”的成员之一，我国自然也不能独善其身，而且由于毗邻“金三角”和“金新月”两大产毒区，我国的毒情虽被严厉打击但形势依然严峻。毒品常被人们比喻为幽灵、瘟疫、魔鬼等，禁毒工作也被形象地称为“战争”。由此可见，人们对毒品是多么恐惧和深恶痛绝。毒品犯罪不仅给吸毒者个人及其家庭带来了不可估量的伤害，也给社会带来了诸多危害。

毒品交易导致犯罪率攀升

建议课时：4 课时

毒品问题常与“黄、赌、盗、抢”等问题相互交织，诱发大量违法犯罪活动。不少吸毒人员沾染毒品后，很快就耗尽家产，为了继续吸毒走上制毒、贩毒道路，或者实施盗抢等犯罪行为获取吸毒资金，彻底沦为毒品的奴隶。另外，吸食合成毒品极易诱发自杀自残、暴力行凶等极端事件，近年来各地已发生多起吸毒后杀人、吸毒后驾车冲撞行人等恶性案件，严重危害人民群众的生命财产安全和社会和谐稳定。毒品问题还容易与暴力恐怖犯罪、黑恶势力犯罪发生关联，严重影响国家安全和社会公共安全。

一、毒品问题严重危害社会治安稳定

毒品交易不仅本身就是重罪，更是诱发其他刑事犯罪的一个重要因素。公安机关有关毒品犯罪材料反映，毒品交易不仅引发了盗窃、抢劫等侵财型犯罪和杀人、伤害等恶性案件，还极大地促进了吸毒活动的蔓延。由于吸毒耗资巨大，一般人的正常收入根本承受不了吸毒的开支，为毒瘾所驱，吸毒者往往为获取钱财不择手段，甚至不惜违法犯罪，从而导致刑事案件的发生，严重影响社会治安稳定。有资料显示，在云南、广东等毒品危害深重的地区，由毒品诱发的犯罪占各类犯罪的40%以上。另据戒毒所民警反映，60%以上的被强制戒毒人员曾有过犯罪等行为，大量事实表明，毒品交易已成为诱发犯罪、危害社会治安的根源之一。

除诱发犯罪外，毒品交易还助长了另外一些犯罪行为，如交易结束后，许多吸毒者在吸食毒品后会实施其他犯罪行为。

有些吸毒者在吸毒后身体兴奋,为体验刺激而实施强奸妇女等行为;有些吸毒者认为,吸毒会使自己的视觉更加灵敏、听觉更加清晰、身体更加灵活,增加了作案的成功率,所以经常在吸毒后实施犯罪行为或者为了实施其他犯罪行为而吸食毒品(如抢劫盗窃等);还有部分吸毒者在吸毒后出现间歇性精神失常,继而实施犯罪行为(如故意伤害、故意杀人等)。医学研究证明,长时间吸毒的人精神极度麻痹,无法控制自己的思想或行为,从而实施较为严重的犯罪。这些毒品交易衍生的问题,都严重危害了社会治安稳定。

二、毒品问题极易污染社会风气

吸毒成瘾后,毒品就会使人的道德一步一步滑坡,直至最后沦丧,彻底成为毒品的奴隶,严重污染社会风气。对吸毒者来说,一旦成瘾,毒品就是其生活的第一需要,为了获得毒品可以不顾一切。用吸毒者的话说,为了毒品可以"一不要脸,二不怕死"。这些吸毒人员当毒瘾发作却没有钱购买毒品时,就会想尽一切办法获取钱财,最为常见的犯罪手段便是抢、偷等。

《2015 年中国毒品形势报告》显示,2015 年全国破获吸毒人员引发的刑事案件 17.4 万起,占刑事案件总数的 14%,其中,抢劫、抢夺、盗窃等侵财性案件 7.2 万起,涉毒犯罪案件 7.4 万起,杀人、绑架、强奸等严重暴力案件 716 起。毒品犯罪发展趋势调查结果显示,兰州市的刑事案件中有 53.1% 是吸毒人员所为;云南省某村全村49户有47户都被偷过,实施盗窃的都是吸毒人员。一些女性吸毒者在丧失了劳动能力、耗尽家庭财产之后,甚至会走上靠卖淫赚取毒资的不归路。在对云南省昆明市某戒毒所的调查中得知,女性戒毒人员中有近50%曾靠卖淫筹集毒资。毒品交易后,随之而来的是不再踏实劳动,抢劫、盗窃、卖淫等违法犯罪行为频发,严重污染了社会风气。

三、毒品问题导致大案要案增多

毒品交易犯罪具有风险大和巨额利润的双重特点,部分犯罪分子置死刑、无期徒刑等重刑于不顾,铤而走险,配置现代化巨大杀伤力武器、通过高科技手段等反侦察伎俩来掩护、保护毒品交易的犯罪行为,导致毒品交易犯罪的暴力性程度不断加剧。

随着毒品犯罪国际化、集团化的发展趋势,我国毒品交易犯罪的涉枪比例有所上升。近些年,公安部持续组织开展全国禁毒部门缉枪治爆的专项行动。根据《中国禁毒报告(2015年)》,2014年全国公安机关共破获毒品犯罪案件52,811起,抓获毒品犯罪嫌疑人60,475人,缴获各类枪支643支、子弹41,871发。这是国家禁毒委员会近些年来在《中国禁毒报告》中首次将破获毒品犯罪案件中缴获枪支、弹药总数作为常规数据予以公开,其重要程度可见一斑。《2015年中国毒品形势报告》显示:2015年,全国破获涉枪毒品目标案件257起,缴获各类枪支466支、子弹3万发,同比分别上升52.0%、40.4%和843.4%;涉枪毒品案件高发,贩毒人员武装贩毒、暴力抗法案件时有发生。从现有的公开数据来看,我国涉枪毒品交易犯罪问题较为严重,枪毒合流问题较为突出,无形中导致大案要案增多。

四、毒品交易导致的其他问题

组织矫正对象进行现场讨论,要求做到人人发言。

矫正作业:

1. 毒品交易犯罪会衍生出什么犯罪行为?
2. 毒品交易犯罪为什么会导致社会风气被污染?

将答案填写在《矫正足迹》上。

毒品交易造成社会财富大量流失

建议课时:2课时

毒品犯罪造成社会财富的大量流失表现在诸多方面。

一、毒品交易造成整个社会的劳动力减少

毒品交易会进一步导致吸毒行为泛滥,而吸毒行为则会损害吸毒者的身心健康,使吸毒者们不但无法创造社会财富,无法自力更生,成为社会的负担,甚至吸毒过量还会直接导致其死亡,使社会丧失许多劳动力。例如,云南省瑞丽县某村,全村的生产力大多是女性,因为97%的男性都在吸毒,这些吸毒者们无法从事生产劳动,不但没有创造财富,反而变成了社会、家庭的负担。另外,吸毒造成的人员损失中最严重的还有青少年。青少年本该认真学习、努力工作,为社会创造财富,保家卫国,实现自己的人生价值,但是,吸毒严重影响了他们的身心健康,使他们不能成为对社会有用的人,这种损失是难以估量的。

二、毒品交易造成大量的国家财政损失

第一,毒品消耗着惊人的财富,造成大量的财政损失。毒品经济属于地下经济,是非法的,所以很难进行精确的统计。据《中国禁毒报告(2018 年)》,国内登记在册的吸毒者有 240 万人之多,如果按每名吸毒者平均每天吸毒费用 100 元计算,全国每年的吸毒费用约 876 亿元。而按国际通行的经验推算,每名登记在册的吸毒者周围还存在 4 ~ 7 名隐性吸毒者,那每年的吸毒费用还要增多 3500 亿 ~ 6132 亿元,这是多么惊人而庞大的数字!

这些钱将随着毒品交易流入毒贩手中,有些毒贩是境外势力,这就意味着一笔巨大的财富随之流失。设想一下,如果用这些因为毒品交易流失的财富来建设国家,那将大大推动整个国家的发展。“想要富,先修路”,一个地区交通的便利对经济发展的作用是不言自明的,交通便利了,有利于当地与外界的

物质与人员的流通。

据报道，雅西高速公路从雅安市到西昌市全长共240千米，属我国自然环境最恶劣、科技含量最高、工程难度最大的山区高速公路之一，平均每公里耗费一亿元人民币。从2007年开始建造，一直到2012年才竣工通车，整整用了5年的时间，耗费了大量的人力、财力、物力，但其大大促进了途经城市的经济发展，两地人民的年平均收入也得到很大提高。这样计算下来，240千米长的雅西高速公路耗资大约240亿元，还不及全国2018年毒品交易一年总额的1/10。

中国每年消耗在毒品上的费用高达几千亿元，如果拿这些钱来修高速公路的话，可以修建多条雅西高速，沿途所经地区经济的发展就会有质的飞跃，共同富裕的步伐会越走越快。特别是农村公路网络的建设，能改善农村生产生活条件和各种生产资料流动条件，对促进农民思想的转变，促进农业增效和农民增收，都有十分重要的作用。

第二，吸毒传染疾病，引发公共卫生危机。为了避免危机的发生，国家要花大笔的钱预防；当危机发生后，国家也要花大笔的钱去救治救助。毒品被称为“现代瘟疫”，而艾滋病则被称为“超级肿瘤”，二者结合在一起，必将给人类带来可怕的灾难。事实表明，吸毒极易传播性病、皮肤病、肝炎等恶性疾病，还导致多种并发症的产生，吸毒人数的扩大将引发艾滋病的广泛传播。2009年11月28日《春城晚报》报道，2009年1～10月，云南省报告艾滋病病毒感染者和艾滋病病人10,271例,死亡1432例,其中注射吸毒人员感染率为26.6%。这些人员已成为高危人群,并引发公共卫生危机,给人们的身心健康、生存以及生活构成严重威胁。再根据《2019年世界毒品问题报告》,在全球范围内,约有3500万人因吸毒患病,需要治疗服务,其数量远远高于早些时候估计的3050万人,吸毒死亡人数也再创新高。从国内到世界,毒品交易导致吸毒者患病,从而引发公共卫生危机已是铁一般的事实,特别是有许多妇女在孕期吸毒,这样会导致新生儿患上先天性生理缺陷。以上这些问题都需要国家花费大量资金去解决,这就造成了国家财政的严重损失。

第三,国家每年都要为缉毒、戒毒支付大量费用,如运营强制戒毒所、维护禁毒队伍、更新增置缉毒设备、培训缉毒人员等。即便这样,仍然无法满足缉毒和戒毒的需要,每年牺牲的缉毒警察在所有牺牲的人民警察中所占比例较大。公安部禁毒局统计数据显示:2010年至2014年,有超过1100名禁毒民警牺牲,平均牺牲年龄41岁。有多少禁毒警察在开展毒品缉查时,与持枪毒贩拼上性命,有多少禁毒警察在阻止毒品交易的战斗中身受重伤,经抢救无效壮烈牺牲。近年来,进行武装贩毒的人员数量逐年增加,对奋战在禁毒一线的缉毒警察的人身安全构成极大的威胁,也使中国公安机关的禁毒工作变得越发艰巨。根据《中国禁毒报告(2018年)》,2018年共破获毒品犯罪案件10.96万起,抓获犯罪嫌疑人13.74万名,缴获各类毒品

67.9吨;查处吸毒人员71.7万人次,处置强制隔离戒毒27.9万人次,责令社区戒毒社区康复24.2万人次,这些动辄上万名的毒贩嫌疑人的抓获、以吨为单位的毒品缴获,其背后都需要国家花费大量的财政经费来支撑。

矫正作业:

1. 毒品交易犯罪从哪些方面造成了社会财富的大量流失?

2. 结合自己的认识,谈一谈毒品交易犯罪还会造成哪些没有谈及的财富损失?

将答案填写在《矫正足迹》上。

毒品交易引发家庭危机

建议课时:4课时

家庭,是夫妻关系与子女关系构成的最小的社会生活共同体。家庭担负着家庭成员维持共同生计的使命,即同吃、同住、同劳动的经济职能,用以提供一个家庭物质生产与消费的保证,维持家庭的延续和扩大;家庭还承载着家庭成员间的感情融洽,管理、制约、调整内部成员行为的职能。

然而,牟利型毒品罪犯错误的逐利方式,不仅将罪犯自己送上审判台,还硬生生止住了家庭奔向幸福的步伐,亲手将自己的家庭推向危机重重的泥沼。

一、投资贩毒，人财两空，造成家庭经济危机

以婚姻为基础的家庭，是组织生产和消费的一个经济单位，在社会经济生活中起着重要的作用。

在收入相仿、成员人数相近的家庭中，从经济上看，有的安排合理、日子舒坦，有的却捉襟见肘、入不敷出，这样就会逐渐造成在同一个地区不同家庭之间的贫富不均(当然，贫富差距的原因很复杂，此处不作详解)。贫富差距非常容易引发一些人的失落感与不平衡心理，他们为了满足虚荣心，满足自己的物质追求，抑或是想不劳而获，就会不择手段来实现自己的目的。此时，毒品犯罪的巨额利润就会促使部分人良知受到蒙蔽，丧失道德、突破法律底线，铤而走险，走上毒品交易的道路。

为了一夜暴富，一些人会将多年辛苦积攒下来、为数不多的积蓄投入毒品交易中，错误认为这是一本万利的买卖。其实，这是将自己及自己的家庭推向了违法犯罪的悬崖，终究是人财两空，得不偿失。更有甚者，在朋友、族人的花言巧语下，以家族为单位进行入股集资式的毒品交易，糊里糊涂地把积蓄花光。

四川省的秦某等先后把家人拉下水，穿梭川、滇等地贩毒，形成了一个罕见的家族贩毒集团。秦某原是个本分农民，为了赚钱改善生活，来到云南昆明打工，随后，秦某的堂弟、表兄也来到昆明。一次畅饮后，秦某借着酒兴对 2 人讲:“我分析了很

久,像我们这种没有学历的人出来打工就只能干点苦力活,每天累死不说,还赚不到钱,辛辛苦苦干一个月,还不够吃几次烧烤。看来想赚大钱就只有贩毒来得最快!”3 人一拍即合,各自出资 4000 元购买毒品运到老家贩卖,这次 3 人收获不小。几次“生意”做下来,秦氏兄弟摇身变成“有钱人”。他们的暴富很快在秦氏家族内传开了。在秦氏兄弟的“拉拢”下,一些家族成员纷纷将家里的养老钱、孩子读书钱、买种子化肥的钱、还贷款的钱等,都拿出来“加盟”到秦某等人的贩毒活动中。秦某与族人约定 3 个月返利一次,但是必须进行“再投资”,3 年后连本带息一次偿还,保证大家本钱翻番。

这个家族贩毒集团在长达 1 年多的时间里,涉案 10 人,共作案 29 起,贩卖毒品逾 5000 克。经法院一审判决,5 名主犯以贩卖、运输毒品罪被判处死刑,剥夺政治权利终身;其余人员分别被判无期徒刑、有期徒刑等。所有涉案人员均被没收个人全部财产。就这样一个以家族“集资”“加盟”形式筹集毒资的犯罪集团彻底覆灭。当初参与“投资”的家族成员本打算跟着秦氏兄弟一起发家致富,却终究在违法犯罪的不法路上摔了大跤,“竹篮打水一场空”,“赔了夫人又折兵”,真是悔不当初。

家庭的收入是要通过诚实劳动来获取的,成员之间要有创家立业、教育子女等共同目标,勤奋肯干,不好吃懒做、寅吃卯粮;学习并掌握一定的劳动技能,要有足够且稳定的合法收入来保持家庭财务状况的正常运转,然后尽可能地节余一部分资金用于储蓄。当家庭财富有了一定的积累,能够有效保障家庭日常开支的时候,可以拿出一部分资金用于合法的投资理财,来获得资产性收入,才能“钱生钱”,才会使家庭财富更快地增长。

二、身陷囹圄,责任缺失,造成家庭职能危机

夫妻与子女、老人共同构成了整个家庭关系。每一名家庭成员要把处理好家庭中的各种关系,看作自己应该承担的责任。牟利型毒品罪犯因为触犯国家法律,或被判处死刑,付出生命的代价;或到监狱服刑,付出自由的代价,无论是哪种结果,都将不能再履行家庭职责,导致夫妻关系破裂,家庭解体,父母子女无人照管。

父母是每个人生命的源头。父母有生育之恩,子女孝敬父母天经地义。要常把父母的饮食、衣物、起居、健康放在心上。人生数十载光阴飞逝,因此,作为子女,如果不能做到孝敬父母,不能履行对老人的赡养义务,就是一个不负责任的人。父母操劳一生,将一个婴孩抚养成人,投入了巨大的精力,付出了辛勤的汗水,含辛茹苦。然而,当父母的臂膀不再有力,身体不再挺拔,需要照顾和赡养的时候,自己却因毒品犯罪在监狱服刑,既不能在经济上供养他们,更无法陪伴在他们身旁,给他们以精神上的慰藉,逢年过节还要父母千里迢迢来监狱看望。在会见时,看到白发苍苍、老泪纵横的父母,心情是否愧疚、悔恨、

自责?!“树欲静而风不止,子欲养而亲不待。”这样的遗憾实在令人惋惜,因此要趁父母都在身边的时候好好孝敬父母,不要等年华老去、双亲不在之时懊悔当初。毒品交易犯罪害人害己,让自己身陷囹圄,无法履行孝敬老人之责,实实在在造成了家庭危机。

子女是人生命的延续。父母生儿育女,一定要养之教之,一要养育自立,二要教导成才,三要慈爱入骨彻髓,四要关心恋爱成家,五要随时解决所需,这些都是父母应承担的责任。父母把关爱给儿女,并不希望儿女回报,因为他们把教养儿女的责任看作义务。作为父母,因为毒品交易犯罪而身处监狱,不能履行对孩子的抚养义务,对孩子既缺乏情感上的交流,又不能在行为上起到榜样作用,对孩子缺少最起码的关注,这无疑是为人父母巨大的失职。另外,父母在孩子养育上的缺位,容易导致孩子内心自卑,会让幼小的心灵感到被遗弃、被漠视、被伤害,会产生强烈的不安全感,自我防范意识过强,不愿与人交往,甚至会导致心灵和人格的扭曲,容易对人产生敌意。这样的孩子感受不到正常的家庭温暖,严重缺失父母的爱,在无有效管束的环境中孤独地成长。我们常说:“父母是孩子的第一任老师。”父母就像外界社会的缩影,孩子视父母为模仿对象,学习父母的一举一动。如果父母参与毒品交易犯罪活动时,子女心智尚未成熟,那么在强烈的求知欲望下,他们不能明辨是非、分清对错,就有可能效仿父母的行为,很容易踏入违法犯罪的道路;除此之外,父母因参与毒品交易被判入狱,子女常常处于脱管状态,这种情况会导致子女过早接触社会,相对家庭美满的孩子而言,脱管的孩子更加容易走上犯罪道路。《青少年犯罪及其根源》一文中记载:父亲犯罪的,孩子犯罪比例高达37%;母亲犯罪的,孩子犯罪的比例则更高。这种情形下,如果父母参与毒品交易犯罪,会给自己的孩子提供一个错误的模仿样本。一旦孩子也入狱服刑,就会让原本接近支离破碎的家庭雪上加霜。

家庭是一个整体,特别是夫妻关系,是家庭关系的基础。夫妻双方根据各自特点进行分工,料理家务,谁主内,谁主外,各司其责,扮演好自己的角色,只有彼此都认可双方在家庭中的价值,才能夫妻和美;夫妻之间要互相理解,互相尊重,互相爱护,互相礼让,各自从我做起,家庭才会幸福。作为夫妻,本应相互扶持,共同面对生活中的风风雨雨,但如今却因其中一人贪图小利,为牟利而进行毒品交易,最终被法律制裁,判刑入狱,导致不能为家庭分担责任,将生活的重担推给自己的另一半,让另一半在承担自己责任的同时,还要负担整个家庭的重担,甚至有的夫妻双双入狱,留下一个四分五裂的家庭,留下年迈的父母望穿秋水似的等待,留下懵懂的儿女思念的渴望,最终只能让亲人悲哀、世人叹息。为牟利,结果却是失利,真是得不偿失。

综上所述,毒品交易及其衍生的犯罪严重危害个人、家庭和社会,是影响社会治安、家庭幸福美满的重要因素。毒品问题往往与各种社会治安问题互相交织、互相影响,极易诱发抢劫、抢夺、盗窃等犯罪案件,严重破坏治安秩序、败坏社会风气。被抢劫盗窃等侵害的受害人都是一个个家庭的成员,每个家庭的平安幸福都遭受了这些恶劣行为的影响。家是社会的基本单位,家庭的稳定势必会影响国家和社会的稳定,毒品交易及其衍生的犯罪将导致一个又一个的家庭破裂,这就不可避免地会对整个社会的安定造成影响,给国家和社会带来严重危害。因此,禁毒工作事关人民幸福安康、事关家庭平安美满、事关社会和谐稳定、事关国家强盛和民族振兴,毒品交易一日不止,禁毒工作一日不停。

矫正作业:

1. 毒品交易犯罪会引发哪些家庭危机?各有什么内容?

2. 毒品交易犯罪会衍生出什么犯罪,进而引发家庭危机?结合自己看见过、听见过的谈一谈。

将答案填写在《矫正足迹》上。

第二章 “五心”认知提升

矫正目标:学习并认识“五心”,掌握“五心”在公众道德、罪犯矫正中的作用,能够使矫正对象重新树立“五心”。

建议课时:50 课时

第一节 认识“五心”

矫正目标:掌握“五心”,即恻隐之心、是非之心、辞让之心、羞恶之心、敬畏之心的含义、表现及作用。

建议课时:20 课时

在人类发展史上,一切有利于善性的扩充、良知的培养、正气的周流、道德的提升的思想,都应该得到尊崇和发扬。孟子的恻隐之心、是非之心、辞让之心、羞恶之心就是这样的思想。除了孟子的这“四心”之外,无论是职场为人处世,还是自处,生命中的一切都离不开敬畏之心,敬畏之心让人收敛性情,做事张弛有度、有退有进;人一旦没有了敬畏,就会毫无节制,纵容自己的恶习,在法律和道德面前失去规范。所以,此处要讲的“五心”,即恻隐之心、是非之心、辞让之心、羞恶之心、敬畏之心。

恻隐之心

建议课时:4 课时

一、恻隐之心的含义

恻隐之心出自《孟子·公孙丑上》,孟子曰:“人皆有不忍人之心。先王有不忍人之心,斯有不忍之政矣。以不忍人之心,行不忍人之政,治天下可运之掌上。所以谓人皆有不忍人之心者,今人乍见孺子将入于井,皆有怵惕恻隐之心,非所以内交于孺子之父母也,非所以要誉于乡党朋友也,非恶其声而然也。”意思也就是说,“每个人都有怜悯体恤别人的心情。先王由于怜悯体恤别人的心情,所以才有怜悯体恤百姓的政治。用怜悯体恤别人的心情,施行怜悯体恤百姓的政治,治理天下就可以像在手掌心里面运转东西一样容易了。之所以说每个人都有怜悯体恤别人的心情,是因为,如果有人突然看见一个小孩要掉进井里面去了,必然会产生惊惧同情的心理,这不是因为想去和这孩子的父母拉关系,不是因为想在乡邻朋友中博取声誉,也不是因为厌恶这孩子的哭叫声才产生这种惊惧同情心理的”。例如,看见车祸中某人被汽车轧伤,卡住了,有的会拨打“120”急救电话,有的会直接冲上去,以人力将汽车抬起来,施予营救,这就是恻隐之心。

《现代汉语词典》中“恻隐”有两种解释:一是“对受苦难的

人表示同情”，二是“不忍”。孟子也认为“人皆有不忍人之心”，即人们对受苦难的他人都有同情心和怜悯心，是自然而然产生的不希望对方受苦受难的情感。可以从以下三方面入手理解恻隐之心的含义：首先，恻隐之心乃是人皆有的普遍的共同情感，是人之为人的根据，无恻隐之心乃是非人也。其次，恻隐之心是一种本能、自然的情感，不是人们在认清时弊或思虑利害之后才发出的，而是人们在特定时刻自然产生的；它也不包含任何私欲，只是人们内心真实的情感流露。“非所以内交于孺子之父母也，非所以要誉于乡党朋友也。”最后，恻隐之心是一种潜在的善端，只有这种善端被充分挖掘并培育扩充后，人才能事父母（作为儿女侍奉父母是天经地义的）、保四海（保家卫国是每一个公民都义不容辞的责任）。

恻隐之心到底是人们内心一种怎样的情感呢？看见玩耍的幼童不慎将要落井，正常人就会产生一种“怵惕恻隐之心”，既有亲眼目睹时的恐惧，又有一旦落入后的哀伤与悲痛，此心此情绝非一种单一的情感体验，而是复杂的情感转换。任何一个人见此情景，都将时刻处于提心吊胆之中，直至幼童安然无恙之后，他的内心才获得平静。孟子认为，这种“怵惕恻隐之心”的产生，不是为了要和孩子父母攀交情，也不是为了要在乡邻之间博得赞赏，更不是因为厌恶小孩子的哭声，它是自然而然发生的，是一种天赋情感。看到幼小的生命将受到伤害，便生发出一种想要呵护与关爱的自然本能，产生恻隐之心、怜爱之情。为了更好地了解恻隐之心,下面根据“今人乍见孺子将入于井”的故事来分析一下。

第一,人。是理智达到一定健全状态的人,而不是婴儿或非正常状态下(如患有某种精神疾病)的人。正因为有相当成熟的理智,他才可能对危险或痛苦有一定的直接或间接的了解,他认为那种危险或痛苦肯定会给当事人造成一种伤害。

第二,乍见。这就意味着不是早先预谋好的或早就知道会发生这一幕(在无能为力的情况下也会让人痛苦,但是已经有了一种心理准备,产生的不仅仅是恻隐);也没有人告诉他是真实情况,还是在演戏。

第三,孺子。即小孩子,没有自救的本领。首先,他是有生命的人;其次,他是子辈,需要大人的照顾和关爱。

第四,井。井代表了一种痛苦或危险。

第五,“人”与“孺子”的关系。“非所以内交于孺子之父母也”,通过孟子的解释,我们知道他们是陌生人,起码交情不是很深。这也就排除了一种私人的关系纽带。并且孟子又说:“非所以要誉于乡党朋友也,非恶其声而然也。”因此,无论从私人交情、利益计较还是生理喜好的角度,都找不到让人生发悌怵恻隐之情的动力。所以,这种当下的感情不是为己的,它指向的是另一个生命体。个人作为独立的个体,在为己的同时确实还有另一方面的属性,他有关怀其他生命的情感。这种情感不是外在的,而是发自本心的,“我”就是源头。同时应该看到,这种恻隐之心在产生的一刹那，确实是自发的、本能的反应，但它也是以一定的理智和经验知识为基础的。

二、恻隐之心的特点

现实生活中，每个人都有过恻隐的心理体验，因为它不是平白无故拟造的，也不是靠逻辑推理形成的，而是为生活实践所证明了的，其根据就是每个正常人的心理。具体来说，恻隐之心有以下几个特点。

（一）自发性

正如主体面对突发事件时心生惊恐一样，恻隐是内心自然生发的情感，主体可以直接、强烈地感受到。

（二）原初性

并非内心先有个是非判断或价值判断，然后依此产生哀痛的情感，而是不经过任何理性思索，情感直接生发。孟子所言"非所以内交于孺子之父母也，非所以要誉于乡党朋友也，非恶其声而然也"，就是论述恻隐之心的原初性。

（三）普遍性

首先，恻隐之心在情感的主体上，具有普遍性，是人皆有的普遍的共通情感，是人之为人的根据。其次，引发人们产生恻隐之心的客体也具有普遍性：可以是人，也可以是物；可以是个体，也可以是群体。孺子、牛羊、飞鸟走兽，或者植物，都可能引发人们的恻隐之心。

（四）指向性

恻隐之心虽然为人本身所具有，内存于心，但它并不是针对自己，因为恻隐之心并不是为自己，而是能够体验到别人的悲痛和忧伤，从而不忍心让别人感到痛苦。一个人在体验到恻隐之心时，能设身处地感受到他人的痛苦，心里表现出一种对他人的道德关切。例如，人们目睹了孩子即将掉到井里的事实，在内心产生了从惊惧到悲痛的变化，激起了人们的恻隐之心，表现为对孩子的关切，具有明显的指向性。

（五）强化性

人们恻隐之心表现的程度是不一样的，这与个人的经历、所处环境等方面有关。例如，在看了或听了同样一件事情之后，对个人来说，经历之后比经历之前要表现得强烈一些；对不同的人来说，有的人发出一般的叹息，而有的人甚至痛哭流涕，有过类似经历的人比没有类似经历的人表现得强烈一些。一般来说，恻隐之心需要以相关的背景事件或情景为衬托，往往需要被外界的人、物、事激发，并且在有背景衬托或者有类似对比的时候显得尤为强烈。例如，人在看电影或电视剧的时候，看到一些不忍的场景，可能会下意识地流下眼泪或者感到悲伤。相关事件或背景的衬托以及相关处境的对比，能进一步激发和强化人的恻隐之心。

（六）主体超越性

恻隐是对他人苦难的感知和哀痛，这是超越个体的情感。

有学者试图将恻隐之痛解释为：旁观者虽然没有亲历苦难，但惨烈的场景或声音刺激使主体感觉不舒服而导致痛苦，仍然是一种主体的生理感受。孟子讲“非恶其声而然也”，已经将主体生理感受排除在恻隐之外了。恻隐并不是这种与厌恶相关的痛苦，恰恰相反，恻隐之情常常会导致主体对他人伸出援手，而非远离灾难场面。

三、恻隐之心的表现

（一）做到“亲亲”

“亲亲，仁也。”“亲亲”就是亲近自己的亲人，亲近有血缘关系的人，最基本的就是要孝顺父母，敬重兄长。可以说，“亲亲”是仁之本，是仁爱的开端和起点，这种孝悌心就是人们对父母之爱、对兄长之情，是人们发自内心的敬重和心灵本源情感的自然流露，是“仁”的一种最基本的表现。《中庸》中说：“仁者，人也，亲亲为大。”意思就是把“亲亲”放在仁的首要位置，要学会做人，做一个好人，首先就要做到“亲亲”。可以说，人所具有的各种美德都属于“仁”，而孝悌之事是各种美德中第一位的，应把它放在“仁”的最重要的位置。如果一个人连自己的父母兄弟都不去爱，那他就很难会去爱他人。而如今，就事论事，作为一名罪犯，自身的犯罪已经给亲人造成巨大的伤害，但还是有个别罪犯在会见时，面对自己的亲人，开口不是问候他们的近况，不是体谅他们来监会见的一路艰辛，张口就是抱怨，抱怨这样、抱怨那样,甚至与亲人发生争吵,大吼大叫。这显然没有做到“亲亲”,也是一种“不仁”之举。

(二)推己及人

在中国传统道德思想中,“推己及人”是处理人际关系的一个重要原则,早在春秋战国时代,中国古代思想家就从不同角度对推己及人的思想进行了深入探讨。《论语》中记录了孔子关于推己及人的许多论述。在回答弟子子贡什么是可以终身践行的行为准则时,孔子说:“其恕乎!己所不欲,勿施于人。”

中国古代其他流派的思想,如墨家的“兼爱”,也包含了推己及人的意思。其实,几乎世界上所有文化中都有类似的思想。例如,《圣经·马太福音》记载了耶稣基督的箴言“无论何事,你们愿意人们怎样待你,你们也要怎样待人”。另外,犹太教的“爱邻如己”、伊斯兰教的“善待邻居”、佛教的“慈悲心”等,也都传达了与“推己及人”意思相通的道德原则。

“推己及人”的原则主要包括消极和积极两个层次的内容:消极的部分是指“己所不欲,勿施于人”;积极的部分是指“己欲立而立人,己欲达而达人”。它们分别从限制自己的行为和主动实施行为两个方面确定了推己及人的路径。如果我不期望别人对我有某种行为,我也不会将这样的行为施加给别人;如果我期望别人对我有某种行为,我也应当对别人实施这种行为。例如,我不期望别人欺骗我,我也不应当欺骗别人;如果我希望别人帮我脱离困境,那么,当别人有困难时,我也应当帮他们脱离困境。

"推己及人"的道德推理依据是"如心",即将心比心,设身处地替别人着想。如心是一种认识他者的重要方法,从自己的愿望和需求出发,揣测他者的愿望和需求,对他者有所认识,从而有所为有所不为。这要求个体首先要体验和了解什么是自己的愿望和需求。在这一过程中,个体本身也同样被置于客体的地位接受审查。这样来看,如心是一个较为客观的推理过程。但如心也有一定的界限,它的目标在于实现行为对等性或一致性。也就是说,我的利益不应当受到他人的侵害,我也应当以同样方式对待他人;我期望他人能够帮我脱离困境,我也应当以同样的方式对待他人。而个体的某些利益、愿望不应当奢求能够通过将心比心的方式实现。例如,一个人想成为集体的核心,这样的愿望就不能够推己及人。

(三)克己复礼

礼,在中国古代是社会的典章制度和道德规范。作为典章制度,它是维护上层建筑以及与之相适应的人与人交往中的礼节仪式。作为道德规范,它是国家领导者和贵族等一切行为的标准和要求。在孔子以前已有夏礼、殷礼、周礼。夏、殷、周三代之礼,因革相沿,到周公时代的周礼,已比较完善。作为观念形态的礼,在孔子的思想体系中是同"仁"分不开的。孔子说:"人而不仁,如礼何?"他主张"道之以德,齐之以礼"的德治,打破了"礼不下庶人"的限制。到了战国时期,孟子把仁、义、礼、智作为基本的道德规范。荀子比孟子更为重视礼,他著有《礼论》,论证了“礼”的起源和社会作用。他认为,礼使社会上每个人在贵贱、长幼、贫富等级制中都有恰当的地位。在长期的历史发展中,礼作为中国社会的道德规范和生活准则,对中华民族精神素质的修养起了重要作用;同时,随着社会的变革和发展,礼不断被赋予新的内容,不断发生着改变和调整。

“克己复礼”是孔子提出来的儒家重要思想,“克”有克胜之意,“己”是私意或者私心,“礼”是品节制度、规矩准绳。孔子认为,“仁”虽然高尚,但并不难做到。《论语》中记载了颜渊、仲弓、子贡、樊迟、司马牛等众弟子向老师请教如何培养个人的仁德,孔子在和弟子们的问答中谈了很多具体的方法。其中一点就是克己复礼。弟子颜渊问孔子:怎么能做到“仁”?孔子回答:克制自己的不正当欲望,使自己的言行符合礼制,即克己复礼。能不能做到“仁”取决于自己,与别人无关。颜渊又问:具体怎么做呢?孔子回答:非礼勿视,非礼勿听,非礼勿言,非礼勿动(《论语·颜渊》)。孔子在这里没有告诉颜渊应该做什么,而是告诉他求仁不能违背礼制,不合礼的现象不看,不合礼的声音不听,不合礼的话不说,不合礼的事不做。“克己复礼为仁”,这是孔子关于什么是仁的重要解释。在这里,孔子以礼来规定仁,依礼而行就是仁的根本要求。所以,礼以仁为基础,以仁来维护。仁是内在的,礼是外在的,二者紧密结合。这里实际上包括两个方面的内容:一是克己,二是复礼。克己复礼就是通过人们的道德修养自觉地遵守礼的规定。作为儒家伦理文化核心的“克己复礼为仁”命题,集中体现了孔子思想的精髓,且有跨时空的普遍意义,经过与时俱进的改造与发展,对今天国家的发展和个人的发展仍然具有重大的意义。

今天,仍然需要“克己”。人有无穷无尽的欲望,而欲望是必须控制的。有的罪犯为了金钱贩毒制毒,有的罪犯为了钱财拐卖妇女儿童,有的罪犯为了满足一己私利将自己的邪恶之手伸向了弱势群体,等等。要克制这些欲望,就必须学会“克己”。市场经济的冲击使一部分人的消费与享乐欲望急剧膨胀,导致社会上存在大量违背道德、触犯法律法规的现象。如果任由这些不合理的欲望泛滥,必将严重影响社会的稳定与和谐。

今天,中国需要“复礼”。从历史看,中国是有着五千年文明史的“礼仪之邦”,礼文化中蕴含着许多合理成分和积极因子。然而,现当代以张扬自我、张扬个性为旗帜的个人主义、拜金主义、享乐主义之风强烈,给中国传统文化和道德规范带来巨大挑战。“复礼”是构建和谐社会的当务之急。而在“礼”的具体内容和形式上,则应遵循“礼,时为大”(《礼记·礼器》)的原则,与时俱进,使其适应当代中国社会发展的需要,适应当代人生活和交往的需要。

孔子“克己复礼”中的“礼”,随着时代的发展变化,在今天被赋予了许多新的内涵,包括法律、规章制度、道德规范、公序良俗等。每个人要在社会上生存立足,就必须遵循与这个时代相适应的“礼”,用这个“礼”来规范自己的言行举止。这样不仅自己的生活会得到保障,而且幸福指数也会大大提高。

四、恻隐之心的作用

(一)提醒善为

善为即善的行为。善为提醒并非来自外人,而是人们内在恻隐之心的萌发,提醒个体以善为伴。矫正对象虽然善恶不分甚至颠倒黑白,但唤醒其内在的恻隐之心,通过同感心或同情心的情感反应形成一种良知,对其行为进行无声的提醒,可避免其再次作恶。在恻隐之心的提醒下,矫正对象可以对自己的“恶行”反躬自省、不断纠错。

(二)促进善行

孟子认为,恻隐之心人人都有,且是仁的开端,即人们本来就拥有一颗积极向善的心。罪犯在金钱、物欲的诱惑下,采取与法律制度和道德准绳相悖的手段,以实现快速致富的愿望,进而导致违法犯罪的发生,但是其恻隐之心并没有完全丧失,只是在物欲的蒙蔽下没有发挥作用。恻隐之心正是罪犯抗拒道德缺失的一剂良药。通过唤醒罪犯恻隐之心,引发其负罪感和悔过之心,能够及时警醒其再为恶行且唤醒良知,进而推己及人、设身处地地为他人着想,达到促进善行的目的。

有这样一个案例:“小悦悦”事件。一天,2 岁女童小悦悦像平常一样,无忧无虑地走在街上玩耍,谁能想到,一辆轿车飞驰而来,将小悦悦撞倒在地。而看到小悦悦躺在地上,车主居然进行了2次碾压,简直惨无人道,丧尽天良!年仅2岁的小女孩,哪有什么反抗和躲避的能力,只能孤独无助地躺在地上。在小悦悦遇难之后,从她身边经过了18名路人,他们竟然冷眼旁观,没有一个人上前去救起这个可怜的小女孩,有些路人甚至避之唯恐不及,连看都不看一眼。最后,还是一位善良的阿婆将小悦悦扶起送往医院。不幸的是,小悦悦终究还是去世了。

这个典型的实例引起了社会的高度关注,人们自身的恻隐之心没有了吗?人心为何冷漠到如此地步?

这个事件在社会上公开后,社会对司机进行了强烈的谴责。司机将小悦悦撞倒在地之后逃逸,这是一种极其不负责任的行为;惨无人道的2次碾压,更是可恶之极!后来,当事司机被警方抓住时,被问到为什么2次碾压,他居然说:"如果小女孩被压死只需要赔几万就行,如果活着,医药费可能好几十万。"这话让人听后感到无比愤怒,简直天理难容。这是对生命的极大不尊重,用孟子的话就是:人无恻隐之心,非人也。试想,如果是这名司机自己的孩子,他还能这么做吗?人竟然残酷到如此地步,真是令人不齿。社会上出现的这种人,无疑是太过自私,只顾追求钱财。这种人在精神上终归就是一个废人,或者说是一个没有感情的、行走的机器。笔者相信,没有人愿意和这样的人交朋友,因为他们无情无义。

孟子说:恻隐之心,人皆有之。这是人性!对路人来说,看到一个被撞伤的幼儿躺在地上,怎么会不激起心底属于人性的恻隐之心?但是,有些人表现淡漠,有些人可能被触动但是却没有行动。这些路人的恻隐之心呢?他们心里究竟是如何想的?第一个人是事件的目击者,他路过的时候没有去看小悦悦,或许是害怕触动自己的恻隐之心,而选择了无视。接下来的路人也都是目击者,他们绕过躲开了小悦悦,这或许是担心自己被牵连,从而逃避自己的恻隐之心。他们害怕什么呢?又逃避什么呢?路人当中有一个小女孩牵着妈妈的手路过了,那个小女孩会不会问她的妈妈:"那个妹妹怎么躺在地上?"她的妈妈是不是会这样回答:"这不关我们的事,不要管!"尽管这是事后作为旁观者的猜测,但极有可能如此。他们不是没有恻隐之心,而是认为这个事情与自己无关,并且很可能受到牵连,所以不去管。这样是否能称之为理性?这样的理性是否泯灭了人性?这值得大家深思。这不仅仅是一起人身的惨剧,更是一幕人性的悲剧。

但无论如何,"恻隐之心,人皆有之"并没有被这 18 个路人推翻,尽管他们有的是惧怕,有的是自私,但恻隐之心在那一刻仅仅是被蒙蔽了,事后想起,他们心底深处仍然会隐隐作痛。

"恻隐之心"体现最突出的是第 19 个路人——陈贤妹,虽然她不识字、没文化,靠拾荒为生,那天路过也是因为一路捡垃圾过来,但是陈贤妹表现出了良知的光辉:恻隐之心。当她看到躺在血泊之中的小女孩悦悦时,毫不犹豫地将小悦悦半抱半扶到路边并找到了其母亲。就是这么一个动作,为这场冷漠灾难留下了一抹温情,这就是善行。

(三)达成善事

恻隐之心是内心的根源,具有非功利性,提醒善为和促进善行的目的都在于提升道德和升华人格。唤醒其恻隐之心不仅要提醒其善为、促使其善行,而且要使其达成善事。促成其达成善事的动因有多种,笼统分成两种类型:一种是迫于外界的压力,如法的惩戒或舆论的压力;另一种是恻隐之心的萌动,萌动的压力可能来自内心的愧疚。由于恻隐之心指向个体内心,无关外界的施压,因此人们不需要法的惩戒或舆论的压力等外界因素作用,便能够自觉、主动地进行道德实践,达成善事。总之,由恻隐之心促成的善事经历了内心萌动、愧疚心驱使以及践行善念的过程,久而久之,便在内心烙上公共义务的行为习惯,由道德他律变为自律。

如今,身处监狱就应该静下来反思了,可以尝试在自己的脑海深处回忆一下当时的场景:飞车抢劫中,被害人被强行拖拽数米或数十米,一身伤痕而且血迹斑斑,戴着金饰耳环项链的女性被害人往往被抢劫者强行从耳垂上把金饰耳环硬扯下来,耳朵鲜血直流还伴随钻心的疼痛,硬拽项链的严重情形可以使被害人窒息,使其脖子上留下触目惊心的血痕;入室抢劫和僻静处抢劫同样是冷血到不顾受害者的苦苦哀求,甚至演变为故意伤害、故意杀人。

一般来说，被抢劫的受害者除了财物损失、身体受伤外，心理上还受到了极大的威吓，而这些都是抢劫带来的危害。作为一名侵财抢劫类罪犯，是时候自省反省了，回忆并正视自己抢劫的事实。当你享受挥霍抢来财物的快乐时，就应该想到自己身陷囹圄的牢狱之灾，进而联想到受害者的流泪哭喊，联想到受害者鲜血淋漓的惨状以及无助的哀求，直面自己曾经犯下的错误，改过自新，善莫大焉。通过漫漫刑期，唤醒自己心中被蒙蔽的那份恻隐，自觉主动地抵制残忍和冷漠，发自内心地从善，看见有人欺负弱小的时候站出来帮助弱小，使自己真正回归人善良的本性。

2020 年春节前，新冠肺炎疫情发生，牵动着亿万中国人的心。全国各地，无论南北东西，人们自愿发起救助，捐赠物资，很多志愿者不畏牺牲，放下自己的事情远赴千里，到疫情重点区参与疫情防控工作。

全国各省各市的医护人员主动请战参加医疗救助，一封封带有鲜红手印的请战书，一句句铮铮的请战词，大家在病毒面前都没有退却，而是冒着生命危险，告别了家人，离开自己的故乡，参与到这场新冠肺炎防控阻击战中，去救助那些需要帮助的人。全国各行各业，各族人民不分你我，都在为了别人的生命去拼命，这些就是恻隐之心、同情心，是人性良知在发挥着巨大作用，在需要的时候心中那份恻隐之心就会燃起，会让人义无反顾地去做那些事情。

因此,在现代社会中,物质的追求、经济的发展固然重要,但是精神上也必须加强重视。应该净化人们的心灵和思想,应该消除那些冷漠、残酷,应该破除只考虑自己的利益、不顾及他人死活的自私自利思想,要形成多为人着想的高尚品格,要拥有一颗恻隐之心。

矫正作业:

1. 恻隐之心的特征有哪些?

2. 恻隐之心的作用有哪些?

3. 恻隐之心的表现有哪些?

将答案填写在《矫正足迹》上。

是非之心

建议课时:4 课时

一、是非之心的含义

"……无是非之心,非人也。……是非之心,智之端也……"这句话出自《孟子·公孙丑上》第 6 节,是我国古代著名的思想家、教育家孟子和他学生的一段对话。"是非之心"是孟子所说的"四心"之一,"四心"即"恻隐、羞恶、辞让、是非",这"四心"分别是人的"仁、义、礼、智"这 4 种德行的萌芽。也就是说,人的这四种情感是人先天存在的自性,是人具有“仁、义、礼、智”这四种道德范畴的发端和本源,故称“四端”。

在孟子看来,是非之心是一个人“智”的发端起源。这里首先要明白两个问题:一是什么是“是非之心”,二是要理解“智之端”的含义。

第一,“是非之心”的含义。所谓是非之心,就是指人用来判断分辨是非得失的能力,有是非之心就是有智慧的表现。它包含两层意思:其一,是非之心与人的恻隐之心、羞耻心、辞让之心等一样,都是人们与生俱来的、先天的道德意识,是人区别于动物的标志,也都是人的良知的重要组成部分和表现形式。其二,是非之心是对政治、法律、道德等领域中的对错、善恶作出的肯定判断,特别是它作为道德范畴的时候,是社会道德的基本要求。人有了是非之心这种道德意识,然后再依照“仁、义、礼、智”这“四德”的要求行事,不仅有助于个人的成长和发展,也有利于在社会中形成良好的道德伦理规范,使社会更加规范、安定、有序。

第二,“智之端”的含义。在古代,“智”通常又写作“知”,既可以用作动词,指认知、认识,又可以用作名词,指知识、智慧。古代思想家认为“智”是追求知识、增长聪明智慧的具体方式,也是一种人生重要的价值取向,无论前者还是后者,都体现了人类对于知识和智慧的尊重。掌握知识并善于思考的人,就可能成为“智者”。“智者”不仅知识丰富,而且聪明智慧,所以孔子说:“知者不惑。”

因此,具有完善理想人格的君子,不仅应当是一个“仁者”,而且应当是一个“智者”。“智”与“仁”是相辅相成的,一个人如果能好学、求知,是可以促进其自身仁德修养和发展的。在这个世界上,如果能分清是非对错,为人处世自然就不会有迷茫,明代思想家王阳明说:“良知是颗是非之心。”可见,是非之心有多重要,而智慧就是帮助人去分清孰是孰非、谁对谁错的。其实,万事万物好与坏的标准无非就是对与错、是与非,如果每个人都顺着自己的良心去做事,就不会迷茫,也不会因为做了错事而内心痛苦。古希腊哲人苏格拉底也说过:“美德即知识。”若能将正确的人生观、道德观建立在科学知识和真理的基础之上,则人类安身立命的道德根基也会更加坚实而深厚。所以说“是非之心,智之端也”。简单来说,就是一个人要有基本的是非之心,这是一个好的基础和开始,照这样发展下去,就很可能成为一个博学和聪慧的人。

二、是非之心的表现

在现实的社会生活中,包括在罪犯的改造生活中,会发生这样的情况:明明是自己理亏,做了不该做的事,却还百般狡辩,誓不低头;明明是自己触犯了法律,却还百般抵赖,甚至绞尽脑汁逃避处罚;明知有错,却还昧着良心偏袒护短……这些都是“是非之心”的缺失,具体表现为不论青红皂白,分不清是非善恶,分不清事情曲直,分不清对错。可以试想一下,如果整个社会都颠倒黑白,指鹿为马,睁着眼睛说瞎话,对于明显的错事也装作没看见,或者硬要说那错误是对的,那么,整个社会就会失去公平公正,社会秩序也面临崩溃。可见,一旦大家都没有了是非之心,后果是非常可怕的。那么,反过来,拥有是非之心、能够明辨是非的具体表现就是知对错、识善恶、举大义。换句话说,就是能够判断孰是孰非、谁对谁错,无论对事还是对人,都能够识别善恶,并且付诸行动。做对的事,不做错事;做善良人该做的事,不做坏人才做的事;不因眼前的利益关系蒙蔽了是非之心,做出不该做的坏事,更不能做违反法律法规的事。

(一)明是非,知对错

就人所面对的最基本的社会生活而言,每个人都是生活在社会中的一分子,都不可避免地与家人、他人发生交往。对大多数的普通人来说,更多是在平凡的生活和工作中度过。无论如何,不管是对待工作还是日常生活,乃至处理家长里短和维护人际关系,都要有一颗是非之心作为底线,知道做什么是对的,做什么是错的,什么事坚决不能去做。这就是对一个普通人怀有、践行和培育是非之心最基本的要求。

2020 年年初,我国暴发了新冠肺炎疫情。全国人民在党中央的领导下,万众一心、众志成城,全力以赴,投入疫情防控阻击战之中。在这场世所罕见的防疫斗争中,每一个人都不是观众,更不是局外人,大家都是家的守护者、国的守卫者！在这样的特殊情况下,就出现了个别是非之心缺失的人,他们不分是非,不知对错……为了阻止疾病的传播蔓延,同时也为了保护自己,在医学专家的建议下,绝大多数人都戴上了口罩,但是,就有个别人不愿戴口罩,甚至为了不戴口罩抗拒管理,辱骂疫情防控工作人员。

2020 年 2 月 9 日,陈某在幸福花苑小区门口未戴口罩外出时,社区值守人员提醒其戴口罩,陈某不听提醒,大肆辱骂社区工作人员。同样是戴口罩的问题,一女子进公园不戴口罩,还拒绝配合防疫人员进行体温检测。该女子随后和工作人员争辩,并辱骂在场工作人员。民警前来处置时,该女子还强词夺理。

这些人不戴口罩的原因很简单,就是太过于自我,自己想怎么样就要怎么样,其根源就是在关键时刻不分是非,不知对错,是非之心被自私和任性蒙蔽了。事实上,一旦感染新冠病毒,不仅自己患病,而且变成病毒携带者和传播者,可能殃及无辜。如果自己患病,传染了更多的人,首先,国家要投入巨大的人力、物力、财力进行社会公众医疗,其次,自己和别人的家人也会为此忧心忡忡。

这部分人在大是大非面前依然我行我素,将他人身体健康和国家利益置之度外,是典型的是非不分。这类人没有正确的是非观引导,会形成以自我为中心的个人观念,考虑任何事都从自身利益出发,不能顾全大局,更不能包容、体谅他人,不听取任何人的建议。所以,他们有错不知或明知有错却不改,在他人制止自己的错误行为时,反而认为别人多事,故意找麻烦。是非之心被蒙蔽或者是非之心缺失是非常危险的事情,这种情况如果不能及时纠正,长此以往的“善小而不为,恶小而为之”,人就会慢慢地由犯错发展到犯罪。

如果说在疫情期间不听指挥、任意妄为不戴口罩是“恶小”犯错,那么传播病毒就是犯罪了。韦某某明知道疫情严重,仍然坐动车返回老家,到家后他不但拒绝报告,还多次外出到公共场所活动,并与多人密切接触,直接和间接感染人数达 9 人。张某某刻意隐瞒,致 68 名医护人员和 49 名其他接触人员,全部被隔离。赵某某在医院就诊时,刻意隐瞒其为密切接触者,后其被确诊感染了新冠肺炎。更让人愤怒的是,在医院输液时,赵某某竟然故意多次往地上吐口水,与医护人员发生争吵,导致多名医护人员及其密切接触人员封闭隔离观察,且整个小区封闭式管理,其行为严重干扰破坏某市的疫情防控工作,同时也危害了社会的公共安全,造成严重后果。

可见,是非之心被蒙蔽或缺失有多危险。上述人员就是因为,在大是大非面前没有正确的是非观,以自我为中心,不能顾全大局,在国家利益和个人利益面前,选择的是牺牲国家利益来维护个人利益,结果,韦某某被以涉嫌妨害传染病防治罪依法批准逮捕;张某某、赵某某被以涉嫌以危险方法危害公共安全罪隔离收治，等待他们的将是法律的严惩和冰冷的铁窗。

明是非，知对错；是非之心能让人知道孰对孰错。在现实生活中，如果能时刻怀有一颗是非之心，以是非之心去看待解决问题，就不容易犯错，更不会走上犯罪的道路。作为罪犯，无论是在监狱服刑改造，还是以后回到社会中生活，都应该有一颗分辨是非的心，以是非之心来指导今后的自己，也可以以是非之心作参照，对比反思一下自己的犯罪行为。不管自己犯哪种罪，都可以以是非之心来衡量自己的犯罪行为，重新反思和审视自己的是非观，去深刻反思自己的对错。

（二）明是非，识善恶

“是与非，善与恶”是人们在长期的道德实践中形成的一种价值评判。说一个人有是非之心，就是说他能够分得清是与非、善与恶。一个具备是非之心的人面对一件事情的时候，会按照向善的、正确的倾向去做，不会做出违背社会大众价值标准的事情。反之，当一个人没有了是非之心或者在利益面前是非之心被蒙蔽的时候，他就失去了辨别善恶与对错的能力；心中的是非观一旦模糊不清，他就会昧着良心做坏事，甚至做出违反法律的恶事。

生活中，经常有这样的情景：小孩子看电视或看电影的时候，都会禁不住问大人，电影（电视）里面的某某人是好人还是坏人？……如果是好人获胜，孩子们会兴高采烈；而当坏人获胜的时候，孩子们则可能生气，甚至号啕大哭。这就是是非之心的初级表现形式。是非观从小就随着大人的言传身教植入孩子的心中,父母、家庭和学校从小就教育大家要做好事,不做坏事,那么,罪犯为什么还是走上犯罪这条恶道呢?其实,他就是在利益的驱使下,或在情绪的刺激下,丢掉了本有的是非之心,把善恶之分抛在了脑后。

古语讲:"勿以恶小而为之,勿以善小而不为。"就是告诉大家要明是非,识善恶;做对的事情就是做善事,做错的事情就是做恶事,小善再小也是做得对,小恶再小也是做错了。《后汉书·烈女传》记载有这样一则故事:乐羊子尝行路,得遗金一饼,还以与妻。妻曰:"妾闻志士不饮盗泉之水,廉者不受嗟来之食,况拾遗求利以污其行乎!"羊子大惭,乃捐金于野,而远寻师学。故事讲述的是一个名叫乐羊子的人拾到一块金不还,而是拿到自己家中据为己有,想要不当得利。从是非善恶的角度来看,这属于"小恶"。知道捡金子拿回家的事情后,乐羊子的妻子这样跟他说:"我听说有志气的人不喝'盗泉'的水(比喻以不正当手段得到的水),廉洁方正的人不接受'嗟来之食'(富人带着鄙夷丢给穷人的食物),何况是捡拾别人的失物、谋求私利来玷污自己的品德呢!"乐羊子的妻子义正词严地告诉他,这种行为属于污染志士和廉者节操的"恶行",为君子所不齿,结果,乐羊子听后十分惭愧,就把金子扔弃到野外,然后远出拜师求学去了。人们常常会因为"恶"小而放松对自己行为的约束,宽慰自己这没什么大不了的,小事一桩,可是积习难改,一旦小错积累成大错、小恶演变为大恶时，往往捶胸顿足悔之晚矣。是非之心也正是这样一点一滴地丢掉的，这就是“勿以恶小而为之”的道理。

在现实生活中，一个看起来小小的“恶行”，如随意闯红灯，如果成了习惯，认为自己可以任意违反交通规则，就可能开始喝酒驾车，害人害己。随手丢弃垃圾，养成恶习之后，哪怕是住在高楼也往楼下随意丢弃垃圾，结果砸死砸伤人等。小小的“恶行”日积月累，就如同那可以毁掉千里之堤的“蚁穴”。小恶终究会养大，到时候自己总要承担恶行的后果，这就是“恶”的代价。相反，一次次遵守法律法规，一次次按照正确的是非对错的标准去做事，虽然谈不上做了什么大善事，但是这能够让人心安理得，使人平平安安。另外，可能看似不经意的一个善举也会积下善因，给人带来善果，这比养小恶成大恶强多了。

“是”与“非”、“善”与“恶”，其实并不复杂，一个最基本、最简单的原则就是：在做任何事情的时候不要去害别人，凡事要做到问心无愧。在监服刑改造的罪犯，都曾经对别人造成了一定的伤害。有的是直接伤害他人，比如，将人致死致伤致残，或夺人财物等；有的是间接伤害他人，比如，贩卖运输毒品，害得吸毒者倾家荡产、妻离子散；有的为官一任，身穿制服，不为百姓，反而贪污受贿、滥用职权等，就更应该反思自己的行为，重新从我做起，从身边事做起，“勿以善小而不为，勿以恶小而为之”，帮助同改，认真反省，遵守每条监规纪律。所谓善恶皆有报，莫轻视小恶，以为自己不会受报应；莫轻视小善，小水滴不断落下，最后能灌满整个瓶子。

（三）明是非，举大义

在日常生活中，一直能怀着代表“智之端”的“是非之心”，对任何事都能分辨得清清楚楚，这是一种境界，是一种人们不断学习、不断努力、在实践中不断磨炼而欲达成“智者”的修养境界；当是非之心清楚明晰，也就代表着人的大智慧成了。人们常说大事讲原则、小事讲风格，意思是说大是大非是基础、是原则，人们在大是大非面前一定要顾大局、识大义。

例如，在国难当头的抗日战争时期，多少仁人志士投身于救国救民的抗战斗争中，他们有老有少，有男有女，各族儿女，无论信仰如何，思想如何，意见如何，都联合在一起，一致抗击外来侵略者，他们在国家利益和民族大义面前，誓死不屈，舍命捍卫国家……又如，在天灾降临之时，抗洪抢险、抗击“非典”、抗震救灾等，多少人毅然请战，多少人自发前往救援，多少人自愿捐助，他们为了人民群众的安危，不顾一切奋勇向前，冲在第一线……

再如，抗击2020年新冠肺炎疫情时，数不清的医护人员、点不完的社区工作者，各行各业都奋勇向前，可谓是“千磨万击还坚劲，越是艰险越向前”。义之大者，为国为民！钟南山，84岁再战防疫最前线；李兰娟，年过古稀仍奔波一线。从专家、院士到普通医务工作者，从人民子弟兵到地方干部群众，各行各业的人都主动请战，数万名医务工作者驰援抗击疫情第一线；还有很多人主动捐款捐物，数百万吨医疗和生活物资支援抗击疫情！他们在大是大非面前毫不含糊，把疫情作为命令，以生命守护生命，彰显了众志成城、共克时艰的人间大爱……此等种种，都是在大是大非面前表现出来的大义之举，可谓识大义。

诚然，在平常生活中，也有这样一些人在大是大非面前明是非、识大义。这类人在平常面对自己的工作、生活时会有一定的抱怨情绪，发泄一些诸如工作事情太多、待遇不够好、家庭生活琐碎的小牢骚。但是，一旦遇到大的、突发的事件来临，他们也会抛弃之前所有的不良情绪和言论，全身心地投入工作和应急状态中去，他们也属于在关键时刻能识大义的人。原因就是“是非之心”在起作用，促使他们在关键时刻能够识大义，作出正确的选择。而那些经常是非不分，为了一些小利益就抛弃对错的人，他们的是非之心已经被蒙蔽或者淡化了，这类人在关键时刻很容易无动于衷，麻木不仁，甚至丧失原则，颠倒黑白，指鹿为马，这种人必将为世人所鄙视，也必将受到人们和历史的唾弃。

所以说，一个人一定要常怀“是非之心”，以正确的对错标准来要求自己，特别是不能在大是大非的问题面前是非不分，颠倒黑白，更不能人云亦云，而是要有自己的主见，并且坚持原则，做符合社会倡导的积极、正义的道德规范要求的事情。罪犯曾经在是非的问题上栽了跟头，犯了错，违反了法律，那么，从现在开始就要吃一堑长一智，要逐步培养和重塑自己的是非之心，分得清是善举还是恶行，更应该在大是大非问题上有清醒的认识。另外，不管是在监内服刑，还是回归社会，都要坚守好法律底线，使自己的行为符合一个公民道德的基本要求。总之，最基本的就是要怀有一颗是非之心，明是非，识大义，不做危及国家、社会和伤害他人的事，不做违法犯罪的事。

三、是非之心的作用

"是非之心"出自两千多年前的古人总结，但时至今日，"是非之心"这一概念仍浸润于人们的心中，成为人们普遍认同的一种价值观念，对中华民族道德意识的培育依然具有重要意义。长期以来，人们在社会生活中，对发生的事情作评判，有的评判是公开的，有的评判是在自己心中的。比如，评价某件事是做对了还是做错了，是好事还是坏事；评价某个人的行为是否公正、正确，是否符合社会道义，这些评价的标准就是"是"与"非"，即代表着对与错或善与恶、是不是人们倡导的正义行为、是否触犯了法律的底线等。那么，是非之心应该对人们确立做人的准则，以及对社会衡量善恶对错都有作用。具体如下：

（一）明辨是非有助于优化个人成长环境

成长不仅是指个人身体状况的发育和成长，还包括心理健康、心智的完善和成熟。一个人从嗷嗷待哺的婴儿长到能够独立思考的成年人，其实就是一个人身心逐渐成长的过程，也是一颗是非之心逐渐发展和完善的过程。良好的个人成长环境对人的心理有一种积极的影响,使人身心愉悦,使人以积极乐观的态度对待工作和生活。在这个过程中,是非之心和良好的成长环境是互相作用、相互促进的关系。人生活在社会中,面对的是社会群体,每天经历着各种各样的事情,遇到不同的人,难免会遇到一些不好的事情或人,在这个时候,是非之心就要发挥作用,让人认清对的事情和错的事情,分清好人和恶人。如果每次都选择对的事情和好人,久而久之,人也就相当于给自己营造了一个良好的生活成长环境,这个环境也会让人越来越好。如果遇事遇人经常是非、善恶不分,那势必会让人逐渐融入一个恶性的环境,使人越来越迷失自我,越来越不分对错。

历史上有这样一个故事,三国时期蜀国诸葛亮去世后,蜀主刘禅遵诸葛亮遗表任用蒋琬为相主持朝政。当时,蜀国新丧主帅,外有强敌压境,朝内惶惧不安,蒋琬虽初总朝政,而镇定自若,心存大局,“既无戚容,又无喜色,神守举止,有如平日”,蒋琬影响了周围的人,也让民心迅速安定了下来。蒋琬为人宽厚,他的属下东曹掾杨戏性格孤傲,讷于言语。蒋琬与他交谈时,他经常不作回答。有人看不惯,在蒋琬面前说:“杨戏这人对您如此怠慢,太过分了吧!”蒋琬坦然一笑,说:“人心不同,各如其面,当面顺从而背后非议,这是古人所不为的。让杨戏当面说赞扬我的话,那可不是他的本性;让他当着众人的面说我的不是,他会觉得我下不来台。其实,这正是他为人的可贵之处。”督农官杨敏曾说蒋琬:“做事愦愦,诚非及前人。”意思就是说蒋琬做事糊涂,比起前任丞相差之太远。有人告诉蒋琬,主管官吏的要求将杨敏治罪,因为说了丞相不如前任,可是蒋琬却不追究,而是说:“我实在不如诸葛先生,这是事实。”后来,杨敏犯事,别人都以为蒋琬会借机报复,但蒋琬反而为他求情。别人忍不住为蒋琬抱不平,他却心平气和地说:“我本来就不如前任丞相,这是事实呀,谁都知道,有什么怕人说的。对于他今天犯了事,我只是希望能够秉公对待啊。”

后来有人称赞蒋琬一是一,二是二,是非分明,上述 3 个典故也一直流传下来。其实,这都归功于蒋琬能够明辨是非。刚刚上任丞相的时候,不因为形势而影响自己的判断,而是踏踏实实做好本职工作,这样既稳住了朝政,又有助于安定民心;属下杨戏性格孤傲,不善言辞,蒋琬也没有因为杨戏执拗的性格冲撞了自己而怪罪属下,而是明辨是非,认可真实、不虚伪做作的杨戏;对于杨敏评价自己不如前任丞相的事情,蒋琬也坦然接受并承认,而没有对杨敏打击报复,即便是面对别人直言自己的不好,蒋琬也能分得清,看得明,正确面对。在现实生活中,就有人分不清楚是非曲直,不能客观看待问题,而心生愤恨,轻则使坏陷害,重则对说自己的人大打出手,将人打死打伤,最终自己也身陷囹圄,这些都是不分是非的表现,对比之下,大家更应该向是非分明的蒋琬学习。蒋琬在担任丞相期间明辨是非,不仅营造了一个是非分明的环境,为他自己的执业打下基础,也为世人所称赞,与诸葛亮、董允、费祎合称“蜀汉四相”,在历史的长河中留下了美名,激励着后人。

具体来说,一个人如果有是非之心,就能明辨是非,明事理,知对错,心胸开阔,能宽以待人,懂得体谅、容纳、包涵、宽容别人,即使别人犯了错误,或冒犯了自己,也不斤斤计较,以免伤害相互之间的感情,关键时刻拎得清;同时,会对他人生活和言行中做得对的、有价值的部分给予鼓励、支持和认可,给人一种暖心的感觉,进而促进人际关系的良性发展,有助于优化个人生活工作环境。

(二)明辨是非有助于营造良好的社会秩序

社会生活非常复杂,人们对生活的追求不同,价值标准也不一样。选择哪一种价值标准,追求什么样的人生目标是人的自主行为。有的人以发财致富为标准,有的人以出人头地为标准,有的人以清闲享受为标准,有的人则以奉献社会、实现自我价值为标准等。在各种各样的价值观和人生追求面前,应该如何判断,如何作出正确选择,就要看用什么标尺作为选择的准绳。

人在生活中遇到的许多事情都离不开价值判断,都要讲好坏是非,不能为了求财而不择手段,不能为了谋取权力而丧失原则,不能为追求清闲享受而懒惰。究竟标尺准绳为何,是法律吗?不完全是!众所周知,法律并不能涉及每个人的所有生活细节。也就是说,不可能人们之间的每一件事都能得到现有法律的覆盖,当遇到法律没有覆盖到的问题,人们就需要一种共同的评判标准和价值取向来协调、完善和处理。换句话说,除了法律标尺之外,人的心中还要有另外一把象征良知的标尺——正确的是非观。

常言道,公道自在人心,人心就是指社会上人们共通的是非之心,就是大众对一件事、一个人行为的价值判断。具体来说,一个有是非之心、能够明辨是非的人,不会违背法律的规定以及国家和集体的利益,不会违背社会道德秩序,也不会有失社会公理公允,而能够做到办事公道,在保障遵守法律,确保国家利益和集体利益的同时,灵活地处理、协调各方的利益和冲突,维护社会公理,营造良好的社会道德秩序。因此,当人们都明辨是非以后,就会知道自己应该做什么,不能做什么,各尽其职,各尽其责,各就其位,扬善抑恶,大大有助于营造良好的社会秩序。

(三)明辨是非有助于坚守法律底线

在现代社会中,法律是最基本的行为底线。而法律的基本精神就是要在分清事实、辨明是非的基础上,弘扬正气、匡扶正义、保护人民利益和维护国家稳定。公正性是法律价值追求的基本体现;判别是非、追求公道,就体现了法律的公平和正义。一个有是非之心、能够明辨是非的人,是最能够理解和遵守法律的,在大是大非面前、在选择做事之前,第一时间考虑的是自己的行为是否符合法律的规定,这也是现代社会对一个公民最基本的要求。如果不明是非，不分善恶，连法律的底线和红线都去触碰，一味要按照自己的意志强行去做法律不允许的事情，那就说明这个人连基本的是非之心都没有，等待他的除了法律的严惩之外，还有人民群众的唾弃和谴责。

2020 年年初，新冠肺炎病毒肆虐全国，因为该病毒会人传人，所以政府要求大家封门闭户，居家隔离。可有人偏偏就在这种关键时刻分不清楚是非对错，不听号召。郭某某是一个球迷，2019 年年底就有去意大利看球的准备，并且提前办好了签证。起初因为疫情，他还在家里待了两三个月，后来，看球的欲望蒙蔽了自己的是非之心，不听政府的劝阻，冒着感染病毒的危险，于 2020 年 3 月 1 日乘飞机，经过阿联酋、法国两个国家，终于圆了他的意大利旅行梦。3 月 7 日，旅行一周的郭某某回到北京，又坐火车到郑州。一直到 3 月 12 日疫情防控工作人员上门排查，才发现了郭某某不仅“冒毒前行”，而且还隐瞒旅行经历，隐瞒自己身体感染病毒的症状。在这样的情况下，郭某某明明知道自己有传染风险，甚至已经发现自己的身体出现了感染病毒的症状，仍然到处闲逛，参加集体活动，对于在关键时刻怎么做是对的、不能怎么做，他完全没有一点儿是非之心。后来，郭某某到医院买“抗病毒口服液”自救，仍然继续隐瞒境外旅行史和自己患病的事实，直到警察上门，他还在隐瞒真实情况。如此是非不分，对错不认，郭某某到底影响了多少人呢？据不完全统计，累计追踪到密切接触者 39, 373 人，共有 199 人接受医学观察。

郭某某被自己的私欲蒙蔽了是非之心,不顾他人安危,结果害人害己,被公安机关以涉嫌妨碍传染病防治罪立案侦查。郭某某不明是非,不分善恶,连法律的底线和红线都去触碰,等待他的将是法律的严惩。首先,从刑罚方面看,有律师指出:若是以“危险方法危害公共安全罪”,那么最高可以处以死刑;若是以“妨碍传染病防治罪”或者“过失以危险方法危害公共安全罪”,最高可判有期徒刑 7 年。最终的判决取决于法院给他定的罪名是什么,无论刑期如何,等待郭某某的肯定是冰冷的手铐。其次,郭某某有可能还要面临天价赔偿,因为郭某某造成刚复工的企业又被迫停业,15~30 天后才能复工,根据法律,企业停工停产,可以向法院起诉,提出索赔,索赔范围包括但不限于房租、人工工资、经营收益等一切费用,粗略估算,索赔金额大概是 1000 亿元。最后,由于是非之心的缺失,郭某某强行做了不该去做的事情,刻意隐瞒事实,导致自己身边的不少人可能被病毒传染,这种行为被全国人民不齿和唾弃。

从这个案例,可以很清楚地认识到,没有正确的是非观对自身的影响、对他人的影响、对社会的影响是多么恶劣,不仅害人而且害己。

在现实生活中,许多人不能明辨是非,因而选错了道路,让自己后悔,尤其是一些犯罪呈现年轻化趋势。很多犯罪本来完全可以避免,但却因为罪犯本人的是非之心缺失或被蒙蔽,后果还是发生了，真是让人为那些误入歧途的青少年大为惋惜。在惋惜之余，总结原因为：辨别是非、好坏的能力较弱，以致走上了违法犯罪的道路。事实上，在监狱服刑改造的不少罪犯，特别是暴力型罪犯，就是因为一时的愤怒和冲动而犯下伤害他人，致人重伤、残疾、死亡的罪行。还有一些人，总认为自己做的是小事，等酿成大错时后悔已经晚了。

犯罪的形式、原因、目的多种多样，有的是知法犯法，有的是执法犯法，甚至还有的是研究法律，钻法律的空子。此等种种，其实都可以归结为没有是非之心。不分是非终将败坏社会的守法精神，毁损社会公平与诚信的基石，侵蚀社会的法治底线；不分是非，不知对错，只要造成恶果，终将受到法律的制裁。试想一下，如果在实施这些犯罪行为之前存在是非之心，当初就能够用是非之心提醒自己，分清是非，确定什么能做、什么不能做，或许就不至于跌入犯罪的深渊。

具体来说，是非之心就是要求人们明辨是非，分清对错，认识到哪些事做了是对的，哪些事一旦做了肯定是错误的，做到是非分明，坚守法律底线，不越过法律禁止的范围，这对个人、对社会都是一种最基本的尊重，也是法律对每一个公民的要求。

总之，一个人活在世上，学历、知识、财富、理想等都很重要，但这些都建立在是非之心的基础上。如果没有是非之心做基础，即便再冠冕堂皇，也是自欺欺人、无益于社会的表演；而一个人即便没什么文化，但只要有是非之心打底，能够知善恶、明是非，就不会做出违反法律的错事。所以，一个人如果不能明辨是非，那么他个人道德的“大厦”就会发生倾斜，慢慢变得品行不端、德性不修、生出邪心、走向歧路，久而久之，变得不知是非善恶，颠倒是非曲直，毫无礼义廉耻，丧失道德良知，最终违法犯罪，滑向失去人性的深渊。反之，一个人如果能做到明辨是非，自然就明事理、行得正、坐得端，为人问心无愧，做事遵守规矩。因此，明辨是非有助于坚守法律底线，可以让社会中人人都自觉自愿地遵守法律法规。

矫正作业：

1. 是非之心的表现有哪些？
2. 是非之心的作用有哪些？

将答案填写在《矫正足迹》上。

辞让之心

建议课时：4 课时

一、辞让之心的含义

“辞让之心，礼之端也”，这句话出自《孟子 · 公孙丑上》，我国古代著名的思想家、教育家孟子和他学生的一段对话。在孟子看来，辞让之心是礼节的发端，如果一个人连辞让之心都没有，那他也就不能称为一个真正的人。孔融让梨的故事，早已妇孺皆知，因为懂得辞让，孔融4岁时就知道要把梨让给自己的父母兄长先吃，辞让的美德成为千古美谈。春秋时期的鲍叔牙，齐桓公欲任用他为相，但他坚决辞让，说自己的才能不及管仲，并举荐管仲为相。他的辞让，不仅让管仲免去了牢狱之灾，更让齐桓公得到良才辅佐，得以逐鹿中原、成就霸业，这是大让，鲍叔牙把万人争夺的职位拱手相让，胸怀是何等宽广！汶川"5·12"地震灾难来临之时，老师们用自己的生命保护学生，把生的希望让给孩子们，把死亡和危险留给了自己，这是生死攸关的辞让。

所谓辞让，最通俗的解释即是谦逊礼让，不争不抢，不咄咄逼人，不蛮横强占。而辞让之心就是指一个人在遇到好处和利益的时候，能客气推让，不会见利忘义，更不会只顾争抢好处，不顾他人。同时，辞让之心还指一个人在和别人发生矛盾冲突的时候，能保持一颗宽容退让的心，不咄咄逼人，更不蛮横无理，和气礼貌地解决冲突矛盾。

二、辞让之心的表现

在现实生活中，大家可能会看见或者遇到这样的情况：在食堂排队打饭的时候，多数人都在按顺序排队打饭，但却总是有几个人不守秩序、乱插队，推推嚷嚷；在等公交车的时候，纵使车上有足够多的座位，有的人却推搡着涌向车门；在道路狭窄的路段,迎面行驶的两辆车互不相让,结果造成了交通堵塞,甚至发生交通事故……这些现象背后都揭示了一个深层次的问题,那就是辞让之心的缺失,因为缺乏辞让之心,人和人之间的关系变得紧张,变得针锋相对,社会的风气和氛围也少了和谐与安定。

接下来,将从正反两个方面对有辞让之心和缺乏辞让之心的表现作具体阐述。一般说来,辞让之心大致有以下3个表现:

(一)有礼貌,懂礼节

古希腊著名哲学家柏拉图在他的著作《理想国》中提到过这样一句话:"一个完美的人不一定地位最高贵,不一定知识最渊博,也不一定长相最好看,但他一定有一颗谦逊的心。"柏拉图说的"谦逊"和孟子说的"辞让"意义相近,有异曲同工之妙。可见,无论哪个时代,也无论哪个地方,都将辞让之心看作人们的一种重要品质。具备辞让之心的人都会有一个突出的表现,那就是有礼貌,懂礼节。

"礼"根源于人的恭敬之心、辞让之心是出于对长辈、对道德准则的恭敬和对兄弟朋友的辞让之情。礼貌、礼让、礼节作为道德修养和文明的象征,同时也是中华民族传统美德的体现。所谓有礼貌、懂礼节,外在表现就是尊敬、尊重、友好的语言和动作,与粗俗、野蛮相对立,是人类社会进步的产物,扩展来说,就是指为人处世要懂得谦让,在利益面前不哄抢,不见利忘义,和他人相处能以礼相待,在和别人发生矛盾冲突时能礼貌退让。具体表现为:在和他人的相处中讲礼貌,能谦让,排队上车时对老弱妇孺说一句“您先请”;和他人发生矛盾时主动先说一句“对不起”;别人给予你帮助时大方地表示谢意,说一声“谢谢您”;等等。这些都表现着一个人的礼貌和礼节,更体现了内在的辞让之心,更重要的是,它对调和与融洽人际关系起到了意想不到的作用。因为每个人都喜欢和有礼貌、懂礼节的人相处。

下面,一起来看两个截然相反的故事,从中可以观察和体会有辞让之心和没有辞让之心所具有的不同表现。第一个故事家喻户晓,叫作“六尺巷”。

安徽桐城有个长百余米、宽两米的小巷,名叫“六尺巷”。据《桐城县志略》记载:清代名臣张文端公,桐城人,官至工部尚书、礼部尚书、翰林院掌院学士、文华殿大学士等,他在安徽桐城老家旁有块空地,后来空地被邻居吴氏砌墙占用,为此,张家与吴家两家争执不下。于是,张家人传书到京城,张公批诗后寄回,云:一纸书来只为墙,让他三尺又何妨。长城万里今犹在,不见当年秦始皇。张家人得到回信后,就撤让了三尺,吴氏感其义,也礼让了三尺,后来,“六尺巷”便成了这条小巷的名称。

在这个家喻户晓的“六尺巷”故事中,原本空地属于张家人,邻居吴家人想占去建新房,很明显,这个地界问题涉及张家人的切身利益。一般来说,谁家的地被占了不生气！可是张家人在这件事情上主动退让，没有选择坚持针锋相对，表现出的礼节和退让正是他们内心深处的辞让之心，他们没有因为自身利益被侵犯而得理不饶人，反而有礼有度地大方退让。而张家人的礼貌和谦让也让吴家人感慨不已，吴家人也礼让，这才有了今天的“六尺巷”，这一退让，也让张吴两家人和睦相处。

第二个故事与第一个故事的起因、内容大致相似，可是结局就完全不一样了。在离安徽有上千千米的辽宁，也发生了一件和“六尺巷”的故事类似的事情，但最终的结局却和传为美谈的“六尺巷”差之千里，故事中的主人公一个遭受了牢狱之灾，另一个身首异处。

辽宁省鞍山市的一个农村，故事主人公陈某一家一直在外面打工，外出多年攒下一些积蓄后，陈某一家回到了老家，打算把家里的老房子推倒重建，而在修房子的过程中，和隔壁邻居王家不断发生纠纷和冲突，有时是因为陈家建房子的噪声影响到王家休息，有时是陈家的建筑垃圾堆在了王家的门前导致王家出行受到影响。两家人因为这些事情吵过好几次架，互相都不退让，什么难听的话都说了出来。而最严重的一次纠纷直接让两个家庭都受到了巨大的打击。

陈家在修围墙时，施工队伍不小心将王家的围墙也推倒了一大截，这件事本身就是陈家有错在先，按理说，如果陈某主动去王家表示歉意，并负责将王家的围墙修好，或许也就不会有什么恶劣的事情发生了。可是陈某却毫不退让，坚持认为王家的围墙之所以会倒塌,是因为年久失修,和他家没有任何关系,只是自顾自地修好了自家的围墙。这件事彻底激怒了王家,王家觉得陈某欺负人,就找陈某理论,两家人互不相让,从争吵发展到打架斗殴,最后,盛怒之下的王家人用身旁的镰刀捅死了陈某,捅死了人的王家人进了监狱,而陈某还没享受建好的新房子就离开了人世,可谓两败俱伤,哪家都没有好结果。

同样都是修房,同样刚开始都是两家争执不下,六尺巷的张家人就有一颗辞让之心,主动退让,使吴家感受到辞让之后,互相礼让,两家人有礼貌,懂礼节,最终和平处理了地界冲突,还留下一段美谈;而陈家没有辞让之心,王家也是针锋相对,因为一堵围墙而破口大骂,大打出手,谁也不让谁,最终导致一家有人死了、一家有人去坐牢的惨痛结果。试想,两家人在发生矛盾冲突的时候,如果能互相讲礼貌,都相互退让一步,也不会落得这么一个惨痛的下场。

(二)知分寸,明进退

辞让之心的第二个具体表现就是为人做事知分寸,明进退。俗话说得好,“忍一时风平浪静,退一步海阔天空”,这句老话中讲的“忍”和“退”,就是一个具有辞让之心的人在为人处事过程中所表现出来的“知分寸,明进退”。辞让,并非一味地无原则退让和懦弱无能,而是告诉大家在和他人相处的过程中,尤其是在与他人发生矛盾冲突时,要懂得忍让,不能咄咄逼人,要知道处理问题的原则和分寸,尽量将大事化小,小事化了。

辞让,是生活中对自我的洗礼,也是心理成熟的一种表现。在别人不小心碰撞到你时,在公共汽车、地铁上人多拥挤而你的脚被人踩踏时,学会辞让,知道得理而让人,就如同你为自己在春风里种下一朵鲜花,会让你的心灵芬芳;学会礼让,得理而饶人,犹如黑暗里为自己点亮了一盏明灯,将照亮你灵魂前行的路,成为一个高尚的人。反之,要是得理不饶人甚至无理取闹,那么,终会为自己埋下祸患,给自己带来不必要的麻烦。

同样,这里准备了两个故事,从故事中可以看到拥有辞让之心,做事懂得分寸和进退是多么重要。

第一个故事的主人公有一个雅号,叫"瘦羊博士"。东汉时期,设立太学,广纳有学识的人入太学做博士,负责授课讲学。当时,光武帝刘秀十分重视文治,因此对太学的博士十分看重。每逢腊月三十,就特别下旨,赐予每位博士一只羊。但人这么多,羊各有肥瘦大小,怎样分羊成为难题。博士们都怕自己分到小羊吃亏,于是争论不休,七嘴八舌地出主意,有人说把羊都杀了再分羊肉,还有人说抓阄来分羊。其中有一个叫甄宇的博士,听到大家的议论,他一言不发地走到羊群中,挑走了最小最瘦的一只羊。其他博士看到他的做法后,立刻面红耳赤、无地自容,于是他们不再争论,在彼此谦让中把羊顺利地分完了。这件事情传开之后,大家都对甄宇的谦让有礼赞叹有加,他也因此获得了"瘦羊博士"的美誉。

其实,如何分羊这件事就是皇帝对所有博士的一种试探,要是每一位博士都没有辞让之心,只知道吵吵嚷嚷,不知分寸,都想要分得最大最肥的羊,势必会引起皇帝的不满,轻则被罢免官职,重则还会引来杀身之祸。而甄宇的一个举动充分说明他是一个有辞让之心的人,懂得分寸和进退,也正是因为他知分寸、明进退,才让分羊这一件看似很为难的事情得到了很好的处理。孟子说:“辞让之心,礼之端也”,对应分羊这个故事而言,辞让之心,便是懂礼守礼,便是守规矩,知进退。在辞与让之间,做人智慧尽显,君子之道自明。辞让,是一种以退为进的智慧。你后退了,并不表示输了、傻了、怂了,你的辞让退让可能会让你丧失本来能到手的三分利益,但得到的却是无法计量的真情厚谊。能谦和辞让的人,拥有海纳百川的肚量;能谦和辞让的人,懂得吃亏是福。

下面这个事例因为主人公没有辞让之心,结局则让人唏嘘不已。故事的主人公是罪犯李某,因犯故意伤害罪被判处有期徒刑 15 年,在某监狱服刑改造,入狱时才 25 岁。查阅李某的犯罪资料,不难发现,李某之所以身陷囹圄就是因为他没有一颗辞让之心,做事情不知道分寸,不懂得进退。2017 年的一个晚上,李某约上几个朋友到街边的烧烤店吃烧烤。在吃烧烤的过程中,端菜的服务员不小心将刚刚烤好的一盘烧烤打翻在李某的身上,这让李某十分窝火,他指着服务员破口大骂,后在身边朋友的劝阻下才得以停息。原本以为这件事就这样过去了,可是没想到,李某回到家中,越想越觉得生气,他认为这件事不能这么轻易算了。就在当天晚上,李某再次一个人回到烧烤店,找到了当时的服务员,要对方赔偿他 1 万元才肯罢休。服务员因为赔偿金额太大没有答应,双方就此争执不休,气急败坏的李某冲到烧烤店的厨房拿了一把菜刀,对着服务员就是一阵乱砍,将服务员砍成重伤,而李某也被赶来的警察当场抓获。最终,李某因故意伤害罪被判处 15 年有期徒刑,他的青春年华也将在监狱中度过。

不知分寸、不明进退的得理不饶人换来了牢狱之灾。假如,当时李某还有一丝辞让之心,在遇到这样的事情时,知道分寸,懂得进退,和服务员友好协商赔偿事宜,根本不会造成后来的惨剧。起初,确实是因为服务员的不小心,弄脏了李某的衣服,此时的李某是占理的,但是,占理的李某咄咄逼人,不肯丝毫让步,而且还狮子大开口,向服务员索要 1 万元的巨额赔偿,这就是不知分寸、不明进退了,此时的李某没有一丁点儿的辞让之心。更过分的是,在赔偿不被答应后,李某竟然提刀伤人,最终也只能是自食恶果,到监狱里反省自己的问题。

一个有辞让之心的人,为人处世懂得分寸,知道进退,那么无论遇到什么事情,都会掌握一个度,也就是分寸,这样就很容易将矛盾化解,而不是激化矛盾。忍一时风平浪静,退一步海阔天空。反之,一个人没有丝毫的辞让之心,做事不知道分寸,那么,只会让小事变大,大事变得无法收场。两个故事中的主人公,前者甄宇有辞让之心,懂得做事的分寸,很好地处理了分羊问题,留下了"瘦羊博士"的美誉,而后者李某却是没有辞让之心,不仅没有处理好自己在烧烤店里遇上的小事,还因为自己不知分寸、得理不饶人而违反了法律,伤了别人,害得自己也陷入牢狱之灾。

(三)会处事,善做人

"人无才智犹可恕,心怀辞让胜三分""仁义礼智信,辞让占两分""斤斤计较前路窄,心怀辞让天下宽"……这些口口相传的谚语或名言警句都揭示出了辞让之心的第三个具体表现,那就是会处事,善做人。在日常生活中,描述一个有辞让之心的人,也常常是说这个人会做人、会做事。会做人做事不仅仅是指能够把一件事情给处理好,更是指在处理好一件事情后,能让各方都感觉到很满意,而不会有人心里存在不满。如果说会处事只是具有辞让之心的基本表现,那善做人就是辞让之心在一个人身上的进一步升华。

住在公共宿舍,共用一个水龙头,有人主动辞让,一句:"您先用,我稍后再用";共走一层楼梯,一句:"您先请,我走后面"……都会获得别人的好感,达到会处事、善做人的效果。"历览古今多少事,成由谦逊败由奢",辞让谦逊是一种胸怀、一种美德、一种风度、一种智慧,辞让谦逊让人自信自律,更是一种为人处世的修养。一个有辞让之心的人,懂得如何做事,更懂得如何做人,他们不会为了蝇头小利而和他人斤斤计较,也不会因为小矛盾而咄咄逼人,他们拥有一颗辞让之心,懂得吃亏是福，谦逊是德，能包容别人的不足，大度宽容，而这也让他们收获了大家的好评。

而没有辞让之心的人，做事锱铢必较，见到利益则蜂拥而上，生怕自己捞不到好处，一丁点儿的亏都不愿意吃，只想着占便宜而不愿意有所取舍。看下面的事例，张某就是一个没有辞让之心的人，在为人处世上极差，最终，他也因为没有辞让之心而吃了亏。

村民张某，平时和村里其他村民相处得都不好，原因就是张某没有一颗辞让之心。平时村里面有什么事情需要帮忙的时候，张某都假装看不见，从不主动帮助别人，但是村里有什么利益和好处时，张某总是会想尽一切办法多占。不仅如此，张某还是一个很小气的人，一点儿都不能吃亏，要是谁和他发生了矛盾，张某总是会想方设法报复回来，为人处世差极了。于是，村民们就给张某编了几句顺口溜："做事全靠边，吃饭站中间，好事他不干，坏事全干完。"如此一来，村里的人谁都不愿意和他来往。有一次，就在张某干完活回家的时候，发现自家的牛棚失火了，这可急坏了他，他赶紧跑到村里找人帮忙，四处求援，可是，在村里到处都找了一圈，结果谁都不愿意帮他，连他自己的亲戚看见他来了都赶紧关上门视而不见。张某无奈地回到家，看见牛棚已经差不多全烧毁了，这个时候张某才开始醒悟，要是自己有一颗辞让之心，平时不要太贪占便宜，为人做事不要太小气，也不至于落得出了事情无人帮忙的下场，多帮助他人其实也是帮助自己。

张某因为没有辞让之心而最终落得无人帮助的可怜可悲的结局,但是,及时醒悟在任何时候都不晚,只要他从此改正错误,多一点宽容大度,多一丝谦让理解,修复间隙,让村里人、身边人改观,那么以后也可以和村里的其他人友好相处。可见,一颗辞让之心能让人在为人处世上多一些辞让,能让自己的人生收获顺畅通达。

辞让,是一种"舍得"智慧。有舍才有得,你后退舍去,可能会丧失本来到手的三分利益,但得到的却是无法计量的真情厚谊。在云南省昆明市棋盘山的棋盘寺里,有一副对联:世事如棋,让一着不为亏我;心田似海,纳百川方见容人。能谦和辞让的人,拥有海纳百川的肚量;能谦和辞让的人,懂得吃亏是福。

三、辞让之心的作用

一个有辞让之心的人通常有 3 个具体表现,分别是:有礼貌,懂礼节;知分寸,明进退;会处事,善做人。接下来,重点讲述辞让之心的作用,大致有 3 个,分别是:

(一)有助于融洽人际关系

其实,每个人都活在各种各样的关系之中,如果想要跳出所有的关系一个人生活,无疑就是在构建一座与世隔绝的内心孤岛,从现实社会来说,这是完全不可能或者很难实现的。人与人的关系有点像鱼和水,谁也离不开谁,人无法逃避,也无法独自站在高墙之内与别人孤立。人活世间终归要与人相处,相处的最好的办法就是去主动适应各种关系,面对各种关系,去理解他人的需求和期望,使关系朝着正确、健康、共赢的方向发展。辞让之心无疑就是人际关系中最有利的润滑油和磨合剂,它能让人与人之间的关系变得更加融洽与和谐。

有标语这样宣传:“你让让我,让出一份和谐;我让让你,让出一份平安。”就在“你让”和“我让”之间,在“你来我往”之际,人与人之间的关系就逐步拉近,越来越融洽和谐了,这些都是辞让之心在无形之中发挥的作用。很多时候大家都有这样的体验,那些心怀辞让的人时常面带微笑、阳光向上、待人友善、充满正能量,往往更受人欢迎,也可以形容他们为“人见人爱,花见花开”。而那些没有辞让之心的人内心则充满阴霾,动不动就发脾气骂人、斤斤计较,身上充满了负能量,往往令人避而远之。

一个人若是怀着一颗辞让之心,那他在和别人相处时也会趋于和善,乐于助人,勇于承担重任,能与人友好交往,他的人际关系会越来越和谐。反之,一个人如果没有辞让之心,整天想着不吃亏,要占便宜,那他会越来越不受人欢迎,人际关系越来越紧张,接下来与人沟通、交流、合作也会变得越来越困难。

同样,辞让之心也会互相影响。在人际交往中,没有人希望自己身边的朋友是一个斤斤计较、爱占便宜、没有丝毫辞让之心的人。因为这样的人随时随地都会为了争抢既得利益去伤害他人,导致身边的人逐渐远离,这种疏远又会让他们变得更加悲观,最后发展为害怕与人交往,把自己的格格不入看作别人的过错,难以接纳周围的一切,也难以被别人接纳,人际关系越来越差,最后把自己从朋友圈孤立出去。一个人如果有礼貌,知进退,会为人处世,主动关心身边的人,那么他也会获得别人的关心和帮助;大家互相关心,互相影响,在这样良好的氛围熏陶下,一些原本没有辞让之心的人也会受到感染,并逐渐树立起辞让之心,久而久之,拥有辞让之心的人越来越多,人际圈的氛围就会越来越好,人际关系也就更加融洽了。

在融洽的人际关系中,生活才会更加愉快幸福,生活质量才能得到保证。俗话说:“与人相处多和气,家庭生活多朝气,待人接物多谦让,和谐生活有保障。”要想生活和谐,人际关系融洽,那就要保持一颗辞让之心。在现实生活中,多培养自己的辞让之心,融洽自己的人际关系,多给周围人宽容和理解,少给周围人怒气和计较,多给周围人愉悦,少给周围人忧郁,努力维护良好的人际关系,懂得辞让有礼,朋友之间才能和谐,社会才会充满人情和秩序。

(二)有助于化解矛盾冲突

“退一步海阔天空”,如果大家都能做到“得让人时且让人,能容人时且容人”,那么,这世间的纷争、冲突、矛盾自然而然就消弭了。

有辞让之心的人为人处世知分寸,懂进退,和他人发生矛盾冲突的时候,不会得理不饶人,更不会无理取闹。辞让之心会让人包容退让,妥善解决好发生的矛盾冲突,做到大事化小、小事化了,最后解决问题。

现实生活中不乏这样的事例。有人(甲)停车时占了两个车位,旁边另外一位车主(乙),因为找不到车位而烦恼不已,乙守候在甲车旁,待甲来开车时拉住了甲的胳膊,开始了抱怨和叫骂,说甲没素质、没有公德心、开个破车不守规矩、停车技术太差、为人自私……假如你是甲,你该怎么办呢?

选择一:怎么能被人辱骂呢,不管是谁都不准骂,这口气受不了,上去就给乙车主两耳光,揍他个鼻青脸肿,然后教训他:“你……不长眼,敢在太岁头上动土……”

选择二:被骂这个亏是万万不能吃的,马上反唇相讥,骂回来:“你开车技术好了不起!你素质高就绿色出行不要开车!你有公德心就建个停车场免费让别人停车……”

选择三:正视自己停车一车占两车位的事实,诚恳道歉:“对不起,刚才有急事,停车停得不规范,造成不便还请多多谅解,马上挪车走,不好意思……”

面对以上3种选择,有辞让之心的人通常会选择第三种做法,这样的话,即使是面对别人的辱骂,也能够退让下来,避其锋芒,进而看清自己的问题,多一些宽容,最后大事化小,小事化了。而没有辞让之心的人则做事不计后果,往往只图一时痛快,斤斤计较、睚眦必报,结果把事情搞大,激化矛盾,事后又追悔莫及。

古语有云："忍一时风平浪静，退一步海阔天空。"在面对冲突时，不管是自己引起的，还是对方引起的，都要保持一颗辞让之心，积极主动与对方沟通协商解决。在协商过程中多一点宽容和忍让，得理要饶人，懂得进退分寸；无理更要忍让，不能无理取闹，甚至侮辱对方，使矛盾升级。

拥有一颗辞让之心的人，会更多地设身处地想他人之所想，而不是第一时间想着占便宜；当和他人发生矛盾冲突的时候，能站在对方的角度考虑问题，而不是一味只知道维护个人利益。多一分辞让，就会少一分计较，就为双方解决矛盾冲突打下了良好的基础。

总的来说，辞让是有助于化解矛盾冲突的。当然，辞让并不是毫无原则的忍让退步，若是涉及超过法律红线的事情，那就不是忍让和退步的问题，而要坚决运用法律武器保护自身权益，正确解决矛盾冲突。

（三）有助于个人成长发展

"恻隐之心，仁之端也；羞恶之心，义之端也；辞让之心，礼之端也；是非之心，智之端也。"这是我国古代伟大的思想家孟子所提出和倡导的。在孟子看来，"恻隐之心、羞恶之心、辞让之心、是非之心"能帮助一个人成长发展，使其成为一个真正的人，一名有仁义礼智的真君子。孟子认为，这"四心"就如同人的四肢，无论缺了哪一个"心"，就犹如四肢不健全一样，就不能被称为一个完整的人。

黑格尔曾经告诫他的学生:“一个人或许不能做到事业上成功,但他一定不能让他的人生也失败,无论你们以后去到哪里,成为一个什么样的人,都一定不要丢失掉自己身上的谦让之心”。是的,不是每一个人都能当世界首富,都能当国家主席,都能当大明星,但是每个人都能成为自己的人生赢家,而这个赢就赢在拥有内心宝贵的品质上,保持一颗辞让之心,人生更加增光添彩!

四、辞让之心的提升对罪犯的作用

(一)有利于消除罪犯之间的矛盾

在监狱服刑的罪犯来自全国各地,不同地区的人有不同的习惯;从年龄结构上看,也是老、中、青都有,正是因为这些种种不同,所以罪犯在长期的相处过程中难免发生矛盾。有的罪犯为了看自己喜欢的电视节目争抢遥控器,有的罪犯下棋为了争个输赢搞得脸红脖子粗,有的罪犯排队时不小心踩到对方引发了争吵,有的罪犯因不满室友睡觉打呼噜对室友怀恨在心等。这些矛盾如果得不到及时化解,轻则让室友关系变冷淡、变坏,不利于自己和他人的积极改造;重则可能引发暴力事件,互相伤害,导致狱内犯罪再发生,影响监管改造秩序。要确保监狱安全稳定,保证罪犯有一个积极的、平安的改造秩序,就要妥善处理和及时化解这些偶发事件,从两个方面出发:一方面是有事找警察,另一方面是罪犯自我化解。前者不必多说,后者则需要充分发挥罪犯自身的主观能动作用才能积极化解矛盾,这里的主观能动性就是指要有一颗辞让之心,懂得辞让、学会辞让,有礼貌,明进退,会为人处世,那么矛盾也就能及时化解了。

罪犯李某平时就爱占便宜,从来不会辞让,排队吃饭都要抢第一的位置,人送外号"拼命占便宜";隔壁监室的罪犯殷某也不遑多让,自称"宁死不吃亏",无论干什么都喜欢斤斤计较,害怕自己吃亏。一天,在洗漱室这两人发生了一个很小很小的矛盾,由于两人都没有辞让之心,结果小矛盾变成了大矛盾,两人动起手来……具体情况是这样的,李某在洗漱室洗衣服的时候,不小心把水溅到了旁边也在洗衣服的殷某,殷某认为自己吃亏了,于是对着李某就开骂,李某觉得洗衣服本来就要沾到水,过分的是殷某竟然还抢先骂了自己,于是李某抢先动手,一拳打在殷某头上,而后两人扭打在一起,混乱中殷某也回踢了李某一脚,所幸事发不到一分钟,两人就被在场的其他罪犯拉开,并未造成严重后果。最后,首先动手的李某受到了记过处分,首先骂人并"积极迎击"踢人的殷某受到警告处分。结果李某和殷某谁也没占到便宜,还都吃了大亏。假如,事发当场,李某有辞让之心,有礼貌,会为人处世,主动道歉,诚心诚意说声"对不起",并表示如果实在弄脏了,可以帮殷某重新漂洗一下,主动承担自己不小心带来的问题。假如殷某的辞让之心能够发挥作用,他知分寸,明进退,接受道歉,回一句"没关系,问题不大”,就自己再漂洗一下。那么,这个矛盾就这样被化解了,也不至于两人大打出手,又被打又被踢,结果还因为违反监规纪律受到严厉的处罚。在现实生活中,没有一个又一个的“假如”,最好就是在矛盾发生时就让矛盾随即化解。因此,培养自己的辞让之心在任何时候都为时不晚,有一颗辞让之心会让人更加谦虚,更会为人处世,不仅有利于消除罪犯之间的矛盾,即便在刑释之后也有利于消除各种矛盾。

辞让是一个人高品质的表现,辞让不是蠢、不是认怂,而是一种智慧、一种高尚的品格。新冠肺炎疫情发生时,能主动把电视机遥控器让给湖北籍的罪犯,让他们了解自己家乡的情况,让出的是关爱;周末要举行罪犯自考,让那些参加自考的罪犯先洗漱,让出的是和谐;这几天劳务加工换了新工种,同住一个监室的因为劳累晚上老是打呼噜,忍一忍吧,让他安心睡一会儿,让出的是一份关心……当自己作出辞让的选择时,就说明自己已经想清楚了,那么内心也就会平静很多。多站在他人的角度思考,尊重并宽容他人;用一颗辞让之心去对待彼此,矛盾的心结就能渐渐打开。多一些辞让,就少一些心灵的隔膜;多一份辞让,就多一份理解,多一份信任,多一份友爱。辞让是一种美德,能消除矛盾、化解仇恨。

(二)有利于融洽罪犯之间的关系

人际关系,是人们在进行交往过程中发生、发展和建立起来的人与人之间的关系。人际关系可分为两类:一类是积极、友好、和谐的；另一类是消极、敌对、不和谐的。积极、友好、和谐的人际关系对罪犯的改造学习和生活是有益的，消极、敌对、不和谐的人际关系对罪犯的改造学习和生活是有害的。监狱作为社会的一个缩影，罪犯与罪犯之间、罪犯与警察之间都存在复杂的人际关系。要使这些关系成为积极、友好、和谐的人际关系，其重点和要点就在于辞让。辞让，是和谐相处的重要条件。

辞让是一种深厚的涵养，是一种善待生活、善待别人的境界，能陶冶人的情操，给心灵带来恬淡与宁静。它不但可以改善自己与他人的关系，还可以使自己的心灵得到慰藉与升华。战国时，蔺相如智慧过人、勇气超群，做了“完璧归赵”以及“使秦王渑池击缶”这些事，让他的身份地位迅速攀升，从一个普通的“门客”直接升级到与大将军廉颇同一个等级，甚至有过之而无不及。因此招来大将军廉颇的不满，廉颇不仅放话出来要羞辱蔺相如一番，而且故意骑着马去找蔺相如，打算“寻衅滋事”。结果，蔺相如始终保持一颗辞让之心，没有跟廉颇针锋相对，先是避让，后来还以礼还他，使廉颇感到了蔺相如的宽大胸怀。廉颇最终负荆请罪，背着一根荆条找蔺相如道歉，让蔺相如用荆条鞭打自己；他们成就“将相和”的千古佳话，并合 2 人之力，保全了赵国。试想一下，如果当时蔺相如和廉颇两人互不相让，针锋相对，后果或许就不是“将相和”的千古佳话了，很有可能赵国内斗导致元气大伤，没有能力抵御强大的秦国；因为国家衰弱，就连周边的魏国、齐国、燕国都会虎视眈眈，也有可能被这些周边的国家伺机蚕食吞并导致灭国。

谦让的作风是难能可贵的，辞让是一种豁达的挚爱，蔺相如的辞让就如一泓清泉浇灭了大将军廉颇的愤怒嫉妒之火。辞让可以化冲突为祥和，化干戈为玉帛。辞让又是一种高尚的品德，即便是别人冲撞了你，你仍然以辞让对待别人，那么冲撞你的人内心也会感到不安。你以谦虚辞让待人，自然也会得到别人的理解。需要注意的是，辞让是指在不伤害别人或危及社会的情况下，作出的合理让步，对于没有道理，存在伤害的对峙，被步步紧逼纠缠不清的欺压，就不应该任其所为，要找到正确的对待方式，比如，有事找警察。总的来说，罪犯之间原本大多是不相识的人，因违法犯罪被判刑在监狱服刑相遇，相互之间更应该谦让有礼，这会大大有利于融洽罪犯之间的关系。

(三)有利于罪犯平安服刑

平安服刑是保障每名罪犯顺利改造的前提。平安是生命安全的需要，平安服刑是生存权利的基础。每名罪犯都应该以“平安服刑”为指导，确保自己平安，也让家人安心放心。个人平安构建了集体环境的平安，只有每个人都平安了，监狱也才能够平安，与此同时，集体的大环境平安也会反作用于个人。罪犯作为监狱这个集体的成员，有义务维系这个大环境的平安。维系大家平安，其实也是在保障自己的平安。那么，一颗辞让之心就是保证平安服刑的关键。辞让，是罪犯平安服刑的一张通行证。

有的罪犯认为,自己说一些粗鄙的语言,做一些不文明的动作、出格的事情,只要不违法就行,这是完全错误的思想,应该及时纠正。因为“祸从口出”这种现象在罪犯中经常发生,个别罪犯说话不文明,为了一点鸡毛蒜皮的小事就说出难以入耳的话,有些还在大庭广众之下,骂骂咧咧,惹得他人相当反感,这样很容易激怒别人,为此就有人大打出手,结果既影响了自己的改造成绩,也影响了别人,祸害了别人,最后还导致罪犯之间的关系紧张。所以,平时说话做事要注意“讲文明话、行文明事、做文明人”,这是对一个人最起码的要求,也是平安服刑的关键点。做到这一点的基础,就是要有一颗辞让之心。

有的罪犯以自我为中心,不管不顾其他人,习惯于从自我的角度去行动,只考虑自己的利益,只考虑自己的感受。这类人喜欢把自己个人的意志强加于别人,很容易引起别人的讨厌,让自己陷入矛盾的冲突之中,甚至引起冲突。以自我为中心的罪犯不会站在他人的立场、角度来看待和分析问题,他们不善于理解别人,敏感、多疑、固执己见;他们对别人无意的、中性的或是友好的行为常常猜疑,误解为是有敌意的,是在蔑视自己,为之耿耿于怀;他们的想法、做法极端,表现出强烈的自我中心倾向,总认为自己没有错,不愿意接受其他罪犯的劝导,不愿接受警官的管教,对于他人好意的劝教往往会抱以抵触甚至反抗的态度。

上述错误行为以及思想都不利于罪犯之间、罪犯与警察之间的正常沟通交流，更不利于罪犯的正常改造，甚至严重影响了罪犯的平安服刑。出现上述错误行为和思想，其中一个重要的原因就是缺乏一颗“辞让之心”。如果拥有一颗“辞让之心”，为人能够明进退，就不会为了一点鸡毛蒜皮的小事出口成脏，骂骂咧咧，导致人际关系紧张；如果拥有一颗“辞让之心”，处事能够知分寸，就不会为了那些不值一提的小事动手打人，打架斗殴，伤害他人，甚至导致狱内再犯罪；如果拥有一颗“辞让之心”，做到有礼貌，懂礼节，会为人处世，就不会凡事以自我为中心，抵制他人好意的劝教，拒人于千里之外，使自己在积极改造的反方向越走越远。及时认识到错误的关键，及时改变，及时培养一颗“辞让之心”，使自己成为有礼貌、懂礼节的人，做到知分寸、明进退，这将大大有利于罪犯平安服刑。

矫正作业：

1. 辞让之心的表现有哪些？
2. 辞让之心的作用有哪些？
3. 辞让之心的提升对罪犯有哪些作用？

将答案填写在《矫正足迹》上。

羞恶之心

建议课时：4 课时

一、羞恶之心的含义

羞恶之心出自《孟子·告子上》,“羞恶之心,人皆有之”,羞:羞愧;恶:厌恶。这句话的意思就是:“对自己犯了错误会觉得羞耻和对别人干了坏事自己会感到憎恶的心情,是人人都有的。”孟子还认为:“羞恶之心,义之端也,无羞恶之心,非人也。”孟子将羞恶之心定义为衡量人的一个重要标准。诚然,一个人如果缺少了羞恶之心,他对美丑、对错、好坏的感知就会随之变得麻木;渐渐地,他的言行彻底失去规范,以至变得无动于衷,无论对任何事情都抱着一种“无所谓”的态度,对待犯了错误和干了坏事往往会觉得“心安理得”“得过且过”,甚至认为是“理所当然”。不以羞恶之心去看待问题和处理事情,完全失去人类的情感,跟一条咸鱼毫无分别。中国人历来讲究“面子”和“脸面”,缺乏羞恶之心,简单来说就是“厚脸皮”,而且脸皮厚到已经完全没有羞耻、不要脸的地步,那么这种人做出来的事情也是为大家所厌恶的。正如一位哲人所说:“羞耻心是一种重要的道德情感,是一种为善而斗争的精神力量,是对于卑鄙无耻的事物的一种强有力的抗毒剂。”

二、羞恶之心的表现

知羞恶,是人和动物的根本区别。举个简单的例子,动物光着腚不穿裤子是不会为之羞耻的,但是人如果在大庭广众之下赤身裸体就会知道羞耻。知耻,在中国传统美德中占有很重要的地位。早在春秋时期,管子就说过:“礼义廉耻,国之四维,四维不张,国乃灭亡。”古人认为,礼代表着贵贱尊卑,义为行动准绳,廉为廉洁方正,耻为有知耻之心。礼义廉耻是维系国家发展的四个基本要素,如果这四个基本要素不能很好地贯彻执行,国家就很容易灭亡。古人把耻(羞恶)列为维系社会、国家存亡的支柱之一。之后,耻也被长期列为孝、悌、忠、信、礼、义、廉、耻八德之一。时至今天,耻同样在与时俱进,社会主义荣辱观说的就是“八荣八耻”。

战国时期,各诸侯国互相征战,老百姓没有太平日子过。有一年,齐国大旱,发生严重的饥荒,很多人活活饿死。一个名叫黔敖的贵族发善心想做点好事,他在大路上摆上食物,施舍给饥饿的人群,救济过往的饥民。这原本是好事,但是时间一长,感谢的人多了,黔敖就开始飘飘然了,认为自己就是救世主,接受世人的感谢甚至供奉,他都觉得是理所应当的。有个人饿得厉害,看上去已经饿得走路都走不稳当了。他踉踉跄跄地走了过来,准备领取食物,黔敖见了,摆出一副救世主的样子,傲慢地喝道:“喂,来吃吧!”谁知那饥民突然精神振作,用最后的力气瞪大双眼,看着黔敖说:“收起你的东西吧,我宁愿饿死也不愿吃这样的嗟来之食!”最后这个人活活饿死。因此,就有了“不受嗟来之食”的故事,这个事情被古人记载下来,流传千古。以食嗟来之食为耻,那位饥民宁愿饿死也不食嗟来之食,这是因为他知道什么是耻辱。而有的罪犯却为了牟取一己私利,不择手段、罔顾法律祸害他人;有的则是受贿、索贿,置党和人民的信任于不顾,这些都是典型的不知羞耻,丧失了羞恶之心,一定要为之深深地反省。

(一)以不劳而获为耻

古话说得好:“民生在勤,勤则不匮”,意思就是说人民的生计在于勤劳,勤劳就不会缺少衣食。一切物质和精神财富的创造都离不开辛勤的劳动,小到个人、家庭,大到民族、国家,坚持辛勤劳动就能兴旺发达;而好逸恶劳则只能走向衰败、灭亡。世界上唯一可以不劳而获的就是贫穷,唯一可以无中生有的是梦想。贫穷让人吃不饱穿不暖,梦想虽好,不去努力终究是一场空。天下没有免费的午餐,也没有不劳而获的幸福。所谓不劳而获的幸福,通常都是以损害其他人的利益为前提(盗窃、抢劫、诈骗等),那些都是为社会一般价值所不耻的,大多数人都会鄙视这种不劳而获。不劳而获容易让人产生懈怠、侥幸、依附心理,容易使人懒惰、不思进取、白日做梦,总想天上掉馅饼,这样下去会让人停止进步,甚至退步。通向幸福的道路千条万条,但每一条都要奋斗才能通行,对一个有正常劳动能力的人来说,不劳而获是一种耻辱。现在的犯罪特点凸显年轻化,绝大多数的罪犯入狱时身体健康,原本完全可以靠自己的双手自食其力,可是他们却被不劳而获这种惰性心理奴役,不想着勤劳致富,而是整天琢磨歪门邪道和“抄近道”致富,丝毫不觉得羞耻。

我国每年都有成千上万的农民工进城务工,他们每天穿梭在陌生的城市中,不管刮风下雨都坚持奋斗在建筑、保洁、家政、餐饮、制造等各种行业中。他们大多数人没有高学历,家庭也不富有,但他们懂得靠自己的双手去创造财富,因为他们明白不劳而获是一种耻辱,而靠自己劳动创造的财富即便是少一些,也是“干净钱”,花自己劳动挣的钱可以抬头挺胸,心安理得,所以无论生活有多艰难,工作有多艰辛,他们都能坚持下来,没有去偷去抢。反之,那些因为想不劳而获而犯罪的罪犯却截然相反,“好逸”成了他们的本能,“恶劳”成了他们的本性,羞耻在他们的世界荡然无存,为了私欲宁可违法犯罪、不劳而获,也不愿自食其力。

在现实生活中,有些人虽然自身条件不好,但依然对生活充满信心。如广西玉林“90后”独腿残疾人黎某,在父母生病住院、自己身体残疾的情况下,仍然保持斗志,没有自暴自弃去偷去抢,而是靠着个人努力养活自己和家人。黎某7岁时遭遇车祸失去了右腿,因为独腿在找工作的过程中遭受过歧视,但他没有抱怨命运,仅靠一根拐杖辅助,不辞辛苦扛水泥、扛沙袋、搬砖、做零活等,为了避免失去平衡,他将截肢的右腿卡在单拐的缝隙中支撑身体,腾出双手干活,腿上也因此磨出厚厚的茧子。有人给他捐款,但是他把获得捐助的钱都转捐给了福利院。他常说:“我不想做一个不劳而获的人,只想靠自己的双手去做实实在在的东西。奶奶告诉我,做人一定要勤快,做一个好人。”

黎某是一个残疾人,在行动和生活上有诸多不便,更不用说在工作上,但黎某身残志坚,哪怕生活有多艰辛,他也没有因此去偷去抢去违法犯罪,靠着一条腿顶天立地,努力活出了人的尊严。他的格言是:机会少,所以要更努力。在这位自食其力、自力更生,懂得违法犯罪是一件可耻之事的残疾人面前,那些空有健全四肢却毫无羞耻之心的盗窃犯、抢劫犯、诈骗犯、职务犯等,应该感到羞耻,及时反思。

(二)以违法乱纪为耻

国无法不治,民无法不立。人人守法纪,凡事遵法纪,则社会安定,经济发展。倘若没有纪律的规范约束,失去法度的控制和指引,各种秩序就无从保证,人们生存、发展的环境就会遭到破坏,人民群众就不可能安居乐业。

法律法规是为了维护全体人民共同利益而制定的,“以违法乱纪为耻”强调的是一种行为方式、人生准则,唤起的是人性良知,树立的是正确荣辱观。人要自爱、爱他人,更应该做到“不逾矩”,“矩”就是规章制度和法律法规,要敬畏法度,在法纪允许的范围内活动。如若不然,有道是“法网恢恢,疏而不漏”,那些违反法律法规、藐视法纪、践踏法纪的行为,必然受到法纪的惩处。

有的人违法犯罪只是为了获得一己私利,他们不惜损害他人利益,铤而走险,触犯法律,严重扰乱社会秩序。有的甚至觉得能钻法律、纪律、规章制度的空子满足自己的一己之私,就代表自己有能耐,觉得这么做“有面子”,还瞧不起那些遵纪守法的人。这些都是错误的思想认识,这些是非颠倒的荣辱观对社会祸害不浅,也对大众百姓产生了极为恶劣的影响,败坏了社会风气。一切违法乱纪的行为都是构建和谐社会必须清除的障碍。

凡是我国法律所鼓励、培养的行为,都是符合社会主义道德规范要求的光荣、正义的正确行为;凡是我国法律所禁止的行为,都是社会主义道德所认为不道德、不正当且强烈谴责的错误行为。道德和法律的关系,决定了必须将“守法”作为公民基本道德规范的内容;只有守法,才有可能成为道德高尚的人;一个不守法的人,必定是不道德的人。所以说,守法是公民的立身之本,也是处世之本。

“以违法乱纪为耻”的另一面,就是“以遵纪守法为荣”。在法治社会中,遵纪守法、文明向上是对每一位公民的基本要求,只有牢固树立法治意识,时刻保持警钟长鸣,才能做到坚守法律底线,筑牢道德防线。

(三)以见利忘义为耻

从古至今,我国的先人们总结了:“人有耻,则能有所不为;人无耻,则无所不为”。意思就是指一个人有耻辱感,就会知道哪些事情可以去做,哪些事情不能去做;一个人要是没有羞耻感,什么坏事、丑事、违法勾当都干得出来。

羞耻感的缺失会导致人在经济领域求财心切、非法牟利、见利忘义,于是就出现了工业酒精被勾兑成白酒、大米被石蜡抛光、猪肉牛肉注水、毒品交易泛滥等现象;会导致人在政治领域中腐化堕落,拿着人民赋予的权力和信任为资本,中饱私囊,买官卖官,不知廉耻;会导致人在日常生活领域中公德丧失,大街上垃圾箱被踢翻、电话亭中尿液横流、洁净的墙面上铺满了小广告,瓜子壳随地乱吐等。试想一下,人若生活在这些没有羞耻的场景中多么可怕。

诚然,人们所奋斗的一切,可以说都与利益有关。以正当途径获利无可厚非,古语有云:"君子爱财,取之有道",但"以见利忘义为耻"中的"利"则是置大义于不顾的非法之利、缺德之利、可耻之利,这些"利"即便是获得了,也不是"干净钱"。所有毒品交易、暴力侵犯他人财产、盗窃偷拿他人财物等获得的利益不仅是违法的,更是可耻的,可耻之处在于这些利益获得的手段、渠道违背了社会道义。

三、羞恶之心的作用

(一)约束、制止、改正不良言行

羞恶心表现为对自己的错误或者犯罪行为感到不安、难过、悔恨。简单来说,就是指人在自我道德审视时,认为自己的所作所为悖情悖理,违反了社会规范,由此引发羞于见人、自以为耻的感受，这是一种积极的心理，它能使人以错为耻，以对为荣，使人发生积极的改变。

羞恶心具有约束、制止、改正不良言行和防御自尊心受侵袭的抵制作用，是卑鄙可耻之事的“抗毒剂”。在羞恶心的驱使下，人会自尊自爱，做错了事会自责，以便日后改正之前错误的言行；在羞恶心的驱使下，人会制止不良动机，约束自己不道德的行为，促进人痛改前非；在羞恶心的作用下，当自己的行为违背社会道德和社会准则时，会依据一定的是非善恶观进行自我谴责，从而进行道德追问，改过迁善，主动接受道德教化，进而逐渐改变自己的不道德倾向，自此约束制止和改正今后可能出现的不良言行。

（二）修复人际关系

羞恶之心可以修复人际关系，求得被害方的谅解。因为羞愧能够让加害者对自己的行为感到羞耻、感到自责，还会减少伤害他人的行为。当被害方知晓对方羞愧自责，自己内心被伤害的感受也会相对减弱，如此一来，羞恶之心一旦启动，原来紧张的人际关系会得到适当缓和；如果加害者还做出了补偿性的行为，被害者可能会原谅他。反过来，当加害者明确地了解到自己被原谅了，在羞恶之心的驱使下，也有很大可能会自我反省，对自己或他人类似的恶行感到憎恶。

（三）促进个体道德的发展

羞恶之心是道德发展的重要组成部分，人之所以会产生羞恶之心，是因为做出不道德、悖逆公序良俗的事情，或者伤害了别人，侵占了别人的合法利益等，事后人都会反思，会将这些画面在自己的脑子里一幕一幕地回放，心里会想到对他人造成的伤害或是给别人带来的不便，会想到自己的所作所为是否犯了错误，是否会让人指责等。因此，羞恶之心会让自己在下一次遇到类似情形时主动改变做事的方式方法，今天改变一点，明天完善一些，通过不断强化和积累，自己的道德修养也就得到了发展。

矫正作业：

1. 羞恶之心的表现有哪些？

2. 羞恶之心的作用有哪些？

将答案填写在《矫正足迹》上。

敬 畏 之 心

建议课时：4 课时

一、敬畏之心的含义

敬畏，“敬”即尊敬、敬重，“畏”即畏惧、害怕，“敬畏之心”是指人对自己之外的某些人或某些事保持的一种既尊重又畏惧的态度，是人对万事万物的一种重要的情感，这种情感具有警戒与自省的作用，有助于规范与约束人的言行举止。这种

“敬”是发自内心的尊重，“畏”是害怕、畏惧、恭敬的意思；敬畏之心可以促使人对自身行为进行警示和反省。

二、敬畏之心的表现

（一）敬畏生命

生命的宝贵在于其对每个人来说都只有一次，没有了生命，一切都是空谈。生命之所以值得敬畏，本质在于生命的不可重复性，并且，生命的消亡会给人带来一种痛苦的体验——失去亲人、伴侣、挚友等。每个生命的诞生和成长都意味着对应的家庭要付出沉重的精力、体力、财力，以及负担其生育生命这份推卸不掉的责任与义务。人不会从石头里蹦出来，每个人的诞生都与这个世界紧密相连，不仅为了自己而活，也为了父母亲人而活。人承担不起肆意伤害和毁灭生命的责任，所以要敬畏生命。

敬畏生命，首先要敬畏自己的生命，因为拥有生命才能拥有一切。若将生命与其他利益相比，生命是“1”，名誉、金钱、友情、爱情、地位都是“0”。有了“1”，这个数可以是十、百、千、万，乃至无穷大；若没有“1”，后面的名誉、金钱等再多，也是“0”。有的人为了一己私利或一时满足走上了犯罪的道路，虽然获得了短期的利益或者逞了一时之快，结果却付出了生命或失去自由的代价，那么就算得到再多的金钱与权力也都是毫无意义的。

敬畏生命，必须树立生命至上的理念，要懂得敬畏其他所有的生命，尊重、关注、关怀和善待身边的每一个人。因为每一个生命都不是孤立存在的，自家生命重要，别家的生命同样重要。一个有思维的生命就必须以同等的敬畏来尊敬其他生命，而不能局限于自我的小圈子，所谓“众生平等”就是这个意思。当人都能够与周围的生命休戚与共时，那么他就能在生命的不断成长中享受生活的乐趣，感受生命的神圣。

罪犯在服刑生活期间由于种种原因会产生失望和自卑，这些负面情绪可能会让一些罪犯丧失对自身价值的正确判断，产生绝望、错误的轻生念头。本节讲敬畏生命，也是要让大家正确认识到，无论何时，无论何地，即便是身在监狱中，也要珍爱生命，自强不息，努力实现生命的意义和价值。

张海迪，1955 年 9 月生于济南，汉族，哲学硕士，中共党员，山东省作家协会创作室一级作家，九届、十届全国政协委员，中国残疾人联合会副主席、中国作家协会全国委员会委员，山东省作家协会副主席。她的荣誉很多、名位很高，但是，其人生并不容易。她 5 岁时因患脊髓血管瘤，高位截瘫。因此，张海迪没进过学校，童年起就开始以顽强的毅力自学知识，她先后自学了小学、中学和大学的专业课程。1983 年，张海迪开始走上文学创作的道路，长达 44 年的病痛一直折磨着张海迪，但她以顽强毅力克服病痛和困难，精益求精地进行创作，执着地为文学而战。为了追寻自己的梦想，张海迪没有因病痛而哭过。她说:“我这些年来从没有为病痛哭过,让自己哭的是那些热心关爱自己的人!”今天,当大家读着张海迪写出的那一本本散发着油墨香的书时,仿佛看到一个极度珍惜生命且不服输的斗士,感受到深藏于她心灵深处的力量。与那些不珍惜生命的正常人相比,张海迪更加热爱生命,热爱生活,也更加顽强,更加勤奋。对张海迪来说,知识是一种财富,但自强是更珍贵的财富,她始终坚持对生命的敬畏,不畏惧一切困难。像张海迪这样珍爱生命、敬畏生命、自强不息,努力实现生命的意义和价值的例子还有很多!

生命教育是教育的基础,通过生命教育,使人认识自然生命、精神生命和社会生命的存在和发展规律,认识个体的自我生命和他人生命,认识生命的生老病死过程,认识自然界其他物种的生命存在和发展规律,最终树立正确的生命观,领悟生命的价值和意义,促进生命的和谐发展。

生命有如下几个特点:一是生命的不可逆性,人老了不可能返老还童;二是生命的不可再生性,生命只有一次,人死不能复生;三是生命的不可替代性,你不能替代我活着,我也不能替代你活着,不同人之间的生命不可以相互交换,生命彼此不可替代。生命的这些特点决定了人们必须尊重生命,敬畏生命,珍惜生命。

罪犯中有一部分人因为故意伤害罪、故意杀人罪等入狱服刑,这是不敬畏他人的生命;另一部分人则是为了各种利益或者满足自己的私欲而违法犯罪,这是不敬畏自己的生命。这些人都是因为没有了解什么是生命,也没有做到敬畏、珍惜生命,才来到监狱接受法律的惩罚。众所周知,每个人的生命都是独一无二的,因此在生活中都要学会用爱心去经营生命,对待所有人的生命都要保持尊重和敬畏。

(二)敬畏道德

道德是一个人、一个民族、一个国家的灵魂。俗话说:"有才有德是精品,有德无才是次品,有才无德是危险品,无才无德是废品。"这是用道德来衡量人的妙喻。人如果沦为"废品",那么在这个社会上肯定是没有立足之地的,就像去买东西一样,没有人会选择废品,因为废品没有任何价值;"危险品"虽然有才,但是无德,如果做起危害社会的事来,后果将是严重的,这类人会利用他所掌握的知识去危害社会,残害百姓,社会对他们的态度是严格管制,不让他们做坏事;"次品"这类人虽然无才,但是有德,他们的底线就是绝对不会危害社会,不会违反公序良俗,更不会违法犯罪,他们在很多时候都可能会得到小用;"精品"既有才又有德,在发挥聪明才智同时,能够坚守道德底线,这类人必将得到社会的重用。可见,一个人只有具备了必要的道德修养,才能为社会所认同、所接纳,取得扮演社会角色的资格,而有德的基础就是必须敬畏道德。

人为什么要敬畏道德,因为道德是为人的根本,犹如大海中的指航灯,指引人们不会在茫茫大海中迷失方向。人的思想是可以教化的,人的行为是可以改正的,其指引就是道德。因此,应该用道德来约束自己,指引自己,保持清醒的头脑,不至于在享受生活的高兴之余恶念重生,不至于被淫欲恶毒之念毁灭。守住道德的底线就是守住为人的本分;对良知心存敬畏,这是最好的自我完善,也是最好的社会改良。

敬畏道德,有助于让人自觉遵守社会公共秩序,维护社会共同利益;从整体与个体的角度来说,维护社会共同的利益其实就是维护自己的利益。敬畏道德有助于人与社会、人与人、人与自然的关系和谐稳定,对于人、社会、自然三者来说,道德就像润滑剂。每个人都敬畏道德、有道德,人与人之间关系就和谐,社会也就稳定;有道德的人爱护环境,保护大自然,敬畏道德的人必然也能与自然和谐共存。敬畏道德有助于个人成长;公共道德为个人提供社会价值观指导,为个人指明正确的价值标准和人生标准,为个人才智的运用和发挥指明方向,遵循道德的方向可以让人成长得更加彬彬有礼,更加睿智。

古希腊著名思想家亚里士多德曾说过,法律是最低层次的道德,道德是最高层次的法律。道德是一部自律性的法律,时时在叩问人们的灵魂。有道德于心中,以德修身养性,让一个人能够是非分明,平和坦荡;有道德于心内,以德正言慎行,让一个人明辨善恶,进退自如;有道德于心底,以德润心成人,让浪子改头换面,让罪犯迷途知返,重新做一个知敬畏、守规矩、明底线的人。法律的底线不能逾越,道德的准则也应遵守,并时刻敬畏。

人心一旦无所敬畏，便是道德沦丧的开始，进而突破法律红线和道德底线，违法犯罪。因此，每个人都必须敬畏道德，以道德作为内心的方向、行为准则和规范，自觉约束言行，不做出格越轨之事。

（三）敬畏法律

法是由国家制定或认可并受国家强制力保证执行的行为规则。法律是"裁决之剑"，具有强制性，谁若失去了对法的敬畏，逾越了法律的红线，"裁决之剑"就要对谁进行裁决，这是毋庸置疑的。

法律不仅是一种制度，还是一种秩序维护机制，而且更重要的是，法律本身隐藏着一种公正的价值，代表了一种理想信念和文化力量。换句话说，只有当人从内心深处敬重法律、信仰法律时，法律才会真正发挥作用，而这种法律效应是深入人心的。一个国家要推进法治化进程，一定要对法律有特别的敬畏、接受和认可，否则，国家宪法和法律就会失去其内在的稳固性和威严。俗话说："无规矩，不成方圆"，如果视规则若无物，每个人都去打破规则，那生活将永无宁日，整个社会秩序将陷入一片混乱，暴力抢劫，弱肉强食，杀人放火，黄赌毒泛滥，人即便是回到家也没有安全感。

敬畏法律并非单纯的惧怕法律，避而远之，也不是把法律供于神坛顶礼膜拜，敬而远之。敬畏法律，是要把法律当作红线，不可逾越；当作底线，不可触碰；内心里敬畏，行为上尊重，自觉维护法律的尊严与权威。

敬畏法律，可以试着将法律看作一种信仰，对法律信奉和敬仰，把法律奉为自己行为的准则。对法律的敬畏实际上是对自己权利和自由的敬畏。有一些人自以为"聪明"，心存侥幸，认为自己可以钻法律的空子，可以逃避处罚而实施犯罪。一方面，这些人低估了法律的能力，认为自己的犯罪行为天衣无缝，不可能被查处；另一方面，认为这么多人犯罪，不是每一个人都能被抓到，自己干这一次应该不会碰巧被发现。有的罪犯为了钱财，对法律失去了敬畏，认为抢得狠、跑得快，抓不到；在光天化日之下行凶，作案过程中稍遇阻拦，便拳脚相向、刀棍相加，甚至杀人灭口；有些公职人员心存侥幸，手中有权，一次次收受贿赂，一次次有权任性，任意妄为，以为查不到自己头上，就算查到了，还有单位和上一级的领导保护，绝不会出事。这些情形，正是因为对法律失去了敬畏之心，才滋生了侥幸心理。一些人跨越了法律红线，可是他们最终的下场都逃不了法律的制裁。所以，许多人被送往监狱，实则是因没有敬畏法律，自己将自己"送"进去的。

在一个法治国家，人人都应敬畏法律，视法律为神圣的准则，用法律约束自己的行为。法律是每个人的行为标准，也是针对违法行为的惩罚标准。法治社会，你遵纪守法，法律就保护你，保障你的权益；你胡来蛮干，不敬畏、遵守法律，法律就会惩罚你。每个人都应该严格遵守法律,这样才能促进社会文明进步。

三、敬畏之心的作用

(一)心怀敬畏才能守住道德底线

古人说:"凡善怕者,心身有所正,言有所规,纠有所止,偶有逾矩,安不出大格",就是说一个人心中有敬畏,做人就比较靠谱,说话做事都有规矩,哪怕偶尔做错事情,都不会是错得离谱的大事情。只有一个人存在的不叫社会,人与人共同存在才有了社会,道德底线是指人类社会最起码的言行规范。作为社会的一个成员,不管自己怀有什么样的个人理想,追求什么样的价值目标,基本的行为准则和规范是无论如何都必须共同遵循的,那就是道德底线。也就是说,人在社会中,不论做什么事,总有个公序良俗的道德界限不能越过,道德告诉社会中人应该做什么,不能做什么。道德底线也可以被称为基本的道德义务,或者基本的禁令。如若大家都不敬畏道德,不讲道德,没有文明礼貌,没有基本的诚信、尊重和关爱,社会可能就充满了欺诈、无情冷漠,变成一个邪、恶、毒、黑、畸、愚齐全的黑暗社会。

守住道德底线,是一个人的生存之本。要守住道德底线,就要心怀敬畏。古人云:"畏则不敢肆而德以成,无畏则从其所欲而及于祸。"意思是:人一旦没有敬畏之心,往往就会变得肆无忌惮、为所欲为，想说什么就说什么，想干什么就干什么，想喝什么就喝什么，甚至无法无天，这样下去，最终只能吞下自种的苦果。在当今社会错综复杂的形势下，面对纷繁世事，面对自己内心，每个人只有心怀敬畏才能有危机感，才能知方圆、守规矩，踏踏实实干事，干干净净做人，守住自己的内心道德底线。

（二）心怀敬畏才能守住法律底线

人一旦没有敬畏之心，就像脱缰之野马，肆无忌惮，甚至无法无天、为所欲为，无视法律与规则，任性妄为，最后惹上牢狱之灾。大凡作奸犯科、伤天害理者，皆源于心无敬畏、欲壑难填。反之，心怀敬畏，懂得惧怕，知道敬畏，认得法律是“高压线”，千万不能触碰，就会自觉规范自己的言行举止，就会遵循规矩、守住底线、敬畏法律。渐渐地，养成良好的行为习惯，常修律己之德，就会明白“法律面前人人平等，制度面前没有特权”，从内心开始尊重法律的神圣，敬畏法律的威严。

监狱不仅是惩罚人的地方，还是改造人、塑造人的地方，服刑是改造罪犯，使罪犯重塑自己的过程。每名罪犯来到监狱都应该怀揣着早日重获新生的梦想，以自己的实际行动，为自己铺垫重生的改造之路。入监的第一天，监狱便要求学习《监狱服刑人员行为规范》，同时要求能够背诵。背诵的目的不仅仅在于知道行为规范是如何写的，更重要的是让罪犯将行为规范牢记在心里，在服刑改造中时刻以行为规范的标准要求自己遵规守纪,培养树立并逐渐养成敬畏之心。每名罪犯都心怀敬畏,既有助于确保监狱的安全和监管改造秩序的稳定,这也是切实维护好罪犯自身的合法权益的基础之一;还有助于预防对抗监狱管理、殴打同犯、拉帮结伙、欺压敲诈他犯等牢头狱霸苗头的发生,净化改造环境,为罪犯服刑营造一个健康向上的改造氛围。

《监狱服刑人员行为规范》第 1 条规定:“拥护宪法,遵守法律法规规章和监规纪律。”第 2 条规定:“服从管理,接受教育,参加劳动,认罪悔罪。”这就是告诉罪犯在服刑时必须对法律、法规、规章和监规纪律心存敬畏,按照行为规范的要求,遵守法律法规、规章制度、监规纪律,认真改造,平安改造。否则,如果没有敬畏之心,蔑视法律、法规、规章和监规纪律,肆意妄为,向法律、法规、规章、监规纪律的权威发起挑衅,其结果只会是自吃苦果,对家庭和社会极度不负责任,让亲人伤心失望。古语云:“知错能改,善莫大焉”,敬畏之心可以帮助自己正视错误,改正错误,回归到遵纪守法的正轨上来,避免新的错误及更严重的事情发生。

心怀敬畏才能守住法律底线,否则,任意妄为会使人坠落无底深渊。罪犯岩某、李某,新犯入监,正处于死刑缓期 2 年执行的考验阶段。两人由于心胸狭隘,加之毫无敬畏之心,因不满罪犯小组长余某,就对其实施了伤害,被其他罪犯及时制止后,余某被及时送医院进行救治。随后,罪犯岩某、李某因涉嫌故意伤害犯罪,被隔离审查。结果,经过调查取证,岩某、李某的行为已经构成故意伤害罪,结合两人尚在死缓考验期,根据我国《刑法》第50条的规定:“判处死刑缓期执行的,在死刑缓期执行期间……如果故意犯罪,情节恶劣的,报请最高人民法院核准后执行死刑”,最终2人被判处死刑立即执行。罪犯岩某、李某由于没有敬畏之心,视法律法规、监规纪律如无物,任意妄为,终究为之付出了生命的代价。

法律法规让社会和谐稳定,监规纪律指导罪犯平安服刑,而敬畏之心则有助于坚守法律法规底线。面对法律底线,每个人都应该心怀敬畏。

（三）心怀敬畏方能行有所止

敬畏之心普遍存在于社会生活中,因为敬,人们会敬重长辈、敬重领导,因为畏,人们会远离毒虫猛兽、惧怕风火雷电。面对不可抗拒的大自然及井然有序的人类社会,敬畏心决定着人的生命存亡、影响人的发展质量与高度、关系着人的生活品质。

敬畏之心并不等于过度保守和裹足不前,更不等同于人之迂腐。反之,一个人有了敬畏之心,胸中就有了方向、行为准则,就有了规范,就会自觉用法律、道德来约束自己,对于越轨的错事不敢想、不敢干。另外,有了敬畏之心,人就会提高警惕,有所畏惧,严于律己,谨慎从事,不会忘乎所以、为所欲为,这才是正确的前进方式。

一个没有敬畏之心的人，必然会失去最基本的三观。他会变得利欲熏心，逐利而疯，争利而狂；会变得私心至上，理性尽失，但逞兽欲，罔顾后果；会变得无恶不作，没有什么底线不底线的，害人的手段，只要能想得出的，就没有不敢做的；会变得冷酷无情，坑蒙拐骗，毫无人性。

即便在监狱服刑，仍然还有一小部分罪犯会心存侥幸，认为只要自己手段高明，行事隐秘，自己违纪违规的行为就不会被发现，这是对法律法规、监规纪律缺乏敬畏的错误认识。因为，在监狱全面监控之下，不会有任何行为能够瞒天过海，监狱更不会无视违反监规纪律的行为，一旦有违反监规纪律的行为发生，监狱必将严厉打击；对违规违纪的罪犯而言，将会伴有相应的处罚，轻则扣考核分、受处分、被关禁闭、被影响减刑，如果严重到涉嫌再犯，则更会加重自己的刑罚，延长自己的刑期，与自己的改造新生之路渐行渐远。这些都是心无敬畏导致的结果，没有敬畏之心，会让人做出错误的行为，最终使自己错得离谱，沦落人生可悲的境地。

人非圣贤，孰能无过？犯错就要改正，千万不能一错再错。作为一名罪犯，只有面对自己，正视自己的内心，心存敬畏，才能顺利改造，平安服刑，也只有将这份敬畏一直坚持下去，才能早日走向新生。监狱是国家的刑罚执行机关，具有严厉的惩罚性，罪犯既然身处监狱服刑就更要常怀敬畏之心，以各种反面案例为戒，用敬畏之心时刻警示自己，约束自己的行为，做到遵规守纪，服管服教，加强自身能力素质的提升，强化身份意识，增强纪律性，规范服刑改造行为，共同营造良好的狱内改造秩序，早获新生！

矫正作业：

1. 敬畏之心的表现有哪些？

2. 敬畏之心的作用有哪些？

将答案填写在《矫正足迹》上。

第二节 “五心”的作用与意义

矫正目标：了解掌握“五心”的作用与意义。

建议课时：6 课时

“五心”在道德行为中的作用

建议课时：2 课时

一、在行为萌芽阶段的预测、筛选和定向作用

道德行为是人们在社会生活实践中为满足社会生活的需要而产生的。任何道德行为在实施前都要经过萌芽阶段，由于社会生活存在多角度、多层次等复杂情况，因而人们的道德行为在萌芽阶段的动机也是多种多样的。这样，人们在进行某种

道德行为之前就势必对道德行为的萌芽动机进行预测分析、筛选、比较和定向选择。

虽然人们的道德行为选择受到一定社会条件和道德环境的制约,但是起决定作用的还在于人们内在的"五心",即恻隐之心、是非之心、辞让之心、羞恶之心、敬畏之心。当人们进行选择时,"五心"要依据履行义务的道德要求,对萌芽动机进行自我检查和善恶判断,对符合道德要求的动机予以肯定和强化,对不符合道德要求的动机予以否定和抑制,从而确立正确的动机决定。

动机通过预测、筛选之后,"五心"便以其内含的、炽热的道德情感、顽强的道德意志和坚定的道德信念,促使意念转化为实际的道德行为。特别是在一些重要时刻,尤其能显现出"恻隐之心、羞恶之心、辞让之心、是非之心和敬畏之心"的抉择作用。例如,在别人遭受灾祸、陷入危机或不幸时,是同情他人、助人为乐、解人之危还是袖手旁观、漠不关心,甚至是乘人之危、落井下石?在金钱或利益的诱惑面前,是保持尊严还是见利忘义?在遇到冲突时,是退一步海阔天空还是争个你死我活、同归于尽?在大是大非面前,是保持清醒的头脑,做正确的事情,还是是非不分、一错再错?在法律红线和道德底线面前,是遵纪守法还是无法无天、任意妄为?等等,"五心"都会帮助人们作出正确选择。如果没有恻隐之心、是非之心、辞让之心、羞恶之心、敬畏之心的支持,就难以保证人们履行自己应尽的各种义务,那么社会将会是一片黑暗,人人都像着魔一般,利欲熏心,无恶不作,颠倒是非,麻木不仁,自欺欺人,像动物一般弱肉强食、冷酷无情。

二、在行为实施阶段的检测、监督和调整作用

在道德行为的实施阶段,由于各种各样的客观原因,所萌发的正确动机有可能偏离方向,此时,恻隐之心、是非之心、辞让之心、羞恶之心、敬畏之心会随时对人们行为的方向、方式和手段进行检测、监督,并可根据公序良俗的要求进行必要的调整。

人们的行为在别人没有干预或无法干预的领域,在社会舆论的监督难以实现的情况下,发挥作用的更是恻隐之心、是非之心、辞让之心、羞恶之心、敬畏之心,这“五心”可以使自己的内心世界服从道德律令的自我法庭,此时的“五心”便成了个人行为的道德捍卫者。

当人们的行为符合“五心”的道德要求时,“五心”就会给予充分的肯定,调动情感、意志和信念的力量,支持、激励和促使人们继续坚持和最终完成这一道德行为。

当人们的行为不符合恻隐之心、是非之心、辞让之心、羞恶之心、敬畏之心的道德要求时,“五心”的检测、监督、调整作用可以使之中止。“五心”予以否定,并自觉、及时、果断地结束或改变这种不道德的行为,以免发生违背“五心”的严重结果,以此自觉保持人们的正直人格,不断培养自己的高尚品德。

人们常说的“良心发现”和“对得起良心”等话,就是恻隐之心、是非之心、辞让之心、羞恶之心、敬畏之心的检测、监督和调整作用的具体表现。可见,这“五心”确实在人们行为的实施过程中起着非常显著的作用。

三、对行为结果的反思、评价和辐射作用

在人们的行为发生之后,必然会产生这样或那样的结果和影响,使得该行为受到特定的评价。其中,既有社会舆论的评价,也有来自自己“五心”的评价。

社会舆论的评价只有引起人们恻隐之心、是非之心、辞让之心、羞恶之心、敬畏之心的共鸣,方能对人们的行为起鼓励或抑制作用。自己“五心”对行为评价的结果依据自身蕴涵的道德准则、道德认识、道德情感和道德信念,始则进行审查反思,继则进行全面评价,终则以此为基础,决定做出道德的行为。

一个人如果能用“五心”来评价自己的行为结果,就表明他已把一定的道德原则和道德规范的外在要求转化为内在信念。

任何有“五心”的人,当他意识到自己的行为结果是有道德的,是有利于社会、国家和他人的,就会得到内心的安慰和满足,从而得到激励,继续做类似的和更高尚的事情。

另外,在“五心”的作用下,如果发现自己的行为有损于社会、国家和他人,就会受到内心的自我谴责,感到内疚、惭愧、悔

恨和不安,以至感到自己缺乏这“五心”,纠正自己的不道德行为并改恶从善、痛改前非。这就是对行为结果的反思、评价和辐射作用。

矫正作业:

1.“五心”在人的行为中的作用有哪些?

2. 以自己遇到或看到的事情为例,进一步说明“五心”如何发挥作用影响行为?

将答案填写在《矫正足迹》上。

坚守“五心”对罪犯矫正的意义

建议课时:4 课时

人类社会无论发展到何种高度,科技文明如何先进,有一点是永远不会变的,这就是“五心”始终都是人们前进和发展的人文基础与精神文明基础,是一个人立足于社会的保障。“五心”可以纠正并引导人们的行为往正确的方向前进,不至于让人在物质利益与名誉的追逐中迷失自己。

对于进入监狱服刑的罪犯来说,有的罪犯服从法院判决、积极改造、记功减刑,早日回归社会,并成为自食其力的守法公民。而有的罪犯不认罪悔罪,混刑度日,经常违反监规纪律,甚至在狱内又犯罪,即使是刑满释放了,还是不思悔改,再次进入监狱,以致一辈子绝大部分时光都在监狱中度过。这“五心”是每个人前进的指南针，无论是社会人，还是监狱服刑的罪犯，“五心”始终都是不可或缺的重要部分，有了“五心”就走向了积极的人生，否则，这辈子可能都是浑浑噩噩，没有正确的方向，人生之路走得极不顺畅。因此，每名罪犯到监狱服刑都必须重新树立“五心”，使自己找回丢失的良知和正确的人生信念。

一、有利于提升罪犯的道德意识

（一）道德意识的含义

道德意识，是人们在长期的道德实践中形成的道德观念、道德情感、道德意志、道德信念的总和，可以分为个体道德意识和群体道德意识。两者的统一，即表现为人们共同承认和遵守的一定的道德原则和规范。

在此，针对在狱服刑的罪犯而言，主要侧重于个体道德意识的提升。提升罪犯遵守道德原则和规范的意识在于学习道德意识的含义，深刻理解提升道德意识的意义，掌握提升道德意识的关键。

（二）提升道德意识的意义

提升道德意识对罪犯改造的意义众多，主要表现在有利于帮助罪犯懂恻隐、懂谦让、知羞恶、明是非、知敬畏，学会如何分辨善恶。有利于罪犯反思自己的犯罪行为，思考自己的犯罪行为对国家、被害者及其家人的危害，从而认罪悔罪；有利于罪犯对自己的犯罪行为作出正确的判别，从而指导其今后的行为。

(三)提升道德意识的关键

提升罪犯遵守道德原则和规范的意识,关键在于能够用恻隐之心、羞恶之心、辞让之心、是非之心和敬畏之心的要求来指导自己尚未开始的行为,约束自己正在做的行为,衡量自己已经做过的行为,反思这些行为是否做对;做错的话,错在哪里,下一次应该怎么做,周而复始。

做到这样,内心就会存在一种正确的价值判断,而这种价值判断是指引人正确前行的方向标。按照正确的价值判断在生活和工作中做到知行合一,长此以往,其道德意识水平自然也会得到提高。

王阳明认为,人的心具有道德知觉的功能:“知是心之体,心自然会知。见父自然知孝,见兄自然知悌,自然知恻隐”,他意识到了“心”对提升道德意识的重要作用。此处,可将恻隐之心、羞恶之心、辞让之心、是非之心和敬畏之心总结为王阳明所说的“心”。也就是说,一个人只要有这“五心”的萌芽在,就会像黑暗中的一点光亮,通过小心的呵护就能将这个光亮不断扩大,照亮人生之路,最终恶人能变成好人,好人可能升华为圣人。如果把一个人的道德意识比喻成一株植物的话,那恻隐之心、羞恶之心、辞让之心、是非之心和敬畏之心就是根茎,构成了道德意识的基础。这“五心”就是道德的起点,既关键又重要。

恻隐之心、是非之心、辞让之心、羞恶之心和敬畏之心主要以社会义务和道德准则为基准,逐渐影响个人,变为个人内心的道德情感和自我评价标准。简言之,社会的结构、道德和义务等状况对人们“五心”的形成和发展有着决定性的影响作用。在社会义务和道德准则转化为人们内心的责任感和行为准则之后,恻隐之心、羞恶之心、辞让之心、是非之心和敬畏之心就会促使人们履行自己的义务,负担自己的责任,在社会生活的各个领域、各个层次发挥作用,抑恶扬善,促进整个道德风尚的变化,提高整个社会精神文明的水平。

在社会主义国家里,公民的恻隐之心、羞恶之心、辞让之心、是非之心和敬畏之心,使人们踏踏实实地工作在各个岗位上,勤勤恳恳地生活在社会中,积极履行对工作、对社会及对他人的道德义务,而且让人负有一定的道德责任。“五心”可以促使人们自觉地按社会主义道德原则和道德要求去尽自己的社会义务。同时,它们能使社会成员之间充满最真诚的爱,最和谐的关系和最美好、最高尚的情操。人们有了“五心”,就能更好地为国家、为社会、为他人尽义务,才能有建设社会主义的自觉性、主动性、积极性,做到无私奉献、互相体贴、互相帮助、互相关心、互相友爱,从而使人们在道德行为中能抑恶扬善、树立高尚的道德风尚,把精神文明推向新的高度。

否则,若不顾或丧失这“五心”,只顾个人的功利或小集团的利益,就势必出现道德沦丧,导致社会出现极不应该出现的现象:冷漠,见歹徒打人、抢劫而不见义勇为;无情,医生只顾收红包而不顾病人的死活；毫无责任，司机撞了人而逃之夭夭；唯利是图，商人为了多赚钱坑害顾客；不忠不孝，子女不尽赡养年迈父母的义务等。如果这样下去，伟大的中华民族不仅不能自立于世界民族之林，更谈不上兴旺发展。所以，人可以没有钱，但不可以没有恻隐、不知羞恶、不懂辞让、不明是非、不知敬畏。一个人如果出卖或丧失这“五心”，可谓与禽兽无异，不但会丧失人格，更会丧失个人的尊严。

罪犯在犯罪行为实施前，如果能够坚守“五心”，那他可能就不会犯罪。他会知道犯罪不仅违法，而且是一种不能见人的耻辱，对法律的“敬畏”和自己产生的羞耻感会使其放弃即将实施的犯罪行为。罪犯在犯罪行为实施中，如果能够坚守“五心”，他就会及时终止或减轻自己的犯罪行为。恻隐心的驱使会使其不再狠心伤害残疾人、老年人、学生等弱势群体，是非心会一而再、再而三地告诉其孰对孰错，不能一直错下去，从而悬崖勒马。在犯罪行为实施后，如果能够坚守“五心”，他就会为自己的犯罪行为感到愧疚，对被害者、对家人、对社会造成的伤害感到伤心难过，内心深处感到不安。这样一来，罪犯的道德观念、道德情感、道德意志、道德信念就会转化为道德行为，作出正确的价值判断，长此坚持下去，其道德意识就会得到提升。

二、有利于提升罪犯的认罪悔罪意识

（一）认罪悔罪的含义

认罪从法律层面来讲，是指罪犯对自身的犯罪事实和定罪量刑没有异议,而且愿意接受因此而导致的法律后果。

悔罪是指罪犯对自己的犯罪行为及其产生的行为后果产生的悔恨心理,是罪犯从内心深处对自己的犯罪后悔和自责。悔罪不仅是对犯罪行为的一种理性认识,而且是以良知的表现形式(恻隐之心、羞恶之心、辞让之心、是非之心和敬畏之心)为基础的一种自我谴责、自我否定和良知的复苏过程。

(二)提升认罪悔罪意识的意义

认罪悔罪是接受改造和矫正的前提和基础,是重新做人、争取光明前途的重要一步。只有深刻反思反省自己的罪行,做到知罪、认罪和悔罪,才能产生罪责感,有了罪责感,才能认识到自己犯罪的严重性和危害性,从而产生悔改念头和赎罪心理,进而下定悔改决心,真正做到与罪恶彻底决裂。

认罪悔罪这个问题解决得好坏,不仅影响罪犯在整个服刑期间的改造生活,还会影响到罪犯刑满释放后的人生道路。在刑满释放后,一般只有两种情景:第一种是“浪子回头金不换”,改变过去的自己,开启重塑自己人生新篇章,过上幸福美满的生活;第二种就是不思悔改,重蹈覆辙,再次进入监狱,再次失去自由,或者因为犯罪而永远失去生命。所以,对于正在服刑改造的每名罪犯来说,增强认罪悔罪意识在改造生活中至关重要。

(三)提升认罪悔罪意识的关键

有的罪犯丝毫没有是非之心,不把犯罪的原因归结于自己主观上的问题，而是归于自己不走运；有的罪犯羞耻感缺失，大谈自己的“光辉历史”，不以犯罪为耻，反以犯罪为荣；有的罪犯在服刑中有偿改造心理突出，在改造上以“是否划算”来衡量自己改造的投入，参加劳动是否划算，参加学习是否划算，服管服教是否划算等，没有真心实意地接受改造；有的罪犯不是真正地悔过，改造自己只是想换取减刑；有的罪犯毫无罪责感，没有意识到应承担的法律责任，对自己的犯罪行为造成他人、家人、社会的危害毫不在乎，没有怜悯之心、忏悔之意、赎罪之行。这些问题，其根本原因就是没有用恻隐之心、羞恶之心、辞让之心、是非之心和敬畏之心来拷问自己的犯罪行为，没有从内心深处认罪悔罪。

以上述问题为例，树立“五心”有助于罪犯养成仁义的行为习惯，摆脱冷漠，不再无情；有助于罪犯找到羞耻感，不再老脸厚皮，不再错误地以耻为荣；有助于罪犯培养广阔的心胸，不为鸡毛蒜皮的小事斤斤计较；有助于罪犯学会判断自我和他人的言行善恶，明辨是非；有助于罪犯懂得敬畏，不再天不怕地不怕，做事任意妄为。“五心”的树立可以促使罪犯作出客观的道德评价，对自己的言谈举止进行自我认识和正确评价，促使罪犯从内心深处主动地认罪悔罪。

三、有利于提升罪犯的赎罪意识

（一）赎罪的含义

赎罪是指罪犯用某种实际表现抵消自己的罪过，在痛悔自己罪行的基础上，产生强烈的赎罪意识和改造动力，想对被自己伤害的对象进行补偿，并自觉向亲人、被害人、国家和社会赎罪。

(二)提升赎罪意识的意义

赎罪是认罪悔罪的最终要求，也是认罪和悔罪的直观体现。认罪悔罪需要靠实实在在的行动来证明和验证，赎罪就是最好的方式。赎罪能够洗涤自己心灵的愧疚，给被害人以弥补，也能为社会的和谐作出一份贡献。

(三)提升赎罪意识的关键

水的坚守，是长江大河，浩浩千里，一去不回，但始终保留着那份纯真与清澈；树的坚守，是北风呼啸，暴雨冰雹，倾盆泄出，但始终挺直腰杆子；人的坚守，应是在喧嚣杂乱、满世俗尘迷惑心神的尘世中，保留自己的那份良知。具体来说，就是坚守恻隐之心、羞恶之心、辞让之心、是非之心和敬畏之心。这“五心”是做人的根本，即使你有一些学问和本领，如果没有“五心”，也无甚用处。人只有坚守“五心”，才能在物欲横流、纸醉金迷、人心浮躁的社会中坚守自己的一片天地，使自己的良心不受邪恶的诱惑，不被灰尘玷污。

作为一名罪犯，提升赎罪意识的关键更是在于坚守恻隐之心、羞恶之心、辞让之心、是非之心和敬畏之心；只有坚守“五心”，才能正视自己的犯罪事实，认清自己所犯之罪的危害性，产生真正的罪责感，增强自己认罪悔罪的意识，进而把赎罪意识转化为实实在在的行动,用具体的改造表现,争取优异的改造成绩。坚守“五心”能让罪犯树立正确的人生观、世界观、价值观,增强遵纪守法意识和理性思考能力,培养面对困境的积极心态和勇气,用实际行动向被害人、自己的亲人、社会赎罪。

赎罪的例子举不胜举。罪犯刘某,濮阳人,出狱后创办学校,收留了近40名残障儿童、流浪孤儿,教他们读书识字、杂耍技艺……因故意伤害入狱服刑5年的“道上大哥”纪某某,出狱后洗心革面,一心想干正事,创办搬运公司,先后安置了上百名刑释人员就业,没有一个人重新犯罪;他自己担任民间“义务调解员”,成功化解和调处邻里纠纷近3100件……他们在对社会赎罪的同时,也在对自己的良心赎罪。

罪犯范某,20世纪80年代的重刑犯,曾以持枪伤人、抢劫等罪行先后入狱5次,服刑23年。23年,足以把一个年轻力壮的小伙子变成发际稀疏的中年人,也足以让一个叱咤风云的黑道大哥变成温厚老实的普通百姓。也许是命运早已写好他这一生注定要与生死为伴,出狱后的范某再次做起了生死营生。只不过,这一次却不再是让生者丧命,而是为逝者送终——在好心人的帮助下,范某在沈阳殡葬连锁店“妈妈送你去天国”里当起了殡葬师。这不是一家普通的殡葬店,在范某的名片上印着醒目的红字“中国首家重刑刑释人员创业基地”。他们会从养老院、社区拉活儿,主打的策略是公益,费用便宜,还免费给孤寡老人和“五保户”服务。

成功安家立业的范某还解救了许多刑释人员，介绍他们接受殡葬师培训，手把手地传授技术；没有低保，范某便开车带他们跑前跑后，帮他们办理手续。面对同行的示威，他不怒不火；面对办事人员的刁难，他忍气吞声。就像范某自己所说的那样，“无处可去的人才能把心刹住”。这样想着，范某把自己所有的戾气都化为对重新生活的渴望和对兄弟们的责任。为了生活，付出再大的努力都值得。每次出工，他都会尽全力为逝者送终，也会用最真诚的态度对待和帮助逝者的家人。用范某的话来说，别人父母去世，咱们帮着送一送，就像是在尽孝自己的父母，都是一样的。现在的范某将自己全部的精力都放在家庭和事业上，还经常参与公益活动，为老人们送去自己的心意与温暖。“有了工作，就不会再去犯罪；有了家庭，就要拼尽全力负责”，范某说道。

是什么让像刘某、纪某某、范某这样曾经罪恶深重的罪犯变成了热衷公益事业的爱心人士，是良知，是恻隐之心、羞恶之心、辞让之心、是非之心和敬畏之心。在“五心”的驱使下，上述案例中的3人有了赎罪的思想，也有了赎罪的实际行动。收留残障儿童的刘某、担任民间“义务调解员”的纪某某、经常参与公益活动的范某，他们将赎罪思想转化为实实在在的行动，就是对恻隐之心、羞恶之心、辞让之心、是非之心和敬畏之心最好的坚守。

矫正作业：

1. 坚守“五心”对罪犯矫正的意义有哪些？

2. 站在刑释后或社会人的角度谈一谈，坚守“五心”有何意义？

将答案填写在《矫正足迹》上。

第三节　提升“五心”的方法

矫正目标：学会运用情景实例呈现法提升恻隐之心、运用情景活动法提升是非之心、运用案例分析法提升辞让之心、运用对比提升法和换位思考法提升羞恶之心、运用刑罚体验法提升敬畏之心。

建议课时：24 课时

运用情景实例呈现法提升恻隐之心

建议课时：4 课时

《孟子·告子上》云，“仁义礼智，非由外铄我也，我固有之也，弗思耳矣”。意思是说，人本来就有仁爱之心，并非外在因素的强加，只是人们平时没有思考。究其原因，复杂的社会环境遮蔽了人的恻隐之心，只有重新激发人的恻隐之心，才能更好地指导道德实践。为了提升矫正对象的恻隐之心，下文将介绍情景实例呈现法。

一、情景实例呈现法的含义

情景是现象的还原或者再现,能够将社会现象中某一特定场景重新显现,以改变人们身处其中的心境。情景实例呈现法是矫正官选取和矫正内容相关的实例,并通过表演、视频、讲述等多种方式进行还原,将矫正对象带入特定的情景,帮助矫正对象思考后得出结论。

二、情景实例呈现法的具体运用

在具体运用上,情景实例呈现法需要把握以下几点:

(一)选取适合开展"情景实例"呈现的"实例"

实例是为矫正服务的,应与知识点相关,此处无须赘述。同时不要求实例有"标准答案",允许争论结果开放、不确定;结果的开放性能够避免固化矫正对象的思维。

(二)实例的"情景"设置

为确保这种矫正方法发挥实效,情景设置是关键之一。情景设置的方式可以多样化。如可以将矫正对象分组,要求矫正对象选择事件中的一方进行角色扮演;也可以由矫正对象进行叙述,辅以图片、视频等。不管用哪一种再现方式,都应强调所展现的事实与主题有关。此处通过以下实例分析,探讨有关情景化设置的一般方法。

黄某,16 岁时,伙同几个闲散社会人员,拦路抢劫一女士的手机、钱包等财物共计800余元,被判处劳教6年。从少管所出来后,黄某依然我行我素,且无一技之长,再次走上了违法犯罪的道路。2010年始,黄某邀约几个同伙在高速路上拦路抢劫过往的小汽车,接连成功几次后,黄某等人的胆子越来越大。2011年年初,在抢劫一辆外地牌照的小汽车时,因车主反抗不从,几人恶从胆边生,将车主和副驾驶座上的家属2人残忍杀害,后开着抢来的小汽车逃之夭夭。但"天网恢恢,疏而不漏",几个月后,黄某几人被公安机关抓获。经审判,黄某被判处无期徒刑,投入某监狱服刑改造。

入监服刑,本应该认罪悔罪,走好改造的第一步。而"二进宫"的黄某可谓良知丧失,丝毫意识不到自己的犯罪行为对被害人、自己家人、社会造成的伤害,在监狱里依然是个刺头,不服改造,直到2017年春节发生的一件事让黄某彻底改变。

2017年春节,远在500千米外的爷爷带着家里卖猪的800元,准备来监狱看望黄某,结果还没到火车站就遇到一群社会青年,结果,老人辛苦养了一年猪卖来的钱被社会青年抢走,不仅如此,老人还被打了一顿,致使右手手腕脱臼,左腿也被踢伤。失去钱财的老人没有办法,家也没法回,又顾念在监狱服刑的孙子,无奈之下,老人只得沿路乞讨,靠着双脚走到孙子服刑的监狱。

一路乞讨,风餐露宿,到达监狱已经是过完年后近3个月了,接到会见通知正在去会见路上的黄某还在埋怨爷爷,说好过年来看望,结果没来。可是,等到监狱警官带着黄某会见了行走乞讨3个多月的爷爷,并向其讲述了爷爷这一路遇到的事情后,黄某一下子跪倒在地上。他看见爷爷瘸着腿,身穿破衣烂衫,手里拿着一根破布条裹着的拐杖,破破烂烂,饿得皮包骨头,瘦骨嶙峋的样子。黄某忍不住失声痛哭起来,内心感到难受与不安。他回忆起自己犯下的种种罪恶,曾经被他抢劫,被他伤害过的那些人都浮现在脑海里,他们似乎都在跟黄某说着两个字"报应",此时的黄某,心里只有悔恨,恨自己犯下的罪行"报应"在了自己最亲最爱的爷爷身上,恨自己良知丧失,竟然做出那些伤天害理的事。

首先,将矫正对象分为3个组,分别是"黄某组""社会青年组""爷爷组"。

其次,开始分组实施。"黄某组"的矫正对象要站在被害人的角度,反思自己的犯罪行为对家人、他人、社会造成的严重伤害;"社会青年组"的矫正对象要站在黄某的角度,谈谈内心真实感受;"爷爷组"的矫正对象,要对黄某和社会青年的行为及其反思进行发言。

最后,由矫正官进行总结引导。

（三）对"情景实例"的解读

矫正对象以小组为单位,通过扮演不同的角色,体验自己的犯罪行为对他人所造成的伤害。矫正官可与矫正对象共同剖析,以典型案例中的经验和教训引起矫正对象的共鸣,易于触动其恻隐之心。在整个过程中,坚持矫正对象为主体,同时矫正官要起到“主导”作用,要引导矫正对象紧紧围绕“恻隐之心”开展。

一方面,本实例让“黄某组”的矫正对象反思自己的犯罪行为对被害人、自己家人、社会造成的严重危害,因为贪图一时的私欲,不惜将被害人杀害,不仅杀死了被害人一人,还毁了被害人的整个家(被害人可能是家中唯一的经济支柱),从而在其内心深处就会产生罪责感,进而自我谴责,激发起恻隐之心。另一方面,黄某在听完自己爷爷一路的遭遇,看见爷爷衣衫褴褛、瘦骨嶙峋的样子,痛哭起来了,说明其恻隐之心并没有完全丧失,这时候他就会用良知的价值判断来评判拷问自己的犯罪行为所造成的伤害,如此其发自内心的恻隐之心就会被激发。

与此同时,也可以唤醒“社会青年组”矫正对象的恻隐之心。他们和黄某属于同类人,通过情景的再现,引发换位思考,亲身体会黄某的感受,“老吾老以及人之老,幼吾幼以及人之幼”,恻隐之心自然而然也就被激发。“爷爷组”的发言其实代表的不仅是“黄某组”“社会青年组”,爷爷的切实体会和感受,还是社会上诸如老年群体等弱势群体的声音,同样也能引起矫正对象的共鸣,激发其恻隐之心。

矫正作业:

1. 本课情景实例给你带来什么启示?

2. 以本课情景实例为基础，分别将“黄某组”“社会青年组”“爷爷组”3 种主要思想记录下来。

将答案填写在《矫正足迹》上。

运用情景活动法提升是非之心

建议课时：8 课时

人类生活的世界是绚丽多彩的，又是纷繁复杂的。生活中是与非、善与恶、美与丑往往交织在一起。当面对生活中的是非善恶，该怎样判断、辨别呢？面对复杂的社会生活，又应怎样作出选择呢？这就要求大家学会辨别是非善恶。“情景活动法”可以帮助大家学会如何辨别是非善恶。

一、情景活动法的含义及意义

情景活动法就是矫正官结合矫正主题，通过创设各种情景，引导矫正对象融入情景活动中，充分发挥主观能动性，积极思考、积极参与学习的方法。与情景实例法的区别在于，情景实例法以实例为基础，而情景活动法是一种探究学习模式，可以模仿真实场景，也可以通过辩论，或虚构场景进行讨论并得出结论，它能让矫正对象通过融入活动，提升参与的积极性和主动性，拓宽参与的深广度，从而提升矫正效果。

二、情景活动法的运用

(一)明辨是非善恶的重要意义

情景活动一:读名言,悟道理

一位社会学家说:“学会做人,学会辨别是非善恶,比学习专门知识显得更为重要,一个‘德盲’远比一个文盲对社会更具有负面效应。”

主题:明辨是非善恶才能把握好生活的方向,实现积极向上的人生目标

矫正官提问:这句名言能告诉我们什么道理?

矫正对象进行回答。

矫正官引导:

矫正官对矫正对象的回答进行提炼总结——这句名言告诉我们,明辨是非善恶很重要,这关系着怎样学会做人。

明辨是非善恶有何重要意义呢?

读一读:

2020 年春节前夕,新冠肺炎疫情发生后,在党中央的领导下,全国人民积极投入疫情防控阻击战中。举国行动、全面动员、全力应对,采取了最彻底、最严格的防控举措,取得了积极的防控效果。就在国内疫情防控形势积极向好的态势正在拓展的关键阶段,全球新增确诊病例数正在以令人不安的态势上升。这无疑是一种警示,疫情还没有战胜,威胁还没有消除。

对所有人来说,疫情防控的这根弦还不能松,严防死守这股劲还不能懈。已经织密的疫情防控网,绝不能被境外输入性病例撕开口子。然而,在预防境外输入的过程中,总会有一些不和谐的画面出现。下面,一起来看这两则材料。

材料一:2020 年 3 月 22 日,一名 30 岁女子从泰国飞上海转机,到达重庆机场后,拒绝接受自行隔离,并破口大骂。在工作人员耐心解释要按照重庆最新规定,必须要隔离时,女子拒绝配合并叫嚣道:"我不会隔离的,我要回家。如果你要干扰我,我就告你!"随后该女子还与一旁劝说的旅客发生口角。官方回应回国女子大闹重庆机场,重庆市委宣传部工作人员表示,"她拒绝隔离不听劝告,那就只能从哪里来返回哪里去。"

材料二:2020 年 3 月 24 日,一名 12 岁中国小男孩独自从西班牙乘飞机回国,戴 20 多小时口罩水米未进,但前来检查的医生发现了异常情况。原来,这名 12 岁的男孩在西班牙留学。西班牙疫情暴发后,男孩的父母急切想让孩子回国。于是,孩子独自从马德里乘机回国。为了确保飞行途中不感染别人和不被他人感染,小男孩谨记父母的叮嘱,全程 20 多个小时始终佩戴口罩,为此滴水不沾,一口东西也没吃。到达首都机场后,孩子几近虚脱。工作人员发现孩子情况不对劲,一问才知道孩子已经 20 多个小时没有喝一口水、吃一点东西。工作人员赶紧给孩子带来一瓶水,带孩子到空气流通处,让孩子补充些水分。

矫正官讲述：

每个国家都欢迎自己的儿女，但情况特殊，既然从境外回来，最起码的就是要遵守现行相关规定。除了保护自己，也要为家里人好，为其他人好，这是最起码的是非观。如果是非不清、善恶不明，就有可能做出违背道德和违反法律的事情。这两则材料形成了鲜明的对比，一个是30岁女子，按道理，是非观念应该很强，尤其是在大是大非面前，更应该能够作出正确的决策，但这名女子的做法，让人大跌眼镜。而12岁的小男孩，在这样的特殊时期，不恐慌、不焦躁，一个人从住地到机场，独自经历登机、申报、检测、核验等繁多程序，不吃不喝、不闹不叫，一路上不摘口罩，不给别人添麻烦，规规矩矩、安静地坚持20多个小时！小小年纪就能顾大局、识大体、明是非，与前例中的女子形成鲜明的对比。

在我国古代伟大思想家孟子看来，“智”就是“是非之心”。知识在脑子里只是一种储藏，当它化成判断的时候，才是真正的智慧；在一个知识信息都过剩的时代里，也许判断力才是最高的智慧。上述30岁女子的判断力还不如12岁的男孩，这说明“智”的关键在于有没有不断地对是非观进行修补矫正。该名女子没有处理好是与非的矛盾，在她看来，自己又不发热，回家属于自己的权利，是理所应当的，所以，其出发点是站在自身角度，考虑的是个人利益，她并没有考虑到如果自己是病毒携带者，没有进行隔离观察，那么不仅对自己有害，对家人和身边的人都会造成伤害。反观同样是境外回国的小男孩,区别之大,真是值得让人思考。女子是非不分,受到了社会舆论的谴责;小男孩能够分清是非,知道对错,得到了社会舆论的赞许。其实,只有明辨是非善恶,辨得清方向、守得住底线,才能把握好自己生活的方向,实现积极向上的人生目标。

情景活动二:少年是非不明误入歧途

主题:明辨是非善恶才能加强自我约束,过积极、健康的生活

读一读:

王某出生在一个风景秀丽的小山村,父母都是老实巴交的农民,家庭条件也不富裕,但对于这根独苗,夫妻俩甚是溺爱,时时处处由着儿子的性子来。慢慢地,王某养成了蛮横任性、游手好闲的个性。他讨厌学习,上到小学三年级就辍学了,但回到家里,那种面朝黄土背朝天的生活更叫他厌烦透顶。百无聊赖中,王某不仅学会了抽烟、打架,还变本加厉,彻底变成了一个饭来张口、没钱伸手的“小霸王”。

一天,王某又向父母要钱,父亲没有吱声,母亲掏了半天,仅摸索出 10 元,这让他气急败坏,他一下把钱扔到地上,赌气冲出了家门。王某来到了热闹繁华的县城,在一个装潢考究的美发店前,他看到许多打扮时尚的男男女女进进出出,里面的美发师忙个不停。他很是羡慕:“我要是能学会美发该有多好,这种工作既体面又挣钱。”想到这儿,他心一横就走了进去,一个

年轻帅气的小伙子热情地留下了他。随后,王某和这个名叫阿龙的小伙子成了无话不谈的好朋友。

一天夜里,疲惫不堪地王某回到宿舍,看见醉酒回来的阿龙,一边潇洒地吐着烟圈,一边在手机上聊天。王某不禁好奇地问:“龙哥,你现在一个月能挣多少钱啊?”阿龙没有答话,而是一脸神秘地笑:“想不想跟我一样?”“当然想啊,我做梦都想跟你一样。”“那就跟哥混吧。”闻听此言,王某马上恭恭敬敬地表态:“我一定好好跟你学手艺。”一听这个,阿龙一阵大笑:“小弟,你小看我了,难道你真以为我会一天到晚累得腰酸背痛地挣那几个辛苦钱,想不想来得快点,只怕你没有那个胆儿。”说话间,阿龙从枕头下抽出一把寒光闪闪的尖刀在手里摆弄:“这才是我真正的职业。”“什么职业?”王某好奇地瞪大了眼睛。“抢,你敢不敢,干了就留下,不干明天就走人。”想到阿龙一下班就吃喝玩乐,好像有花不完的钱,王某略微迟疑了一下,就点头应承了下来。

几天后,阿龙突然对王某说:“兄弟,生意来了,经常来店里找我做头发的那个方姐出手阔绰,听说家里很有钱,她家就在附近,我跟踪过她几次了,已摸清了她什么时间一个人在家里,我们尽快动手,然后马上离开这里。”一天上午,王某随阿龙顺利敲开了方女士的家门,房门一关,阿龙即收起笑脸,抽出尖刀抵在她的胸前:“借点钱。”突如其来的意外让方女士惊慌失措,她颤抖着声音哀求道:“都是熟人,别开这样的玩笑了。”王某不由分说,上前揪住她的头发:“少废话,快拿钱,不然要你的命。”慌乱中,方女士翻出一沓钱交给阿龙,一边转身就跑,一边大喊:“快来人呀,有人抢劫。”因担心事情败露,王某冲上去死死把她抱住,阿龙趁机用匕首在她胸前、腹部刺了几刀。随着几声凄厉的惨叫,方女士鲜血直流,很快瘫软在地。

法网恢恢,疏而不漏,不久,王某和阿龙就受到法律的严惩,阿龙被判处死刑走向刑场,王某因未成年被处以无期徒刑。

议一议:

(1)王某被处以无期徒刑的原因是什么?

(2)从本情景活动中应该吸取什么教训?

矫正官讲述:

阿龙罪有应得,杀人偿命,因为自己的是非观、价值观出了问题,终究为此付出了生命的代价。王某同样是被金钱利益和吃喝玩乐蒙蔽,是非不分,竟认为抢劫不是错事,享乐才是对的,让王某走上犯罪道路的根源正是是非观出了问题。是非观决定品行道德,一个视邪恶为崇高,不以为耻、反以为荣的人,绝不可能做到品行端正。

是非观决定了一个人道德水准的高度,折射出价值取向。事实证明,一个人能做到明辨是非,自然就行得正、坐得端。反之,如果不能明辨是非,那么理想信念的“大厦”就会发生倾斜,慢慢变得品行不端,生出邪心,走向歧路。王某就是这样的人,在父母的百般溺爱下,他觉得只要是有利于自己的都是对的,这种以自我为中心的错误观念慢慢地习以为常,于是他就毫无礼义廉耻,丧失道德底线,颠倒是非曲直,最终滑向违纪违法的深渊。

王某是非观念混淆,美丑不分,善恶不明,一门心思追名逐利,不择手段;对一些丑陋的东西不但不抵制,还主动迎合。在是非观念面前迷失了前行的方向,失去了自己行为的准则,不能坚守住底线,而使自己的人生“脱了靶”“迷了航”,最终走向了人生的反面。究其根源,除了父母的溺爱外,他还缺乏自我净化的修正,在是非面前变得不明就里、思想含糊;在“享乐人生”的冲击下失去理智、败下阵来,进而陷入道德滑坡、行为脱轨的境地。

王某身上鲜明地体现了一个人是非观念对自我行为的影响。一个人如果不能形成正确的是非善恶观,就会善恶不分。王某明明知道阿龙抢劫是不对的,仍然与之为伍,是非不明,认为抢劫享受才是正确的。没有正确的是非观,就不可能正确地评判和约束自己的行为,更谈不上进行自我保护,还有可能走上违法犯罪的道路。可见,明辨是非善恶才能加强自我约束,过积极、健康的生活。

情景活动三:小品表演

主题:明辨是非善恶才能使自己成为一个正直善良的好人

3 名矫正对象分别扮演下面的 3 个人物。

人物:农村女学生甲、农村女学生甲的妈妈乙、一家生产健

脑口服液企业的老板丙

甲:手里拿着大学录取通知书,兴奋地边跑边喊,妈妈我考上了,我被大学录取了。

乙:(快步迎上去,接过女儿的通知书,非常激动)哦,真的!太好了!

甲:(骄傲地)妈妈您看,是我最想上的大学,全国排名前10位的。

乙:(和女儿一起仔细翻看通知书,突然神色惊愕)每年学费8700元(泄气地坐到椅子上),把今年收成的粮食和两头猪卖了,可以凑到4000多元,可还是不够啊,你爸又去世得早,你的命咋这么苦!

甲:(落泪)妈,这些年为了我,你已经吃了不少苦,身体也越来越差,(痛苦地)要不,这学我不去上了。

乙:(看女儿的头,坚定地)不行,这学是一定要上的,妈去想办法。(起身,伤心地慢慢走开)

丙:(提着一个公文包向甲走来,微笑地)你是县中的××同学吗?

甲:(疑惑地)是我,找我有什么事吗?

丙:听说你考上××大学了,还考了个全县冠军,你可是我们全县的骄傲啊!知道了你家里的情况,所以,我们公司决定资助你上学。

甲:(由惊愕到高兴)真的?那太谢谢你们了。

丙：不过天下没有免费的午餐，要请你帮我们做一个电视广告，很简单的，只需要你说一句话，就说是喝了我们公司生产的健脑口服液后，头脑敏捷，才一举夺魁的。怎么样？考虑一下吧。

甲：（为难地走来走去）

画外音：甲的心里矛盾极了，一边想，几秒钟的广告可取得如此丰厚的报酬以解燃眉之急，何乐而不为呢？一边又想，可这是明摆着说假话骗人啊，不仅骗了我自己，还要骗那些看了这个广告后去买产品的人，那我不就成了千夫所指的骗子了吗。

甲：（坚定地向丙走去）我想好了，我家不富裕，上中学的学费都是母亲东拼西凑的，我从来没喝过口服液，也根本喝不起。考了全县第一名，是老师们的辛勤教诲和自己的刻苦攻读才取得的。如果我违心地说假话，做了这个广告，今后在社会上还怎么做人？所以谢谢你们的好意。

丙：你不要后悔，机不可失，时不再来，也就几句话，就能得到一大笔钱哦！

甲：谢谢你们，我不后悔。（将丙送出家门）

矫正官提问：

（1）"如果我违心地做了这个广告，今后在社会上还怎么做人"，女学生在这里说的"做人"，是做一个什么样的人？

（2）请设想她做与不做广告对社会的不同影响，对她的选择作出你的评价?

矫正对象可分组对两个问题进行讨论、谈看法。

矫正官讲述:

对于农村女学生说的“做人”可以理解为:做一个诚实的人,做一个善良的人,做一个正直的人等。这些理解都是正确的。在“做广告对社会不利”和“不做广告对社会有利”面前,女学生毅然选择了后者,这种选择,有利于遏制假冒伪劣产品的生产,有利于维护消费者的合法权益,有利于净化社会风气等,应该表示肯定和赞赏。这位女学生为大家提供了一个正直的形象,从她的身上可以感受到仗义执言、坚持正义、是非分明。要想成为一个诚实正直善良的好人,就必须明辨是非善恶的道理,社会需要坚持正义、为人正直的人,只有做到明辨是非善恶,并积极同丑恶现象作斗争,才能成为一个正直善良的好人。

(二)面对生活中的是非善恶,如何作出正确的选择

矫正官提问:

生活中有是非善恶,有对错美丑,但在判断是非善恶时是比较困难的,要想对是非善恶作出正确的判断,就必须要有正确的判断标准,那么,到底什么样的标准才是正确的判断标准呢?

矫正对象带着问题,根据实际情况分组或集体讨论。

矫正官引导:

心中要有“一把尺子”,就是要把握正确的是非善恶标准。

这个标准既包括道德标准，也包括法律标准。

事实上，在每一个人的心目中都有判断是非善恶的标准，也就是心中都有一把“尺”。面对生活中的是是非非，人们都会自觉不自觉地用这把“尺”去衡量，从而作出自己的判断。要作出正确的判断，“尺”的标准是前提，只有根据正确的判断标准，才能作出正确的判断；如果判断标准本身就是错误的，那就只可能作出错误的、是非颠倒的判断。

或许每个人判断是非善恶的标准都是不同的，但都有一个必须遵守的标准：“爱国守法、明礼诚信、团结友善、勤俭自强、敬业奉献”，这是社会中每一个人的基本道德规范，也是每一个公民都必须遵守的判断标准。

不论人们以什么标准来判断是非善恶，只要不符合基本道德规范的行为，就不符合真、善、美的要求，就是错误的；错误的判断导致错误的行为，是要加以谴责的和唾弃的。因此，所有人的言行应该符合基本道德规范要求，以此来规范自己的行为。

矫正官提问：

明确了判断的标准，是否就一定能对是非善恶作出正确的判断呢？

矫正对象带着问题，根据实际情况分组或集体讨论。

矫正官引导：

除了要有正确的判断标准，提高自己的辨别能力也是十分重要的。

社会生活是十分复杂的,对简单的事物比较容易作出判断,而比较复杂的事物就比较难以判断,容易出现判断上的失误,从而导致行为上的偏差。这就要求大家在社会生活中不断积累经验,加强道德修养,增强法律意识,不断提高识别真假、善恶与美丑的能力。

情景活动四:辩一辩

主题:要提高自己对是非对错的识别能力

辩一辩:

公路上发生了车祸,一辆汽车与一辆摩托车相撞,造成摩托车驾驶员伤亡,肇事汽车司机逃跑。面对如此情景,路人有不同的想法和行为:

(1)积极参与营救,不图名不图利。

(2)多一事不如少一事,匆匆离去。

(3)袖手旁观,看看热闹。

……

根据上述观点分组进行情景活动,各组讨论后派出代表,阐述自己小组观点的对与错,并说明各自反映的是非善恶标准有什么不同?假设情景,如果当时自己在场,会怎样做?

矫正官讲述:

社会生活中的人们由于价值观不同,判断是非善恶的标准不同,在同一件事情面前作出不同的选择。要学会判断这些行为的正确与错误，就要提高自己的善恶识别能力。本情景活动中，通过辩论，应该得出正确的结论：参加营救才是正确行为，见死不救是错误认识。

情景活动五：你会怎么做

主题：坚持正确的行为，摒弃错误的行为

矫正官提问：

生活中，有的人不是不明确是非善恶的标准，也不是没有辨别能力，为什么还会做出违背道德和法律的事情呢？

林某和岩某在骑自行车回家的路上，一边骑行一边说笑，结果把横穿马路的盲人李某撞倒在地，林某忙下车查看，发现盲人李某的脸擦破了，他想马上带李某到医院去诊治。这时，岩某对林某悄悄地说："他又没生命危险，别自己找麻烦了，快走。"说完，拉起林某就要走……

根据上述行为分组进行情景活动，一组为"林某"组，另一组为"岩某"组，分别讨论，假如你是林某(或岩某)应该怎么做？

矫正官讲述：

正确的行为，必须坚持；错误的行为，坚决摒弃。本情景活动中，林某应该坚持自己的正确行为，带李某到医院检查诊治；岩某面对林某的言行，应该及时发现自己的错误，停止继续错下去，与林某一起带李某去医院。是非之心让人能够明辨是非，这就既要明确是非善恶的标准，又要提高辨别能力，还要增强自控能力。

矫正作业:

1. 面对生活中的是非善恶,该如何作出正确的选择?

2. 在本课情景活动三中,为什么女学生会拒绝商人老板的资助?

3. 结合自己遇到过的、见到过或听说过的事情,谈一谈你的立场和选择?

将答案填写在《矫正足迹》上。

运用案例分析法提升辞让之心

建议课时:4 课时

一、案例分析法的内涵和意义

案例分析法,是指由矫正官选定一些有特点或有代表性的真实案例,引导矫正对象进行有针对性的分析、审理和讨论,最终使矫正对象作出自己的判断和评价。

案例分析法是一种将理论与实践相结合的学习方法,矫正对象通过案例分析,拓宽了自己的思维空间,增强了学习兴趣,提高了自己的判断能力、决策能力和综合素质。

二、案例分析法的操作步骤

案例分析法的操作步骤主要包括以下三方面:

第一,主体分析。案例中涉及的主体主要包括哪些?

第二,责任分析。法律责任按违法性质,一般可分为违宪责任、行政责任、民事责任和刑事责任4类。

第三,启示分析。矫正对象可以充分展开自身的想象,结合案例的实际情况提出一些防止发生类似案件发生的设想和建议,切忌空泛。最好能先从案例本身的涉案主体出发,来谈一谈应分别从中得到哪些启示,而后再谈一谈本案对每个人或整个社会的启示等。

三、案例分析法的实际演练

下面将用"火锅店员开水浇女客"这一案例来介绍一下如何运用案例分析法。

火锅店员开水浇女客

顾客林女士和家人到"火锅先生"火锅店就餐。大概1小时后,林女士要求给正在C1桌点火的服务员朱某给自己的C2桌火锅加水。朱某(17岁)告诉林女士:"锅里还有水。"但是,林女士坚持要加水,说"烧焦了怎么吃"。朱某没理她,继续忙自己的事。

过了一会儿,朱某还是去C2桌给林女士加水了,林女士瞪着眼对朱某说:"你的服务态度不好,怎么这么慢?"朱某觉得不舒服,就说:"不要把你的那种心情带到我的工作中来,我现在被你搞得很不舒服。"林女士说:"把你们经理找来,我要投诉你。"朱某没有搭理。

随即，林女士就用手机发了一条微博："火锅先生，服务态度恶劣！让加个汤！服务员还说汤还有很多，那是不是要等汤烧干了你再加？让他找经理，还说'无所谓，你找谁都没有关系！'这是混社会啊，吓死人了。"她还在微博最后@张记茶楼。据当地媒体报道，林女士@的"张记茶楼"是"火锅先生"店的股东之一。

与林女士发生口角后，朱某在店内碰到徐经理，徐经理告诉他被人投诉，而且被发到微博上了。朱某很生气，就返回C2桌找到林女士，并质问林女士："你为什么发微博投诉我？"朱某要求林女士删除那条微博，林女士没有理他。朱某叫林女士"到后面聊一下"。林女士没照做。朱某留下一句话："好的，你就坐在这里等着。"之后，朱某就到厨房双手端着一个盛有半盒开水的白色塑料盒，走到林女士身后，快速将盒子里的水倒向林女士头顶。之后，朱某又从林女士背后将她拽倒在地进行殴打。当晚6时46分，派出所接"110"报警，民警迅速赶往现场处置，组织现场群众把林女士送往医院抢救，并控制犯罪嫌疑人朱某。

经鉴定，林女士的伤残等级为七级。法院判决：朱某犯故意伤害罪，判处有期徒刑1年10个月。火锅店赔偿林女士人身损害赔偿金23.7478万元。

以下结合"案例分析法"的3个步骤对案例进行分析：

第一，主体分析。案例中涉及的主体有：朱某、林女士、火锅店。

第二,责任分析。朱某负刑事责任,朱某的行为已经涉嫌故意伤害罪。依照我国《刑法》规定,根据犯罪行为对被害人造成的伤害(如轻伤或重伤)以及情节,对犯罪嫌疑人进行量刑。朱某已满16周岁,已年满刑事责任年龄,依法应对故意伤害罪承担相应刑事责任。但他不满18周岁,根据我国《刑法》第17条的规定,对其应当从轻或减轻处罚。

火锅店负民事责任。从民事赔偿责任来看,我国《民法典》规定侵权行为人因侵权行为造成他人人身损害,应当对受害人赔偿包括医疗费、护理费、误工费等在内的损失。无论服务员与火锅店是劳动合同关系还是雇佣合同关系,服务员在工作中造成林女士人身损害,火锅店依法都要承担赔偿责任。《民法典》第1191条规定,用人单位的工作人员因执行工作任务造成他人损害的,由用人单位承担侵权责任。用人单位承担侵权责任后,可以向有故意或者重大过失的工作人员追偿。此事件中,朱某以火锅店服务人员的身份向林女士提供就餐服务属于履行工作职责或者从事雇佣活动的行为,火锅店应当对林女士的损害承担赔偿责任。因林女士的损害系该名服务员故意造成,火锅店在承担赔偿责任后可向朱某追偿。

第三,启示分析。把林女士和朱某两人的行为用一条线串起来。

①林女士要求加汤——②因锅里还有汤,朱某没理睬——

③随后，朱某还是来加汤了——④林女士指责了朱某——⑤朱某与林女士争执——⑥林女士投诉了朱某且发了微博——⑦朱某要求林女士删除投诉微博——⑧林女士拒绝——⑨朱某用开水烫伤并殴打林女士。

这个线路将案件的前因后果简单直观地描绘出来，可以看出朱某与林女士素不相识，也并不是因为什么深仇大恨，或者不共戴天之仇引起的，仅仅是因为朱某加汤慢了一点导致整个事件的矛盾冲突愈演愈烈，究其根本原因在于双方都缺乏一颗辞让之心。

从案件线路图看，在第③阶段，朱某已经来加汤了，如果林女士懂得适可而止、不指责朱某，那整件事也就小事化了。但林女士没有退让，而是得理不让人，不仅指责朱某，与朱某争执，投诉了朱某，还发微博昭告天下，这只会更加激怒朱某。另外，在第⑦阶段，其实矛盾仍然可以化解，假如林女士退让一步，将投诉微博删了，那双方的矛盾自然而然也就化解了。但是林女士强硬，坚持不删微博，惹得朱某恼羞成怒，于是产生了报复心理，用开水烫林女士并殴打林女士以泄私愤。

当然，从朱某的角度出发，同样是少了一颗辞让之心。朱某是服务员，服务好顾客就是一名服务员的本职工作，对于林女士提出的批评建议，哪怕是一些过激的言语，都应该忍一忍，主动退让一步，这也是服务行业的职业操守。换位思考，假如消费者花了钱没有享受到服务，而是被服务员死怼，是谁都会有点小生气的。在第④阶段、第⑤阶段，朱某面对顾客的抱怨指责，如果能跟林女士道声歉，“对不起，因为火锅店生意好，一时没能顾及，还请多担待”，也不至于与顾客林女士发生争执。但是，2 人都缺乏辞让之心，就像弹簧一样，你强我更强，谁也不让谁，矛盾只会加剧，导致后面的惨剧发生。结果，林女士七级伤残，朱某最后也被因故意伤害罪而判刑入狱。

这么小的一件事情，仅仅是因为加汤慢一点，一个吃火锅落得一个伤残，一个本来服务员做得好好的，结果坐牢。本来双方各退让一步或者其中任一方主动退让一步，小事也就化了，结果朱某和林女士互不相让，弄得两败俱伤。

这个小事件其实是社会的一个缩影，折射出社会存在的一些问题。人与人之间相处，如果没有辞让之心，就可能导致矛盾升级，发生事故或是案件。由此可见，有一颗辞让之心多么重要，你无法左右别人，但是可以改变自己，不能强逼别人辞让于你的时候，就自己主动辞让别人，这样的话，人与人之间的矛盾化解了，每个人的人生都顺利了，社会也就更加和谐了。

矫正作业：

1. 将本课案例分析中刑事责任、民事责任分别进行叙述。

2. 结合辞让之心相关知识，谈谈“火锅店员开水浇女客”事件给你哪些启示？

将答案填写在《矫正足迹》上。

运用两种方法提升羞恶之心

建议课时:4 课时

本节中的“两种方法”是指:对比提升法、换位思考法。

一、运用对比提升法提升羞耻心

对比提升法,是指将两个或多个类似的人或事放在一起进行比较,从而可以迅速准确地看出孰好孰坏、谁对谁错、孰优孰劣、谁是谁非等的方法。通过鲜明对比,给好坏、对错、是非、优劣中“坏的、错的、非的、劣的”那一方造成强烈的心理冲击,从而激发其羞耻心,鞭策其知耻而后勇。

运用对比提升法可以快速唤醒罪犯的羞耻心,对罪犯具有十分重要的现实意义。清代思想家龚自珍先生“教之耻为先”的思想,阐明了教化一个人首先就要从“让他知道羞耻”开始。因此,本节采用对比提升法,通过坚守良知走正道和丧失良知走歪路、入狱后积极改造和消极改造的鲜明对比,唤醒罪犯的羞恶感。

(一)坚守良知走正道和丧失良知走歪路对比

1. 写下观看树形图的感受

人生就像树木一样,扎根深厚、树干挺直才能不畏风雨,长得枝繁叶茂;根基浅薄,营养不良,揠苗助长,力求速成只会让大树低矮萎靡。对比下面两棵生命树(见图 2),找到最符合自己的一棵树,仔细观察感受,分辨两种人生的好与坏,并把内心的感触记录下来。

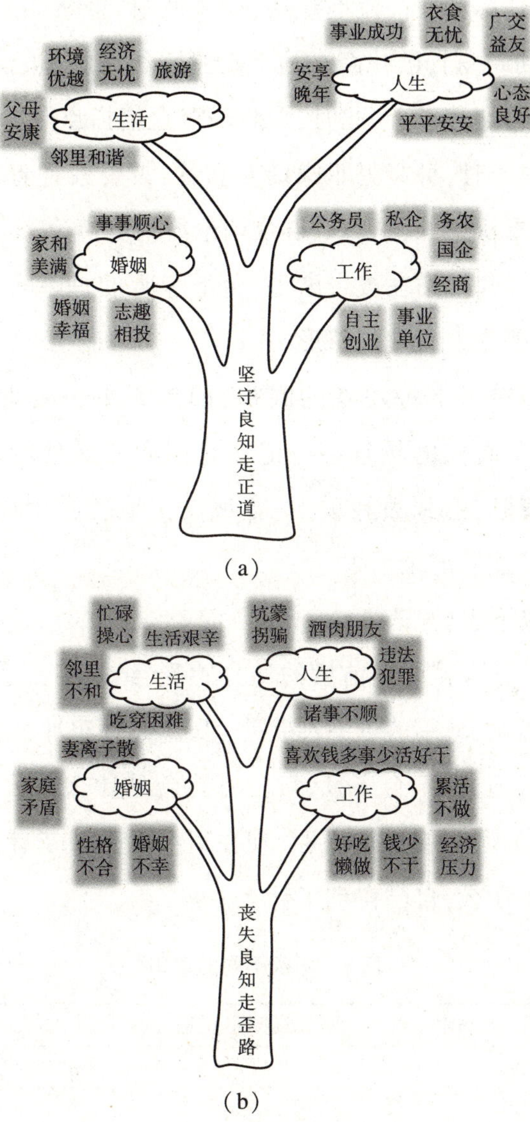

图 2　两棵生命树

2. 仔细回想以下几种情形

在犯罪后被抓时，慌不择路，只顾逃窜，警察在后边紧追不舍，抓到的那一刹，被扑翻在地上动弹不得，或是被强制戴上手铐脚镣，扭送到警车上，此时，围观的群众指指点点。

指认现场时，身穿犯罪嫌疑人衣着，被警察押着，带到众目睽睽之下，指认拍照，围观的群众议论纷纷等情形。

接受审判时，站在被告席上，台下旁听的是亲人，挚友或旁听的群众，那令人羞愧的情形……

尝试回想一下旁观者的眼神，回想一下旁观者的议论纷纷，回想那些时候的场景……记住自己内心深处的第一感受，是否感到羞耻，感到丢脸丢人，客观真实地把整个回想过程中的所有感受逐一记录下来。

3. 完成下表(见表5)

根据自己入狱服刑前后的切身感受，结合对社会、家庭、自己产生的影响，填写表5。入狱前，没有违法犯罪，如果坚守良知继续走正道，就不会入狱，自己可能会是什么样子；入狱后反思，当时丧失了良知走了歪路，现在对社会造成了什么影响，给家庭带来了什么，自己得到了什么。

表5　两条不同的道路

影响对象	坚守良知走正道	丧失良知走歪路
社会		
家庭		
个人		

4. 开始对比

矫正官引导：

两棵生命树不一样的长势反映出的是两种截然不同的人生状态，坚守良知走正道，生命之树就枝繁叶茂，高大挺拔，人生之路也成了康庄大道，成功、美满、平安、幸福、优越，越走越顺利，越走越宽阔；反之，丧失良知走歪路，那生命之树就将枝疏叶稀，矮小枯萎甚至是死亡，映射到人生之路上，吃穿困难，生活艰辛，邻里不和，家庭矛盾，这样的人生势必是不顺利的，曲折坎坷，越走越窄，甚至坑蒙拐骗，违法犯罪。

没有天生的圣人，也没有人生来就是罪犯，绝大多数人应该都想实现自我价值，从小立志成为一个对社会有用的人，几乎没有人是从小就立志要成为一名罪犯的。后来，有的人确实成才了；大部分人虽然没有出类拔萃，但也平平安安、和和美美；有的人却身陷囹圄，失去自由。之所以会从普通人沦为一名阶下囚，就是因为良知逐渐泯灭，恶习演变成恶行，恶行进而变成犯罪，这个过程就像是“温水煮青蛙”，不知不觉间慢慢坠入了违法犯罪的深渊。

究竟什么是幸福，什么是平安，每名罪犯都需要反思。所谓“千里之堤，毁于蚁穴”，任何结果都不是一朝一夕造就的。回过头来，看一下自己选择的是什么样的人生之路，为什么要选择这条路来走，是否在开始的时候就失去了良知，导致后面的违法犯罪、身陷囹圄。在对比过程中，可以预知坚守良知走正道会过上幸福的人生,也能看到丧失良知走歪路是人生不幸的根源。最后作个假设,鲜明的结果对比其实是两个人:一个是自己,另一个是与自己一起长大的发小;发小幸福美满、平安顺利,而自己却失去自由、身陷囹圄。

扪心自问,内心深处的第一感觉是什么,其实就是对发小美好生活的向往和羡慕,对自己诸事不顺和生活艰辛感到难过,这种感觉就是羞耻。不必隐藏这种羞耻感,还要唤醒自己的羞耻心,因为,知耻而后勇;当人知道羞耻之后,就会把这种羞耻感化为动力,努力摆脱困境,争取走向美好。

(二)入狱后积极改造和消极改造的对比

1. 谈切身感受

大部分罪犯能意识到自己犯罪行为造成的危害,进入监狱以后开始积极主动地改造,用积极的改造来洗涤灵魂的污垢。但也有小部分罪犯并未意识到自己的犯罪危害,甚至错误认为自己没有错,不需要积极改造,没有从内心深处悔改,服刑改造都是被动的、功利的。

结合自身实际,通过对两种不同改造态度的对比,直观地看出其中的差距,以激发羞耻感,唤醒良知。由此及彼,谈谈自己是积极型还是消极型,应该怎么做才能称为积极改造,身边的消极案例表现怎么样。

2. 开始对比

谈完切身感受之后,对比两种改造类型(见表6):

表6 两种改造类型

积极改造	消极改造
对罪行感到羞耻,痛改前非	缺乏羞耻心,不认罪
认罪悔罪	混刑度日
遵规守纪,完成劳动任务,参加各类活动,学习职业技能	违规违纪,警告、记过、禁闭,甚至加刑
自己平安服刑,还能寄些劳动报酬回家,让家人放心安心	自己改造不顺,还把家人当提款机,让其担心操心
记功减刑,浪子回头,早日回家,回归社会	破罐子破摔,失去减刑机会,甚至狱内再犯罪,加刑
……	……

矫正官引导:

种瓜得瓜,种豆得豆。种下积极改造的瓜,就能收获平安服刑、顺利服刑,早日回归社会,最重要的是使自己的内心得到救赎;种下消极改造的豆,收获的肯定是诸事不顺,破罐子破摔,一次次眼睁睁地看着别人被表扬、减刑,自己却错失减刑机会,还经常被批评,而且内心无法得到救赎,每每夜深人静的时候就是煎熬自己。

通过对两种不同改造态度的对比,显而易见,对于真诚认罪悔罪、主动参加劳动学习、积极改造的罪犯来说,其结果就是比消极改造的要好得多。两种选择决定了两种人生,之前的人生路已然走错了,那么之后的人生路就应该及时更正,千万不能一错再错,面对未来的路,一定要慎重地作出正确选择。

关键就在于羞耻心是否重新觉醒，聪明人懂得珍惜脸面，知道羞耻，羞耻能够让人痛改前非、知错改错，然后自然而然地把之后的人生之路走好；反之，不知羞耻的那部分人则会死不认错，破罐子破摔，不以为耻，反以为荣，结局很大可能是错失各种良机，错上加错，让自己的人生之路越走越窄，越走越不顺。由此可见，羞耻心的重要性举足轻重，可见一斑，通过对比，及时反省自己的改造态度，调整自己的改造方向，真正做到触动良知，感到羞耻，逐步从“要我改造”转到“我要改造”，这样才能让自己的服刑改造之路越走越顺，越走越好。

二、运用换位思考法引发罪犯的愧疚心

通过换位思考，让罪犯设身处地地感受自己的犯罪行为给父母、子女、被害人、国家等造成的伤害，站在对方的角度看问题，引发对家人、被害人、国家等的愧疚感。

换位思考可以帮助、促进矫正对象深刻认识到自己的犯罪行为给他人造成的伤害。一些抢劫类罪犯可能会错误认为，被害人不就是损失了一点钱，自己劫财又不伤人，偶尔伤人也是因为他们不配合而迫不得已，钱没搞到多少，法院却判决这么重；一些故意伤害、故意杀人类罪犯会错误认为，谁叫他（被害人）惹我，只要让我不高兴，我就让他不高兴（受伤、送命）；一些牟利型毒品罪犯会错误认为，我只是带个货（运输毒品），又不贩毒，贩毒都是买卖自由，又没有强逼别人购买等；一些职务犯

罪罪犯会错误认为,现在大环境都是这样,自己只是运气不好,关系不到位倒霉罢了……无论是哪种类型的罪犯,都有一部分人找各种理由为自己开脱,内心没有丝毫愧疚感。

矫正官引导矫正对象阅读表7:

表7 矫正对象的愧疚

一、体验对父母的愧疚	
父母给你的	**你给父母的**
母亲怀胎十月,经受分娩的剧烈疼痛生了你	服刑,给家人带去一个“罪犯父母”的称谓
遮风挡雨,给你温饱	失去自由,家庭经济负担加重
言传身教,教你善良正直	不能孝顺父母,还让他们劳心劳力
所有最好的东西都想给你	没有承担家庭的责任
……	……
二、体验对子女的愧疚	
你给子女的	**你没给子女的**
背上“劳改犯孩子”的称谓,遭受歧视	遮风挡雨,健康成长的环境
失去父爱或母爱,自卑厌学	教育引导,言传身教
经济困难,生活艰苦	承担责任,经济抚养
……	……
三、体验对被害人的愧疚	
你给被害人的危害	**你给被害人家庭的危害**
损失钱财	失去的辛苦赚得的血汗钱,可能是全家人的生活费,孩子急需要交的学费,家人动手术的救命钱等

续表

心理阴影,恐惧痛苦	心生恐惧,产生心理疾病,做梦都在想被抢被害时的场景,难以走出阴影,害怕独自外出,甚至独处
身体受伤,留下残疾	照料被害人
性命不保,生命消逝	被害人死亡,导致家庭破散
……	……
四、体验对国家的愧疚	
国家给你的	**你给国家的**
享有权利的公民身份	破坏国家秩序,挑战国家法律
良好的教育	浪费国家投入的教育资源
优质的医疗	增加打击犯罪的成本
文明、和谐、安定的生活环境	造成社会恐慌,影响社会发展
改过自新的机会	不真诚认罪悔罪,不积极改造
……	……

经过阅读表7,开启换位思考思维,分别从自己父母、儿女、被害人、国家的角度开始反思。假如自己是父母,生养了一个犯罪分子,心里有何感想;假如自己是儿女,爸(妈)是犯罪分子,不能陪伴养育自己,心里有何感想;假如自己是被害人,辛苦赚来的钱就被这样抢去,而且身心都受到巨大的伤害,心里有何感想。对于国家、社会而言,自己的犯罪行为造成了多少伤害,是否对得起国家、社会。

用纸、笔将自己换位思考的第一感受记录下来,并反复阅读,找到内心深处的愧疚感,正视愧疚感,将愧疚化为改过自新的动力,真诚认罪悔罪,积极改造自己,在有能力弥补自己过错的时候,用实际行动来弥补,让自己的良心得到救赎,由此光明正大地重新做人,勇敢大步地走向新生。

矫正作业:

1. 选择一位自己熟悉的、没有沾染毒品、遵纪守法的朋友与自己对比,分别从社会、家庭、个人方面进行对比,并将其记录。

2. 使用换位思考法,以矫正官讲解的内容为基础,结合自己的实际情况,分别从假如我是父母、假如我是子女、假如我是毒品被害人3个方面进一步深化,将自己内心深处的真实想法记录下来。

将答案填写在《矫正足迹》上。

运用刑罚体验法提升敬畏之心

建议课时:4 课时

一、刑罚认知

刑罚是刑法规定的由国家审判机关依法对犯罪分子所适用的剥夺或者限制其某种权益的最严厉的法律强制方法。对罪犯执行刑罚是一种国家强制行为,代表着国家的意志,通过剥夺罪犯的政治权利、财产权利,限制罪犯的人身自由,甚至剥夺罪犯的生命来树立法律的权威,对罪犯形成威慑,对被害人予以安抚,对守法公民给予充分肯定。我国刑罚由过去的肉刑演变到现在的生命刑、自由刑、财产刑和资格刑。

死刑以剥夺犯罪人的生命为内容,其惩罚性是不言而喻的。自由刑以剥夺犯罪人的人身自由为内容,使其遭受刑罚体验之苦,以示惩罚。财产刑包括没收财产和罚金,前者是对犯罪分子个人所有的财产的一部或全部的剥夺,后者是强制犯罪分子向国家缴纳一定的金钱,无论是前者还是后者,都使犯罪分子的财产遭受损失,从而体现出刑罚的惩罚性。资格刑以剥夺犯罪人一定的政治权利或者其他权利为内容,使犯罪人参加国家政治活动或者管理活动的权利化为乌有,借此表达刑罚惩罚的意蕴。

二、刑罚体验对比法

罪犯在犯罪时也知道被抓后肯定会有被惩罚的后果,轻则处罚金及拘役,重则判刑数载,情节严重者会受到至少 10 年及以上有期徒刑的处罚,甚至被判处死刑。

这就是由浅至深的刑罚体验表现,换句话说,刑罚体验与判刑的轻重有一定的关系。但是,随着服刑时间的增加,有部分罪犯已经习惯了牢狱生活,其刑罚体验降低,刚入狱时的痛苦也在逐渐消散减退,人也就逐渐变得麻木不仁。此时,就需要进行刑罚体验对比法,增强其敬畏之心。

(一)刑法体验对比法的含义

刑罚体验对比法,是指通过刑罚体验对比,体现改造生活与自由生活的巨大差异,使罪犯在对比过程中体验刑罚的惩罚性,让其从回忆到痛定思痛,从内心深处敬畏刑罚,增强对法律、生命以及自由的敬畏。

(二)操作原理

表8中列举的内容主要从自由、身份、衣、食、住、行6个大的方面入手,对比入狱前后的区别与不同。矫正官在引导矫正对象对比的过程中,矫正对象可以不局限于此表范围,结合自身实际,抓住入狱前、入狱后这个关键点,发散思维,对刑罚过程进行回放再现,并把这种体验一一记录下来。记录完之后,对所记录的体验结果进行总结,再次加深刑罚体验。

矫正官引导矫正对象进行入狱前后对比(见表8):

表8 矫正对象入狱前后对比

生活状态	入狱前	入狱后
自由	法律范围内活动自由	自由受到了束缚
身份	受法律保护的公民	接受法律惩罚的罪犯
衣	颜色各异,花式繁多	单一的“斑马纹”囚服
	多点、少点随心穿	按照规定统一着装
	看心情随意搭配	强制统一着装
	鞋子款式多样、舒适	款式单一
食	菜品繁多,口味各异	监狱安排的固定食谱
	按自己的喜好选择食物	按国家规定进行饭菜搭配
	吃饭时间自由	根据规定,定时开饭
	随意购买想吃的食品	消费额度限制,食品种类少
	抽烟喝酒比较自由	禁止吸烟喝酒

续表

生活状态	入狱前	入狱后
住	家、酒店,自由选择	与其他罪犯同住集体宿舍
	单人卧室,安静舒心	不能自由选择室友、床位
	起床睡觉时间不受限制	作息时间严格按照规定
	衣服裤子随意摆放	内务摆放严格按照标准
	自行安排时间打扫卫生	必须按规定时间打扫卫生
行	出行自由	严禁单独行动
	通信自由、方便	通信有限制
	走亲访友自由	只能在有限的时间内会见直系亲属
	可以逛街、旅游	只能在规定区域活动
	有自己的私人空间	没有自己的私人空间

矫正官引导:

著名诗人裴多菲曾写道:“生命诚可贵,爱情价更高。若为自由故,二者皆可抛。”为了爱情,生命可以不要;为了自由,生命和爱情两者都可以不要,这深刻地表明了自由的重要性。通过入狱前后在衣食住行方面的对比,应该很容易体会到,失去自由是多么痛苦,拥有自由是多么美好。自由建立在遵守法律的基础上,一旦触犯了法律这根“高压线”,就要以牺牲自由为代价来为自己肆无忌惮的行为买单。无论法律法规还是监规纪律,都像一根红色的底线一般,时刻警示大家,不可逾越,一旦失去了敬畏之心,不知遵守、尊重和害怕,变得为所欲为、无法无天,必将受到严厉的惩罚。

在当今社会错综复杂的形势下和形形色色的诱惑面前，面对天地万物，面对纷繁世事，面对手中的金钱权力，面对人民群众，面对党纪国法，面对自己良心，都要常怀敬畏之心，有敬畏意识，时刻保持对生命、法律、道德等的敬畏感，做到行有所止、严于律己。只有心怀敬畏才能做到知方圆、守规矩，踏踏实实干事，干干净净做人，才能做到行得正、坐得端，无愧于自己的良心。

矫正作业：

1. 将入狱前后对比，你有什么感受？

2. 通过刑罚体验对比，应该对什么产生敬畏之心，为什么？

将答案填写在《矫正足迹》上。

第三章　破除恶劳好逸恶习，树立劳动光荣理念

矫正目标：讲解劳动的含义、形式、意义等基本概念，分析恶劳好逸产生的原因，引导矫正对象进一步深刻认识恶劳好逸的危害及表现形式，并使其端正劳动态度，消除恶劳好逸思想。

建议课时：12 课时

第一节　劳动认知教育

矫正目标：了解劳动的含义，明白劳动的外在形式，掌握劳动对个人和社会的意义。

建议课时：4 课时

劳动是创造物质财富和精神财富的唯一源泉。不劳动，人就无法在社会上立足，更不用谈发展。毛泽东同志说过："世界上的一切坏事，都是从不劳动开始的。"许多罪犯之所以犯罪，很大程度上与不劳动有关。因此，开展劳动认知教育，以帮助他们抛弃恶劳好逸思想、树立正确的劳动观极其重要。

一、劳动的含义

一般来说,劳动是指有劳动能力和劳动经验的人为了自身的生存和发展,运用一定的生产工具,通过付出体力与脑力,作用和改变劳动对象,创造物质财富和精神财富的有目的的活动。简单地说,劳动就是人类为了获得自身生存所必需的物质资料(包括衣、食、住、行等生活资料和各种生产资料)以及为满足人们的精神生活需要而进行的活动。如农民种田、工人做工、教师教书上课、科学家搞科研等,都是劳动。

二、劳动的外在形式

(一)体力劳动和脑力劳动

按照传统的职业分类理论,职业可分为脑力劳动和体力劳动两大类。体力劳动是以消耗体力为主的劳动,如种粮栽菜、盖房建屋、卫生清运等。脑力劳动是以消耗脑力为主的劳动,如管理国家事务、组织生产及从事科学文化活动等领域的职业。

脑力劳动与体力劳动相互依存、相互促进。体力劳动是脑力劳动的基础,其直接性、多样性、灵活性是神经系统不断发展的客观动力,脑力劳动的基本设想最终必须通过体力劳动来实现。例如,建造房子通过脑力劳动绘制出图纸,但是具体房屋的建造就需要体力劳动来完成。

(二)简单劳动和复杂劳动

按照具体职业实践方式、职业劳动对象、职业者自身素质的差异,可以将劳动划分为简单劳动和复杂劳动。简单劳动主要以体力劳动为主,劳动对象本身技术含量较低,对劳动者自身素质要求不高,如土地的开垦、垃圾的清运、保洁、家政等。复杂劳动主要以脑力劳动为主,劳动对象技术含量要求高,对劳动者自身素质要求也较高,需要经过专门的学习和训练。如操作系统的开发、教学的研究等。

无论是从事以脑力劳动为主的职业,还是以体力劳动为主的职业;无论是从事以简单劳动为主的职业,还是以复杂劳动为主的职业,都无高低贵贱之分。就业时需要立足自身实际,找准自身定位,作出合适的职业选择,宜农则农、宜工则工、宜商则商,在适合自己的岗位上脚踏实地,一步一个脚印,终会创造出属于自己的精彩人生。

三、劳动的意义

(一)劳动创造了人类

劳动是人类存在的基本前提。人类存在的前提是具有满足人类自身生存、发展的物质资料。而物质资料的取得,除了向自然界直接索取外,必须通过劳动创造出人类赖以生存的物质。衣、食、住、行等人类必备物质都需要付之劳动去获取,马克思主义认为,劳动创造人类,劳动创造了人类的本质。人类的生存、发展只有通过自身的劳动，创造出众多的物质资料来满足人类的需求才能实现，并且人类社会的关系以及精神财富都是在人类劳动过程中不断积累的。虽然劳动目前还不是人类的第一需要，但是劳动是人类谋生的手段。没有劳动就没有人类，也就没有人类社会。

劳动还创造了人类的思维意识。意识的产生不仅有自然前提，而且有社会基础。社会基础，就是在人类意识产生和发展过程中起决定作用的劳动。劳动在意识的产生和发展过程中，发挥着决定性的作用，为意识的产生和发展提供了客观的需要和可能，使语言得以产生。劳动和语言一起推动了人脑和意识的产生发展，劳动不断提高人的思维能力。思维意识支配人类行为，也才使人类具有了与动物最本质区别的思维，正是在意识思维的支配和指导下，人类才不断得以进化，从而能适应自然、认识自然、改造自然并立足自然。劳动对于人类的产生、发展、延续具有无可代替的作用。

总而言之，劳动不仅创造了我们人类，还保障了我们的生存，是我们立足于这个世界的最基本的前提。劳动还创造了我们人类的意识，让我们有了与动物最本质的区别。“物竞天择，适者生存”，正是由于劳动，我们才能生生不息。换句话说，正是劳动才使人类得以生存、延续和发展。

(二)劳动是个人生存的基础

一个人来到这个世界，首先是解决生存问题，其次是发展。

每个人要在社会中生存,就必须拥有保障自身生存的物质资料,而物质资料只能通过劳动来获取。所以,劳动是人在社会生存的必备手段。为什么这样说呢?要回答这一问题,我们可以结合个人获得基础的衣、食、住、行等物质保障的主要途径来分析。主要有以下 3 种:

第一种,通过市场购买。无论是过去,还是现在,商品的购买都需要以一般等价物作为媒介,才能实现交换。只不过具体充当一般等价物的商品有所不同,在市场经济中,商品的购买以货币为流通媒介,用货币实现交换,而货币的获取不是凭空而来的,需要通过劳动这一途径才能获得。换句话说,如果没有劳动,是不可能获取人类生存所必需的生活资料的。没有吃,生命就无法维持;没有穿,身体就难以御寒;没有住,人就没有安居之所。

第二种,通过物物交换的方式。如用大米去换取羊,或者用斧头去换取种子,等等。在这个物物交换的过程中要想获得自己所需要的东西,就必须拿出自己的东西去交换,而自己的东西同样离不开劳动。

第三种,就是基本生活资料要通过劳动去创造。比如,种粮食、建房子、做衣服等,在这个过程中,就需要付出劳动。没有劳动,粮食、房子、衣服等不会凭空产生。

无论是自己创造、相互交换还是市场购买,也只是具体的劳动方式不同,最终都需要付出劳动。

总之,在这3种途径中,无论是通过市场购买、相互交换还是靠劳动创造,个人要在社会中生存,解决吃、穿、用、住、行等问题,就必须通过劳动。劳动是个人生存的基础,如果没有劳动,个人将无法生活下去。

(三)劳动是个人发展的加速器

个人的生存问题得以解决之后,接下来要解决的就是个人的发展问题,包括在事业、家庭等方面的发展。要使自己的事业得到发展、要使自己的家庭变得幸福,都需要付出劳动。农民每年靠种植粮食喂养出来几头猪变卖成钱财,农贸市场的小摊贩每天蹲点守摊卖蔬菜、水果获得的收入,环卫工人每日凌晨就准时给大街美容美化获得的工资报酬,等等,这些都是通过劳动才能获得的。

福耀玻璃集团创始人、董事长曹德旺9岁才上学、14岁就被迫辍学,在街头卖过烟丝、贩过水果、拉过板车、修过自行车,长年累月一日两餐,食不果腹,艰难谋生,但他从未放弃,而是与命运不断抗争。1976年,他开始在玻璃厂当采购员;1983年,承包了这家年年亏损的乡镇小厂;1985年,将主业转向了汽车玻璃;1987年,成立了福耀玻璃有限公司。截至目前,福耀玻璃是中国第一、世界第二大汽车玻璃供应商。2018年,曹德旺入选“世界最具影响力十大华商人物”。

曹德旺从一贫如洗到成为福耀玻璃集团创始人、董事长,其生活曲折坎坷,文化水平也比较低,但在遇到生活中的各种不幸懂得去努力;他所取得的各种成绩都与他的辛勤劳动是分不开的,他的发展历程也告诉我们:劳动是个人发展的加速器。

(四)劳动有助于实现个人价值

个人价值的实现,包含对个人家庭所作的贡献和对国家、社会所作出的贡献两个层面。

从个人家庭层面来看,通过自己的努力,改变家庭情况,使家庭物质生活、精神生活质量提高,幸福和睦。子女健康成长、父母安享晚年、夫妻恩爱和美,完美诠释了自身作为父亲、儿子、丈夫的角色。成为父母眼中有孝心的好孩子,妻子眼中有担当、值得信赖的好丈夫,孩子心中的大英雄,他人眼里真正的男子汉,获得人们的认可,实现个人的价值,这一切都需要通过劳动才能实现。

从国家、社会层面来看,个人通过辛勤的劳动,在自身价值得以实现的同时,也获得国家、社会的认可。如杂交水稻之父袁隆平一生研究水稻,最终成功研制出杂交水稻,大大提高了粮食亩产量,取得了巨大的经济效益和社会效益,为解决中国的温饱问题作出了卓越的贡献。

人们的行业领域不同,具体从事的工作岗位不同,对社会作出贡献的大小也不同,但是相同的是都必须通过劳动这个途径。所以说,劳动有助于实现个人价值。

矫正作业：

1. 简述劳动的含义。

2. 劳动的外在形式有哪些？

3. 简述劳动的意义。

将答案填写在《矫正足迹》上。

第二节　认识恶劳好逸

矫正目标：了解恶劳好逸的概念，掌握恶劳好逸的外在表现与内在原因，明白恶劳好逸的危害。

建议课时：4 课时

恶劳好逸思想是犯罪的重要思想根源，其驱使一个人走上违法犯罪道路，而违法犯罪行为又强化了恶劳好逸思想，逐渐促使一些人养成不劳而获的恶习。

一、恶劳好逸的概念

恶劳好逸，释义为不仅厌恶劳动，而且贪图安逸。它把劳动与追求享受截然分开，一方面，对劳动越来越厌恶，不愿劳动、看不起劳动；另一方面，生活享受的欲望越来越强烈。

二、恶劳好逸的外在表现

恶劳好逸是罪犯错误价值观的集中反映，表现在对劳动的

认识、态度、价值取向、行为等方面,其外在表现主要有以下几方面:

(一)不劳而获

不劳而获,意指不通过本人劳动,而通过犯罪来非法攫取钱财,用蕴含了他人劳动心血的钱财来满足自己的物欲。不劳而获思想的形成有一个过程。贪图安逸,不思劳动,是人的一种惰性。这种惰性常常在奢侈安逸中得到发展。在盗窃、抢劫等犯罪中,一些人不愿劳动,不参加劳动,甚至连家务也不干,放任惰性的滋长。不劳动往往滋生贪小便宜的思想,从拾物归己到顺手捞他人东西,逐渐发展成小偷小摸,最终小偷小摸也难以填补贪婪的欲望,于是干起了犯罪的勾当。从第一次抢5元钱,到第二次抢手机,第三次抢珠宝,抢的次数越多,不劳而获的快感越来越强,其贪婪的欲望也越强。他们从产生"既不想劳动,又要生活好"的思想开始,经过多次的盗抢作案,逐渐强化了恶劳好逸思想。

(二)懒惰成习

懒惰是劳动的大敌。懒惰成习的劳动态度深刻地反映出恶劳好逸思想。不少人在恶劳好逸思想的支配下,劳动自觉性不高,只想着劳动量越少越好、劳动时间越短越好、劳动纪律越松越好。具体表现在:逃避劳动,无病呻吟、无故迟到早退等;害怕劳动,嫌脏怕累、挑挑拣拣;消极劳动,偷奸耍滑、出工不出力;拒绝劳动,有班不上、有地不种、有活不做等。此类人劳动能力与劳动表现不一致，年纪轻轻，身强力壮，智力正常，但不把精力、智力投向劳动，得过且过，这反映了他们对劳动的一种懒惰心态。

（三）想致富怕吃苦

这类罪犯感到，靠劳动来满足自己的需要，花力气，太辛苦，时间长，收入少，转而寻求不花力气便致富的“捷径”。因此，不少人把赌博、贩卖毒品、体内藏毒等作为发家致富的途径。

三、恶劳好逸的内在原因

（一）不劳而获思想根深蒂固

这类罪犯怕脏怕苦怕累怕付出，不劳而获思想顽固，拒绝劳动，往往以向他人索取作为满足自身生存需要的唯一手段，相信天上会掉馅饼，在其世界里从来没有“劳动”二字。对他们来说，以最小的付出或者无须付出，就可获得所需要的东西，才是指引人生的“至上信条”。

（二）恶劳好逸观念积重难返

恶劳好逸观念存积于心，积重难返。厌恶劳动，贪图享受，恶习难改，由害怕到厌恶再到拒绝劳动，其对劳动的厌恶发展程度越来越深。他们的认知方式永远是“不以为耻，反以为荣”；劳动对于他们而言，仿佛是一种庸人才会采取的方式。无须劳动或者通过少量劳动就可获得财富，才会真正使他们感到自豪,才有十足的优越感。对于那些用劳动创造财富的人,他们反而看不起。仿佛自己生来就是要享受,及时行乐,快意人生,怎么能去辛勤劳动,又怎么忍心因为劳动丧失大好时光。

人生追求较低,对于他们而言,人生苦短,当及时行乐,轻松、安逸、快乐最重要。什么劳动、什么追求、什么责任全部丢到一旁,游戏生命,混沌人生。日子过一天算一天,每一天开心快乐才是王道,何苦为难折磨自己。这样的人生追求,也就注定了他们恶劳好逸的人生选择。

(三)忽视积累的过程

恶劳好逸者常常忽视积累的过程,经不起等待,巴不得一夜暴富,内心只想着一蹴而就、一劳永逸。殊不知,万事万物都需要一个过程,没有哪个胖子是靠一口就吃出来的;不通过一步一个脚印的积累,又怎会得到最后的收获!恶劳好逸者常常会陷入两个极端无法自拔,要么破罐子破摔,完全否定劳动;要么采取用非法手段获取利益等来钱较快的方式。无论是哪一种,最终都只会落得个凄凉下场。

四、恶劳好逸对个人的危害

(一)难以在社会上生存

劳动是一个人赖以生存和发展的基础保障。无论在哪个时代,要生活就要劳动。厌恶劳动、不愿劳动、不劳动,只会让自己失去生存的本领,无法在社会上立足。同样是种庄稼,邻居家稻谷满仓,而自己颗粒无收,食不果腹;同一个村里,别人住上了新房、开上了小汽车,而自己上无片瓦、下无安踏之地;同样是社会人群中的一员,其他人衣冠楚楚,而自己衣不蔽体。造成这种鲜明对比的原因,在于劳动。劳动能解决一个人最起码的吃、穿、住等基本生活问题,从而保障其在社会上生存;反之,连吃、穿、住的问题都解决不了,也就无法在社会上生存了,更谈不上过安逸的生活。

河南省罗山县的村民杨某,23 岁,四肢健全,神志正常,活动自如,居然活活饿死了。其实,杨某不是饿死的,是懒死的。正值青春年华,他却不肯出去务工挣钱,嫌上班太苦太累,宁肯整日以乞讨为生。吃了一顿饱饭后就睡觉,有时能睡一两天。村民送来的肉,他宁愿让肉腐臭,也不肯动手做饭。连吃饭都懒得吃,除非饿到极点,他再出门讨饭。从不洗衣服,衣服太脏了就扔掉。后来没有衣服换洗,就整天穿着那一身脏衣服。天冷的时候,杨某连大便都懒得出门,方便后在堂屋地下刨个坑用土一盖就完事了……杨某懒惰成性,自己不劳动,整天又沉溺于消极的生活之中,最后因为独立生活能力的丧失而付出生命的代价。

(二)难以取得更大的发展

个人在社会中的发展,包括事业、家庭等的发展,要想使这些方面都有所发展,就必须通过自己的诚实劳动。恶劳好逸的人,其个人发展往往都是失败的。在同一个单位里,同事兢兢业业，获得了职业的晋升空间，而自己懒散拖拉，年年考核都是待改进，甚至被单位解聘，到其他单位应聘处处碰壁；同一年龄，别人通过自己的劳动，让家人过上了幸福的生活，而自己是典型的“啃老族”，上不能为父母尽孝，下不能为子女创造幸福生活，本应成为家庭顶梁柱，最终却成为家人的负担；同一个村子里，有的人通过努力自食其力，而有的人“等靠要”，依赖国家、社会的救济，甚至有的人抢窃犯罪进入监狱。

（三）走上违法犯罪的道路

一个有劳动能力的人，如果脱离劳动，不仅在体力和智力上会退化，而且还会在道德上堕落。罪犯之所以犯罪，从根本上讲，就是因为世界观扭曲，就是错误的世界观作祟，其中劳动观念不正确是绝大多数罪犯犯罪的原因。恶劳好逸者，既厌恶劳动，又想过安逸的生活，需要一定的经济作为基础。成天好吃懒做，没有一个正当的工作，坐吃山空，没有经济来源，就会想各种方法、手段牟取私利。好脚好手去乞讨，既没有市场，也放不下面子。于是就会去抢、去偷别人的劳动成果，走私、运输、贩卖毒品获取高额利润等，一步步走向犯罪。正是放任恶劳好逸思想的滋长、蔓延和恶性发展，才导致了犯罪。

矫正作业：

1. 简述恶劳好逸的含义。

2. 恶劳好逸的外在表现有哪些？

3. 恶劳好逸的危害有哪些?

将答案填写在《矫正足迹》上。

第三节 端正劳动态度,消除恶劳好逸思想

矫正目标:明白劳动态度的含义,了解劳动态度不端正的表现,掌握端正劳动态度的方法。

建议课时:4 课时

劳动态度反映一个人对劳动的看法和认识,劳动态度不端正,也就意味着对劳动的看法和认识存在偏差。恶劳好逸思想折射出一个人对劳动的看法和认识存在问题,也反映出这个人的劳动态度是不端正的。恶劳好逸思想是绝大多数罪犯犯罪的重要诱因之一,要克服这种思想就必须端正劳动态度,树立正确的劳动观。对于正在服刑改造的罪犯来说,具有不同的劳动改造态度,就必然会取得不同的改造成效和改造结果,而罪犯的劳动态度与改造结果有着必然的联系。因此,树立正确的劳动态度,对于正在服刑改造的罪犯来说,有着十分重要的现实意义。

一、劳动态度的含义

劳动态度,主要是指人们对劳动所持的稳定的总体意向,对劳动所具有的持续性信念和反映方式等,是人们在劳动实践

中所形成的对待劳动的稳定的心理倾向。劳动态度具有稳定性,一旦形成,便可以在一定时间内保持稳定。劳动态度由劳动认识、劳动情感、劳动行为倾向三部分构成,它直接关系着对劳动是否有一个正确的认识,是否有积极的情感,是否有积极的行为倾向,甚至直接关系着劳动成果的大小。劳动态度作为人生观的主要内容,是人生观最直接的表现和反映,它要回答"人为什么要劳动""选择什么样的劳动"等问题。从一定意义上说,劳动态度就是对待人生的心态和态度,不一样的劳动态度折射出不一样的人生。

二、劳动态度不端正的表现

实践证明,在劳动改造中,大多数罪犯通过监狱人民警察的管理教育,对劳动的意义有了一定的认识,劳动态度有所端正,能积极参加生产劳动,保质保量完成任务,并注重在劳动中改造不良思想,矫正不良习惯。但也不可否认,有些罪犯由于原来的犯罪恶习较深,到监狱后又忽视思想改造,头脑中依然存在厌恶劳动、鄙视劳动的错误思想,因而劳动改造的自觉性不高,劳动态度很不端正,不但严重影响了他们自身的改造,也干扰了监管改造场所正常的生产秩序和改造秩序。主要表现在:一是劳动挑肥拣瘦,怕苦怕累。有的罪犯不服从调配,对生产劳动岗位挑挑拣拣,拈轻怕重,只想干轻活、干净活,不愿做累活、脏活。二是消极怠工,计较"实惠"。有的罪犯在劳动中偷懒耍滑,出工不出力,消极怠工;有的把劳动作为砝码,以谋取个人的“实惠”作为先决条件,单纯为奖励、减刑而劳动,搞所谓的“等价交换”。三是伪装病情,逃避劳动。有的罪犯为了贪图享受,无病呻吟,小病大养,借故不出工,有的甚至不惜自伤自残,逃避劳动等。这些都属于劳动态度不端正的表现,虽然是少数个别现象,但危害极大,所有罪犯要引以为戒,不断加强学习,真诚认罪悔罪,把生产劳动与思想改造紧密联系起来,提高对劳动意义的认识,坚决抛弃对待劳动的各种错误思想、行为,在劳动实践中培养积极、正确的劳动态度。

三、端正劳动态度的举措

(一)正确看待劳动的一个重要特性——平等性

劳动虽然有分工、专业、条件和环境等诸多方面的差别,但就劳动者本身而言,是没有高低贵贱之分的。现实生活中,一些人对这个问题还存在认识偏差。比如,有的人喜欢把劳动分为三六九等,不考虑自身实际,挑三拣四,甚至想不劳而获。这种思想认识是错误的,事实上,不管是从事体力劳动,还是脑力劳动;不管是从事简单工作,还是从事复杂工作,只要通过自己的诚实劳动获得合法收入,这种劳动都是光荣的。

(二)充分认识劳动和财富之间的关系

劳动创造财富,财富体现劳动的价值。有些人往往把劳动创造财富单纯地理解为创造物质财富,简单地把获取物质利益的多少看作衡量劳动的唯一标准。这种思想很容易扭曲劳动观,并可能陷入拜金主义的泥坑难以自拔。仅从劳动的定义就可以看出,劳动不但创造着有形的物质财富,也在创造着无形的精神财富;劳动在丰富物质生活的同时,也在塑造着劳动者的精神世界。正确的劳动观,是既重视物质财富的产出,又重视精神财富的产出;既重视物质上的回报,又重视精神上的满足。

(三)选择适合自己的劳动形式

俗话说,“兴趣是最好的老师”,“知之者不如好之者”。人在从事自身感兴趣的事情时会表现得乐此不疲、孜孜不倦,因此,如若能找到契合自己兴趣的劳动形式,那么,恶劳好逸的程度将会得到减轻甚至消除。在选择劳动时,由于个体的知识水平、思维观念、人格特征、兴趣爱好的不同,所适合的职业也有所不同。个体在从事感兴趣、适合自身的劳动时,积极性很高,也就愿意去做。反之,若是让个体从事不感兴趣、不适合自身的劳动,那么就会变成“逼张飞绣花”“让秀才舞大刀”,个体也会出现倦怠情绪,甚至对劳动产生厌恶。因此,选择适合自己的劳动形式,可以间接帮助个体端正劳动态度。

(四)努力提高劳动技能

俗话说,“难者不会,会者不难”。人们对自己会做的事情很少有畏难情绪,敢去干、会去干、也愿去干,因为得心应手,干着很顺心,劳动态度自然也很端正。相反,因为不会干,所以很畏难，干又干不成，不干又不行，于是内心开始产生抵触，劳动时迟到、早退、工作拖拉等也就成了常态，工作态度就如“王小二过年，一年不如一年”“麻袋换草袋，一袋不如一袋”一样，每况愈下。因此，可以从提升劳动技能着手，通过积极学习提高劳动水平，来间接纠正个体的劳动态度。提高劳动技能是罪犯谋生的需要，有助于罪犯提升就业能力，适应竞争激烈的社会环境。

（五）要有持之以恒的劳动决心

罪犯从怕劳动、不劳动到热爱劳动，是一个长期而艰苦的过程。罪犯应当认识到，劳动习惯是在长期劳动中养成的，劳动是一场艰苦的磨炼；要获得劳动的成果，必然要付出艰辛劳动的代价。

对于正在服刑的罪犯来说，在劳动改造的过程中，要想不断取得进步，就要始终注重培养热爱劳动的品质、努力养成良好的劳动习惯。在良好劳动习惯养成的过程中，不断转变思想，矫正恶习，使良好劳动习惯逐步在思想意识中得到巩固，从而促使自己人格和思想意识得到升华，脱胎换骨，成为新人。另外，从罪犯劳动教育的意义上讲，罪犯积极参加生产劳动，既有利于自身的思想改造，提高对劳动的意义和价值的认识；也有利于巩固改造成果，为刑满释放后顺利就业打下坚实的基础。把罪犯改造成为守法公民是监狱机关的宗旨所在，也是罪犯入狱服刑改造自身的目标所在。在这个意义上，监狱、监狱人民警察和服刑罪犯的出发点和落脚点是完全一致的。自食其力,既是做一名合格公民的必要前提,也是巩固改造成果的重要保证。大多数服刑罪犯刑满释放后的人生道路都还很长,在社会主义市场经济条件下,随着劳动用工制度的改革,就业竞争将更加激烈,在劳动中学习掌握一技之长,培养自食其力的能力,就是罪犯通过参加生产劳动为将来的新生所能做的最好的准备。大量事实已经证明,凡是在服刑期间积极参加劳动,接受劳动考验,并在劳动中学到了一定技术特长的服刑罪犯,刑满后就业就容易,就有门路,生活就会有出路,在适应社会的同时,能够重新开始美好的生活;也只有这样的新生,才是真正意义上的新生。

矫正作业:

1. 简述劳动态度的含义。
2. 列举自身劳动态度不端正的表现。
3. 结合自身,谈谈如何端正劳动态度。

将答案填写在《矫正足迹》上。

第四章　破除侥幸心理，加强管理控制

矫正目标：讲解侥幸心理的具体表现、特征及基本概念，深入分析侥幸心理的作用和侥幸心理的负面影响，介绍管理侥幸心理的基础方法，引导矫正对象破除侥幸心理，学会适度控制侥幸心理。

建议课时：12 课时

第一节　破除侥幸心理

矫正目标：通过讲解侥幸心理的概念，分析侥幸心理的表现、特征和作用，促使矫正对象正确认识侥幸心理，并学会管理、约束、控制好自己的侥幸心理。

建议课时：6 课时

侥幸心理的概念

建议课时：1 课时

侥幸，是指人在偶然中意外的收获，或者是避免了意外的灾祸。根据《现代汉语词典》中的解释，饶幸心理是指偶然地、意外地获得利益，或躲过不幸，引申为人们贪求不止，企求非分，无依据放大优势，妄图屡次通过意外获得成功或免除灾害的心理活动。如侥幸过关、心存侥幸等。

人的侥幸心理属于意志活动的心理范畴。当人主观想要做的事情与客观情况不相符合，一旦做了就很可能导致失败，而行为人不顾客观实际情况，抱着试一试可能成功而去行动的这种心理状态就是侥幸心理。如犯罪者明知自己的行为是违法的，一旦败露就要受到法律的制裁，却抱着不一定会被发现的心理去实施犯罪行为。这种心理就是犯罪的侥幸心理。

心理学研究表明，侥幸心理也是人的一种本能。通常情况下，侥幸心理只是一种潜意识，不足以支配人的行为活动，但是当一个人自控能力不强，这种潜意识孕育膨胀以后，就会引发冲动。

在动机斗争中，如果侥幸心理占主导地位，罪犯对犯罪目的的追求就会大于不安和恐惧的压力，自认为可以作案成功而不会受到惩罚，因而强化了犯罪动机。侥幸心理是诱发犯罪的重要内驱力之一。

矫正作业：

谈一谈什么是侥幸心理？

将答案填写在《矫正足迹》上。

侥幸心理的表现

建议课时:1 课时

侥幸心理人人都会有,在日常生活中,我们每个人身上都或多或少存在受侥幸心理支配的行为。

脚踏实地的人不太会在意自己的这种心理,不被这种心理操控,他们客观面对挑战,更看重自己通过实干取得的成就,因为他们知道事故的发生或者存在是基于偶然,概率非常低。

对懒散的人,或者说不愿踏实努力,而总寄希望于一夜暴富、一劳永逸的人来说,这种侥幸心理便成了生存的支柱,成为生活的依赖。人一旦无法控制自己对这种侥幸心理的依赖,便会产生一种严重依赖侥幸心理的冲动,进而违背常态做事情,从而导致灾难性事件的发生。例如,《守株待兔》中的农夫,偶尔在树下捡到一只不小心撞在树上的兔子,他就认为这是必然的,从此放下手中的农活。侥幸心理让他每日在树下等待,他希望再捡到兔子当晚餐。他宁愿用小概率事件麻痹自己,也不愿真心付出,用实际行动来解决温饱问题。

存在投机心理的人,则比较容易相信自己的侥幸心理,相信运气。

一、工作、学习生活中

工作中,怀揣侥幸心理者,往往会觉得自己迟到一会儿、早退一会儿不会被领导逮着,即使逮着了,领导也不一定就会揪着不放……

学习中,怀揣侥幸心理者,每每上课要点名提问的时候,暗想老师不会点到自己;逃课的时候,暗想老师或许这次不会点名;和同学翻墙去网吧刷通宵的时候,告诉自己今天可能不会查寝;而到考试的时候,暗想自己带的小抄应该不会被老师发现……

生活中,怀揣侥幸心理者,买彩票时往往会觉得自己能中奖;炒股时往往觉得自己不会被套牢;闯红灯时往往觉得自己不会是出车祸的那个;开车不系安全带时,往往觉得自己不会出什么交通意外;骑电动车时经常懒得停到地下车库,想着一会儿再下来骑,或者万一等会儿要骑呢,然后上楼后就彻底忘了。不到一年,被偷了 3 辆……

二、越轨违法中

出轨的人往往觉得自己不会被抓到;开始吸食毒品时大概总是觉得自己的自制力很好,不会上瘾的,于是慢慢地变成了大家眼中的瘾君子;赌博,或许下次就翻盘了呢,押上吧;贪污的人往往觉得周围那么多都在贪,不会这么倒霉偏偏查到自己;等等。越轨违法行为的背后,都有着无数的“万一、说不定、或许、大概、可能……”

贩毒,干几票就金盆洗手,肯定没事的……如果这些犯罪行为获得成功,就会强化贩毒者的侥幸心理,胆子越来越大,犯罪程度越来越严重,即使被查获甚至被抓获,其侥幸心理也不一定完全消失,只要认为自己的行为所获得的利益远远大于损失,一旦机会来临,他们往往又会重操旧业。由于贩毒是"一本万利"的"行业",在巨额利润的驱使下,即使只有1‰,甚至1‱的成功概率,他们也会心甘情愿地去冒险、去犯罪。因此,侥幸心理是牟利型毒品犯屡屡犯罪的重要心理基础。

矫正作业:

结合自身实际,说说侥幸心理有哪些表现?

将答案填写在《矫正足迹》上。

侥幸心理的特征

建议课时:2 课时

通过上一节的学习,我们知道,侥幸心理在每个人身上都或多或少存在。同一个体在不同的时间情境下,侥幸心理也以或多或少的程度存在,个体在侥幸心理支配下会做出这样那样的或让人刮目相看或让人百思不得其解的行为举止。为此,我们需要对其进行深刻的分析。综合来看,侥幸心理具有以下 6 个明显特征:

一、普遍性

研究表明,侥幸心理是普遍存在的。如吸烟的人都相信自己不大可能得肺癌等疾病;酒驾的人都相信,喝酒出事的都是别人;有社会学调查发现,国内七成以上的人,都觉得自己大材小用了。也就是说,很多人觉得目前的工作配不上自己的才能,都有这样的想法:虽然我没有用心工作,也没有什么好的兴趣,但是我却坚信有一天自己一定可以成功。至于为什么,我也不知道,反正就是有这个信念!现在不成功只不过是差一个机遇罢了,现在不成功是因为目前的工作不适合自己而已。

侥幸心理人人都会有。当人遇到压力、风险、危机而感到焦虑时,心理会失去平衡,为防止这种不平衡无限制地扩展下去导致心理失调,这就需要用侥幸心理中不确定的乐观情绪来调节自己。如个体在面临难以成功的任务时,遇到各种困难挫折,会在侥幸心理的支配下激励自己说,付出总有回报、功夫不负有心人等,想方设法采取积极行动,有时最后居然也成功地完成了该项任务。

人总是喜欢新鲜的事物,总是盼望发生奇迹,渴望目睹、体验重大的变化。但日常生活又是那么单调、无聊、现实,加之现代社会生活节奏快,工作压力大,人们的精神时常处于紧张状态之中,十分渴望得到缓解和放松。于是体育竞技、棋牌、彩票等博弈类活动不断涌现,并空前繁荣。在侥幸心理下用较少的投入消耗完单调的时光乃至圆一个合理合法致富的梦,这对许多人而言不失为一种比较愉快的心理体验。侥幸心理周而复始地萌发与兑现,带给人们的是一种轻松愉悦的心理体验过程,它能使人们在平时工作和生活中长期绷紧的神经得以放松,使人们在不知不觉中拥有一种快乐的心情。

二、差异性

侥幸心理具有差异性。不同的人,在同一时间、空间下,出于不同的动机,有不同的侥幸心理;同一个人在不同的时间、空间下,为实现不同的目的,也有不同的侥幸心理。如同样都得了绝症,不同患者在与死神的赛跑中,因侥幸心理的不同就会有不同的临终表现:有的患者在病痛的折磨中,今天觉得自己活不到明天,这月觉得自己活不到下月;有的患者则觉得自己一定可以坚持到儿女大学毕业,甚至可以坚持到小孙子出生及满月。同一个体,以前可能很乐观,觉得天灾人祸等恶事基本不会或绝不会降临到自己头上,但其在经历过或在其关系亲密的人经历过某些事件后,其侥幸心理又会发生180度的大转折。如每次重大空难或者交通事故之后,航意险、交通险等保险销量就会有一个波峰出现,没有这种外来的"刺激",多数人会认为意外风险是挑人的,自己不会那么"幸运"。某人开车不愿意系安全带,前两年载他儿子在路上发生了交通事故,他从车前挡风玻璃甩出车外,伤得很严重,差点没救回来,而他的儿子坐副驾系了安全带则没有大恙。那次事故之后,他不仅自己每次都系,而且还会嘱咐车里其他人系好安全带。

侥幸心理的差异性也告诉我们,侥幸心理在一定程度上是可以得到管控的，要不为什么不是所有人都在侥幸心理支配下去闯红灯呢？为什么不是所有人在侥幸心理支配下去见财起意抢劫呢？为什么不是所有的公职人员在侥幸心理支配下去贪占经手的公款呢？再者，前面也提到，即使是同一个体在经历一定事件后侥幸心理也会发生大的变动。很多人因侥幸心理作祟干了违法乱纪的事情，为此付出了数月或数年的自由代价，教训应该说也够深刻了，原来的那颗违法乱纪的侥幸心应该也有所触动、有所转变了。

三、成功难以达成性

我们知道，任何事情只有两种结果：成功与失败。虽然结果只有两种，但其概率却不是五五对分的。一般而言，成功的概率是要低于失败的概率的。为什么呢？因为成功需要天时、地利、人和；因为成功需要开头、过程、收尾各环节都处理妥当；因为成功需要计划周密、运作顺畅……而失败呢？很容易就得逞了。而且这还仅是针对出门就能搭上自己要坐的那趟公交车，回家就能吃到自己想吃的那道菜，编写的营销方案一出手就能得到部门领导的认可这类型的日常琐事而言。

若是论及买一注彩票就能中到头奖，努力学习就能考中清华北大之类的“大事情”，我们深知，这类“大事情”成功的概率何其小，失败的概率何其大。说此类“大事情”成功的概率仅为1‰、1‱都不为过。而一般牵扯到侥幸心理的事情多为前面提及的“大事情”，而且个体面临这些“大事情”时怀揣侥幸心理，也说明其多少还是知道后果的，只是想或许成功了呢！所以说，侥幸心理具有成功难以达成性。

四、投机取巧性

怀揣侥幸心理者把对行为结果的期望寄托在内心主观期望上，而不依据客观事物的规律来采取行动，因而没有客观基础，是一种空想。同时怀揣侥幸心理者把希望寄托在偶然的因素上，或者说是渴望机遇的突然降临，而不是创造必然的条件，所以说，侥幸心理是一种赌博、投机心理，是一种投机取巧的心理。

一个人如果心存侥幸，就会放松对自己的要求，就不会有高度负责的敬业精神，也不会实实在在地积累知识和才能，而是以投机取巧为能事。可能得逞一时，但只会是暂时现象。今天“春风得意”，明天可能就会露出“狐狸尾巴”，甚至栽跟头。只有踏踏实实干工作，不断提高自身素质，确实干出点成绩，才能真正获得事业的成功，实现人生的价值。

五、强化性

在现实生活中，侥幸心理纵然存在，但常常不会引起人的重视。一旦通过某件偶然事件的发生使人意识到了这种侥幸心理的存在，便会看到它，重视它，甚至依赖它。平淡无奇的生活中,因为某种原因,增加了超出自己能力范围的收入,一旦成功后,必然高兴,侥幸成功后产生愉快的内心体验,又会进一步强化侥幸心理。一方面,这使个体内在的不合理需要进一步膨胀;另一方面,会降低个体的思想防线,使其易受外界不良因素的侵蚀和诱导。“物必自腐而后虫生。”思想上有了缝隙,“细菌”和“灰尘”就容易侵入。而使这种兴奋状态继续的办法就是继续侥幸成功,从而便忽视了现实努力的必要,导致堕落懒散、人生的失败和悲惨。世事难料,曾经的“成功”导致如今的惨痛,正所谓“福兮,祸之所伏”。因而,有了侥幸心理,人就容易铤而走险,以身试法。

任何人都可能会偶然经历一些“侥幸”事件,在这些偶然的事件中得到了一定的好处,如果不能正确对待而沉迷其中,将偶然视为必然,就可能会遭受更大的损失。有些犯罪分子专门利用他人的侥幸心理设置骗局,故意引人上当,多次的“侥幸”之后必然会是不幸,对此必须要有足够的警觉。在赌博中,有一句话,“输钱多自赢钱起”,就是这个道理。在人生的大赌局中也是如此。多少有吸毒史的人,刚开始接触毒品时都是免费获得的;有多少人赶赴边境,最后被迫走上运输毒品的道路,就是因为在网上邂逅了“心有灵犀的恋人”“知心朋友”;有多少炒股赔得一干二净的人,就是尝到了所谓内幕消息带来的甜头后,才孤注一掷、义无反顾地把全部家当都砸进了股市……

“冰冻三尺,非一日之寒。”侥幸心理也是促使量变累积到质变的推手。以牟利型毒品罪犯为例,不管运输、贩卖毒品有多少次,每次数量有多少,刚一开始都不是贪得无厌、疯狂无比的,他们都有着一个逐步蜕化演变,从量变到质变、循序渐进的过程。最初都想着赚点生活费就好,干一次就收手。俗话说"小猪好卖街街来",第一次得手后没有被发现的喜悦,完全让牟利型毒品罪犯丧失了道德、法律的意识,被轻而易举获得财富的偶然事件误导,继续谋划下一次更大的冒险。但是,"法网恢恢,疏而不漏",他们万万没有想到,聪明反被聪明误,从量变到质变,这些"小毛病"积累成"大病",最终触犯了法律的"高压线"。

六、腐蚀性和传染性

侥幸行为还具有很强的腐蚀性和传染性。侥幸行为成功的同时,还会对他人产生榜样、示范作用,强化他人的侥幸心理。侥幸心理所带来的成功是一种投机的成功,侥幸成功会给大众带来错误的价值导向。

看到别人侥幸成功,一部分人就会盲目跟风,纷纷效仿,形成从众的心理,抵制不住诱惑,控制不住私欲,也妄图如此成功,最终导致歪风邪气滋生蔓延和违法犯罪行为的发生。这也是广东博社毒品村、江西余干诈骗市、湖南道县"两期"(怀孕期和哺乳期)妇女盗窃县形成的原因之一。看到别人通过制毒、诈骗、盗窃等非法手段富起来了,衣着高档,吃着山珍海味,喝着洋酒,在家住别墅,在外住星级大酒店,出入非奔驰即宝马,好生羡慕。低头再看看自己的矮矬穷样,“豪气顿生”,舍得一身剐,敢把皇帝拉下马。那样的人生才算是不白活一回,他们胸脯一拍,脖子一拧,也纷纷踏入违法犯罪暴富的人群中去。

矫正作业:

饶幸心理有哪些特征?

将答案填写在《矫正足迹》上。

饶幸心理的作用

建议课时:2 课时

既然饶幸心理如此普遍,又具有如此多的特性,那势必具有多方面的作用,本节我们来看看饶幸心理具有哪些作用。

一、激励作用

饶幸心理的激励作用,是指个体在面对难以完成的任务时,激励自己只要努力就会有好的结果,并想方设法采取积极行动,即使遇到再大的困难和挫折,也绝不放弃,力争完成任务。如央视节目《挑战不可能》,展现了人们认识自我、挑战自我的勇气和自强不息的精神,而非仅仅单纯展示奇技和极限本身。节目中的每一位挑战者都是平凡的普通人,但他们却能够突破重重困难,一次又一次地挑战自己、超越自己。

影星孙红雷1995年报考中央戏剧学院音乐剧专业时，正式招生已结束，只有补考的机会——竞争有限的几个名额。孙红雷问负责招生的老师："您看我有机会吗？"老师扔给他一句话："减掉20斤还有点可能。"于是他每天在操场上跑3个25圈，饿了吃黄瓜、西红柿和咸菜条，在一个月里减去了36斤！结果，孙红雷这个"疯子"获得了唯一的一个补招名额。回顾这件事时，孙红雷笑言："只要能演戏，什么都挡不住我，我会很拼命，会投入100%的精力和努力。"

事实正是这样，有些问题看似很难解决，有些事情似乎无法实现，但只要全力去争取，问题就会迎刃而解。因此，人们无论做什么事情，不管有多大的困难，即使只有1%的希望，也要以100%的努力去争取胜利。倘若遇到困难就打退堂鼓，即使有100%的希望也是实现不了的。

二、调节作用

侥幸心理具有自我调节的功能。当人遇到压力、风险、危机而感到焦虑时，心理会失去平衡。为了防止这种不平衡无限制地发展下去，导致心理失调，这就需要用侥幸心理中不确定的乐观情绪来调节自己。这种调节是十分重要的。一直以来，人们对侥幸心理的调节作用和态度有些褒贬不一。正如一杯水对于处在同样状态下的两个人来说，由于观念不同，看法也就不一样：一个人认为，我这么渴，只有一杯水有什么用，还不是杯水车薪吗？而另一个人则认为，终于有一杯水了，我一定要珍惜这杯水，让它发挥最大的效力。

当今社会节奏快、压力大，对于侥幸心理的调节作用，我们应该有一种新的诠释，把它变为一种积极而有益的东西，不妨把它视为一种保持心理平衡的方式。

三、娱乐作用

参与机会均等，结果难料，能使人心情愉悦的一般性活动，如博彩、竞猜、猜拳行令等活动，让人内心产生搏一搏、试一试、玩一玩、乐一乐的想法，这就是侥幸心理的娱乐作用。对于普通百姓来说，购买彩票既能支持国家福利事业建设，又可能给自己带来额外的收获，还没有太大风险，何乐而不为？

虽然人们在投资之前会考虑投资风险，但购买彩票之类活动的风险性是很低的。一注只需 2 元，人们完全可以根据自己的个人情况酌情购买。平日里，人们常常会在不经意间随手花掉几元、几十元，因而买彩票的资金投入一般不会造成经济负担。由于人们每次买彩票投入的钱数是有限的，虽然很多人屡买屡不中，但也不会过于在乎，不会觉得太心疼。这种周而复始的投注行为，带给人们一种轻松愉悦的心理体验，使人们在不知不觉中拥有一种快乐的心情。

四、伪避险作用

侥幸心理的避险，是指预见自己行为可能带来的后果，但认为通过各种方式和手段可以规避风险。这其实是一种伪避险。如犯罪分子在实施犯罪的过程中,预见自己的行为会发生危害社会的结果,但认为自己计划周密,精心安排,做的事情天衣无缝;或者即使被人发现,也可以李代桃僵,或凭借人脉关系,摆平一切,心存侥幸,从而实施犯罪行为。

矫正作业:

饶幸心理有哪些作用?请剖析自己犯罪时是否存在侥幸心理。

将答案填写在《矫正足迹》上。

第二节　侥幸心理的管理控制

矫正目标:促使矫正对象明白侥幸心理属于人的意志活动的心理范畴。懂得侥幸心理具有普遍性,这种本能的侥幸心理也可能失控。若它逾越了道德、法律的约束,超越了一定的限度,就会具有难以置信的破坏性。学会管理"两线一度"的方法,对侥幸心理进行有效管理。

建议课时:6 课时

适度管理侥幸心理

建议课时:2 课时

一、目标适度可行

渴望成功的人,会充分用侥幸心理来激励自己,乐意甚至热衷于接受在一般人看来是不可能的挑战,敢于冒风险,为自己制订有一定难度的目标。害怕失败的人则会故步自封,不会主动超越自己。但并不是只要充分发挥主观能动性,有100%的努力,就一定能实现1%的可能,这里还有一个尊重自身实际的问题。目标过高,不符合自身实际则完全无法实现,也会让自己经常陷入挫折的情绪中;目标过低,则无法挖掘个人潜力,自身价值不能得到充分展现。因此,需要认清自我实际,制订适度目标,不激进,不胆怯,充分发挥个人主观能动性,尽最大的努力,争取可能争取到的胜利。

二、不过度依赖

当人们遇到压力、风险、危机而感觉焦虑时,心理会失去平衡,需要用侥幸心理不确定的乐观情绪来调节自己,这是人们一种自我保护的本能。但我们也应该看到,这种乐观不是基于现实的,甚至是和现实相反的,它的作用就是暂时稳定人的情绪。如果过度依赖侥幸心理来安慰自己,就是一种自我欺骗了。我们应该在调节自身情绪的基础上,把更多的努力用在应对压力、风险和危机上。即使暂时失败也要坦然面对,并从中吸取经验教训,校正方向,谋划下一步的发展。

三、不过度投入

不可否认,普遍存在的侥幸心理一定程度上丰富了人们的业余生活。这种娱乐性消费给人们平淡的生活增添了不少乐趣,使人们多了一份期盼与希望。但是,由此而带来的一些负面心理效应也不能不引起人们的警惕。如有些人对购买彩票投入了过多的精力和热情,整天琢磨投注号码的排列组合,上午买书求秘籍,下午拜师学窍门,晚上模拟实战下两注。这严重影响了个体的学习和工作。也有些人不考虑自己的经济能力,误以为投入越多,中奖的机会就越大。这种过度投入的侥幸心理使他们心态失衡,甚至由此造成家庭不和。还有些人对结果看得过重,每期开奖之前都处于忐忑不安之中,当得知自己未中奖后,便又陷入烦恼焦躁的情绪中。

“守株待兔”这个故事想必很多人都知道,平淡的生活中,有些人就是因为突如其来的事情,凭着偶尔得之的意外收获,把愿望无限扩大,相信1%的运气(侥幸),能够换来99%的希望,从而迷失了自我。

案例链接:薛某,男,43岁,浙江省文成县人。2006年,生意连连失意的他带着对事业仅存的希望,只身来到长沙,开始策划房地产营销项目。一次偶然的机会中了391.8万元大奖。从此他放下了手上的工作,痴迷于购买彩票,出手越来越阔绰,动辄几千元、上万元。对彩票的痴迷,使他不但耗光了家中所有的积蓄,反而欠下了400万元的高利贷,买彩票还债的希望一次次落空,而债务连本带利一天天涨高。他开始动起了歪脑筋,多次伪造商铺认购单据从中获利,从此一步一步将自己推入难以自拔的境地。在狱中,他回忆,“原本以为我的人生因中彩票大奖发生转机,谁料正是彩票断送了我的人生。这不是彩票的错,是我的侥幸心理和赌徒心理作祟呀!”

在生活中,适当的娱乐活动可以调节人们的情绪,如果过度投入娱乐活动中,不但起不到调节情绪的作用,而且会对生活、事业造成不利的影响。聪明的娱乐者必须警惕这种过度投入,提高自我克制、自我约束的能力,把自己的娱乐活动控制在合理的范围之内。

矫正作业:

结合自身实际,谈一谈如何合理管理自己的侥幸心理?

将答案填写在《矫正足迹》上。

用道德约束侥幸心理

建议课时:2课时

道德是在人们的实际生活中,由于人们的需求而逐步形成的一种具有普遍约束力的行为规范,它是每个公民必须遵守和履行的行为规范的总和。道德之所以让人有敬畏感,不仅在于道德博大精深,还在于它代表了我们生活中一种需要共同努力维系的社会核心价值和正义的社会秩序。

道德要求每一位公民提高个体的道德自律，即将外在道德规范转化为自身内在的约束。那么，如何通过道德自律来约束侥幸心理？

一、树立正确的价值观

侥幸心理只是一种不顾客观实际、一厢情愿的幻想。只有抛弃这种不切实际的幻想，保持积极进取精神，靠自身不断努力，才能取得成功。首先，要有责任心。一个人做事要有责任心，只有尽职尽责，才能避免疏忽大意，保质保量完成工作任务。其次，严格要求自己。只有严格要求自己，才能确保质量过硬。如果工作上满足于过得去，就经不起检验。再次，要脚踏实地。一个人在工作中只有踏踏实实，工作能力才能得到提高。如果心存侥幸，弄虚作假，就不可能得到真正的锻炼，也不可能做出什么好成绩。最后，要把握好人际交往。“近朱者赤，近墨者黑。”如果经常与品性不端的人交往，容易受不良习气的影响，侥幸心理也就会越来越严重。相反，如果常与积极上进的人相处，相互鼓励，取长补短，就会不断丰富自我。

要想用道德约束自己的行为，就要树立正确的价值观。那么，如何树立正确的价值观呢？第一，以共同发展为价值取向。第二，以不损人利己为价值目标。第三，以艰苦创业为实现手段。第四，以公平竞争为激励机制。第五，以遵纪守法为行为准则。

二、珍惜个人信用

个人信用，指长时间积累起来的因履行诺言而取得的信任和诚信度。人们在日常生活中讲的“一诺千金”“答应的事一定办到”“君子一言，驷马难追”等，实际讲的就是信用。如果一个人不珍惜信用，怀着侥幸心理逃避责任，不但会损害自己的个人信用，还会给家庭带来不良的影响。

案例链接：村民张晓（化名）15 年无怨无悔替兄还债 18 万元，被当地群众称为“诚信哥”。20 世纪 90 年代初，音响、投影设备风靡一时，张晓的哥哥也借钱做起这门生意。可好景不长，由于产品滞销，赔了一大笔钱，经不住巨大的债务压力，2000 年，张晓的哥哥外出打工，再也没有回来。

“哥哥一走，讨债的人天天到父母家里要钱，两位老人着急上火。既然没有大哥的消息了，我就要担起责任，维护我们张家人的信誉。”面对众多讨债人，张晓毅然作出替兄还债的承诺。张晓有一门机电维修的手艺，1998 年，他和别人合伙开了一家机电设备厂。为了替哥哥还债，张晓舍不得雇工人，白天忙完厂里的活，晚上还要骑着摩托车出去给别人修理机器。日子在被追债与想尽办法还债中一天天过去，沉重的债务压得张晓一次次感到力不从心。“算了，你还是放弃替你哥还债吧！否则，你也会被压垮。”有朋友劝张晓。可他说：“人活着，就得言而有信。还债这个事再难,我也要坚持下去。"

桃树园村的刘某曾借给张晓的哥哥8000多元。当年听到张晓的哥哥离家出走的消息,心想钱肯定打水漂了。2018年年底,刘某在一家鱼粉厂偶遇张晓,便和他提起了当年的事儿。张晓看到借条后,二话没说,就把8000元还给了刘某。

少则数千元,多则数万元,从2000年开始,张晓一边创业挣钱,一边替哥哥还钱,粗略算下来,总计还了18万元,把有据可查的债务全部还清了。不少债主曾这样感叹道:"我压根也没想到这笔钱还能要回来。"张晓替兄还债的义举令不少债主感到意外。

如今,张晓"无债一身轻"。每当回想起15年的还债经历,他总是那句话:"人活着,就得讲诚信。欠债还钱,天经地义。"

张晓的哥哥欠债后外出打工不归,实际上就是抱有侥幸心理,想逃避债务,他的这一举动不仅损害了个人信用,而且给家庭造成了不良影响。张晓替哥还债的行为,表现出了他良好的道德修养。在实际生活中,良好的道德修养对侥幸心理能够起到约束作用。

三、学会自我反思

"吾日三省吾身""见贤思齐,见不贤而内自省""改过迁善""慎独"等,这些都是提倡个体主动进行道德修养的名言。它要求人们每天都要审视自己的内心,看自己有没有做得不好的地方,主动净化自己的灵魂,积极加以改正,并以此约束侥幸心理。

东汉时期的杨震是个颇受称赞的清官。他做过荆州刺史,后调任为东莱太守。当他去东莱上任的时候,路过冒邑。冒邑县令王密是他在荆州刺史任内荐举的官员,听到杨震到来,晚上悄悄去拜访杨震,并带重金作为礼物。王密送这样的重礼,一是对杨震过去的荐举表示感谢,二是想通过贿赂请这位老上司以后再多加关照。可是杨震当场拒绝了这份礼物,说:“故人知君,君不知故人,何也?”王密以为杨震假装客气,便说:“暮夜无知者。”意思是说,晚上又有谁能知道呢?杨震立即生气了,说:“天知、地知、你知、我知,怎说无知?”王密十分羞愧,只得带着礼物,狼狈而回。这个故事告诉我们:在社会生活中,人要经常自我反思,做事情要“慎独”,千万不可有侥幸心理。

四、懂得将心比心

在现实生活中,我们不能抱有侥幸心理来对待他人。要学会站在对方的角度来看待问题,只有这样才能避免片面和偏激言行。你想要别人怎样,自己就要怎样。当你被别人伤害后,就应该知道自己的侥幸心理也会给别人造成伤害。

案例链接:2014 年 5 月 6 日,义马市人民法院便民巡回法庭开庭审理河南省首例高空抛物致人伤害案。受害人肖某,男,22 岁,住义马市某小区 79 号楼。2012 年 7 月 27 日傍晚,肖某因事外出，走到小区东某单元1楼门口时，被一个从天而降的啤酒瓶砸得头破血流，趔趄了几步后晕倒在地，随即被送往急救中心抢救。经过近1个月的住院治疗，在花费了19万余元的医药费后，肖某脱离了生命危险，但被鉴定为八级伤残。这一事件经当地公安机关介入调查后，因未能查明系何人所为，肖某将出事地点的筹建单位某公司及小区东单元上下楼层的55户居民告上了法庭，要求他们共同赔偿医药费、精神损失费等各种费用19万余元，并依法判令被告承担本案诉讼费。

原告代理律师认为，根据我国《侵权责任法》的规定，从建筑物中抛掷物品或者从建筑物上坠落的物品造成他人损害，难以确定具体侵权人的，除能够证明自己不是侵权人的外，由可能加害的建筑物使用人给予补偿，请求法院判令各被告共同补偿原告各项损失共计196,651.7元。

高空抛物被称为“悬在城市上空的痛”，那些高空抛物者一定都抱有侥幸心理，自己图省事，随意乱扔东西，也没有什么大不了的，侥幸不会产生什么不良后果。类似的情形还有很多，又如不遵守交通规则，不按安全规章来操作等，这就需要那些有侥幸心理的人能够将心比心、换位思考，如果“恶之果”是由自己或自己的家人承担，你一定会暴跳如雷，恨得咬牙切齿，我们要消除的不仅仅是“悬在城市上空的痛”，更是那份侥幸心理。

矫正作业：

学以致用，说说如何用道德来调节侥幸心理？

将答案填写在《矫正足迹》上。

用法律震慑侥幸心理

建议课时：2 课时

就违法犯罪而言，侥幸心理的产生：一是来源于直接经验。如在日常生活中，所做的违法甚至犯罪的事情没有被发现，从而盲目自信，认为有机可乘。二是来源于间接经验。因为公安破案需要一定的时间，客观上造成了犯罪分子作案后还会逍遥法外一段时间，若是遇到线索少、案情复杂的案件，犯罪分子作案后逍遥法外的时间可能更长。于是，有的人就产生了作案也未必会被抓的侥幸心理。

在遵守国家法律、法规方面，我们任何人都不能抱有任何侥幸心理。法律法规是震慑人们侥幸心理的有力武器。

一、树立对法律的敬畏之心

每个公民要始终对法律怀有敬畏之心，牢固树立法律红线不能触碰、法律底线不能逾越的观念，时刻用法律法规约束自己。

方红（化名），女，31 岁，汉族，初中文化，无职业，贵州省开阳县人。她在发现丈夫有外遇后，竟欲通过贩毒牟取暴利，以求年幼的女儿有个幸福的未来。2002 年 11 月间，她分 7 次从广州购得海洛因 900 克贩卖，2002 年 11 月 18 日被公安机关抓获归案。

2004 年 6 月 25 日上午，经最高人民法院核准，因贩卖毒品而被判处死刑的方红被执行死刑。

记者经有关部门和当事人允许，在其生命的最后 3 小时里，与之进行了面对面的采访：

坐在记者面前的方红面容姣好，身着一袭白色的衬衫和齐膝裤，齐肩的头发梳理得一丝不乱，脸上隐含着焦虑和忧郁。再过 3 小时，她的生命就要结束了。和记者的一问一答间，方红显得较为平静。她说，“即使有 100 个理由，也不能有丝毫的侥幸心理。我是国家的罪人、家庭的罪人！”这一刻，最让她牵挂的，还是年幼的女儿。在“忏悔书”中，她对女儿说，“一定要学好！”

从以上案例，我们不难看出，一个人要想获得真正的幸福和快乐，必须遵守国家的法律和法规，抛弃侥幸心理。如果抱着侥幸心理，置国家法律法规于不顾，以身试法，最终必将葬送自己的前程和幸福，甚至葬送自己的生命。

二、法律面前莫侥幸，侥幸必被抓

前面我们提到，因为公安破案需要一定的时间，客观上造成了犯罪分子从作案到最后被缉拿归案，中间有一段时间差。

以前因为刑侦技术不高,刑侦设施不齐备,刑侦队伍素质不高等条件的限制,这段时间差甚至可能长年累月。但随着社会经济和科学技术的发展,刑侦技术日益精湛,作案现场留下的指纹、毛发、血迹等均可以精确锁定犯罪嫌疑人;刑侦设施日新月异,上至北斗定位、无人机搜索、天网工程,下至人脸识别系统等,均可搜寻到犯罪嫌疑人的蛛丝马迹;刑侦队伍素质不断提高,他们外出取经学习先进理论与技术,内部深挖潜力,痕迹学、物证学、犯罪学等专家层出不穷,最后形成杀鸡可用宰牛刀、抓毛贼有大专家支招的大好局面。所有这些也形成了今天这大好局面:实施作案后不是能不能抓住犯罪嫌疑人的问题,而是犯罪后三两天内抓获,还是犯罪后三两周内抓获的事!所以,法律面前莫有侥幸心理。倘若在侥幸心理支配下胆敢实施犯罪勾当,必定被抓!

三、莫做心虚贼、惊弓鸟

俗话说做贼心虚。即便有的犯罪分子的罪行还没有被发现,即使侥幸逃过了一时的追捕,他们内心深处也时刻受到恐惧的煎熬。每次听到警笛声音,就仿佛觉得那张天罗地网向自己罩来。在外东躲西藏时,不敢使用身份证,不敢住宾馆,不敢找正当的工作,甚至连自己的名字都不敢使用。简直成了有家不敢归、有亲不敢投的“丧家之犬”。

2013年4月11日,余某侵占公司的非法所得300万元后,与妻子潜逃马来西亚。我国公安部“猎狐”追逃小组在与马来西亚警方共同配合下,终将余氏夫妇缉拿归案。回国后,余氏夫妇向警方交代,逃亡的日子真是不好过,举目无亲、流离失所。刚到马来西亚的一段时间里,他们找不到任何工作,几乎流落街头。其后,依靠在赌场帮朋友接待旅行团赚取一点小费勉强维生。在余某外逃期间,其家中多位老人相继离世,未成年的幼女也只得委托亲属照料。因为怀着未能尽孝的深深愧疚和对女儿的无限思念,余某无法承受巨大的心理压力,曾经试图服安眠药自杀。

“惊弓之鸟”这个典故,出自《战国策》,是指被弓箭吓怕了的鸟不容易安定,现用以形容受过惊吓的人,碰到一点动静就非常害怕。这启示做人做事要光明磊落、品行端正,方能心安理得、问心无愧。俗话说:“不做亏心事,不怕鬼敲门”,说的就是这个道理,也是与做贼心虚恰恰相反的意思。“若要人不知,除非己莫为”,做了坏事的人始终像惊弓之鸟,它让你痛不欲生,让你挥之不去,总是感觉有人在盯着自己,害怕受到揭发和举报,身心承受着巨大的压力;心网的束缚,更让人备受煎熬。

总之,要想做好侥幸心理管理,就要充分发挥侥幸心理的激励作用、自我保护功能,理性面对娱乐。此外,要充分认识到侥幸心理是罪恶产生的根源之一,它会使自己的贪欲膨胀,甚至走上不归路。因此,要时常为自己敲响“勿以恶小而为之”的警钟;只有抛弃侥幸心理,才能使自己的人生一帆风顺。

矫正作业：

1. 如何用法律来震慑侥幸心理？

2. 结合自身实际，谈谈以后该如何控制自己的侥幸心理。

将答案填写在《矫正足迹》上。

职业匹配指引篇

牟利型毒品罪犯，被“一夜暴富”的思想影响，不想、不愿意劳动，恶劳好逸，职业观不正，加之有过服刑经历，有可能会给找工作增加难度。他们或对职业观没有一个正确的概念，不清楚职业的意义和职业观不正的危害有什么，又或对自己定位不准，不明白自己有什么能力，适合做什么事情、干什么工作，更谈不上给自己制订一个符合实际的职业规划，按照职业规划，找到一份可以养家糊口的工作。

结合上述问题，本篇讲解职业观基本概念以及如何树立正确的职业观，教授矫正对象学习“九型人格”，并能使用“九型人格”测量工具进行自测，进一步了解自己，能结合自身实际制订职业规划，找到与自己匹配的职业，自力更生，自食其力。

本矫正模块总课时：26 课时

第一章　树立正确职业观

矫正目标:了解职业的特征、分类和意义;明白职业观不正的原因和影响职业规划和发展的几种不良心态;树立正确的职业观;学会规划自己的职业生涯。

建议课时:5 课时

第一节　职 业 概 述

建议课时:2 课时

一、职业的含义

职业是指人们在社会生活中所从事的以获得物质报酬作为自己主要生活来源,并能满足自己精神需求的,在社会分工中具有专门技能的工作。

二、职业的特性

职业与人类的需求和职业结构相关,强调社会分工和利用专门的知识技能。职业与社会紧密相关,强调创造物质财富和精神财富,并获得合理报酬。职业与个人生活相关,强调物质生活来源,并涉及满足精神生活。总的来说,职业具有以下5个特性。

(一)职业的社会属性

职业是人类在劳动过程中的分工现象,它体现的是劳动力与劳动资料之间的结合关系、劳动者之间的关系。劳动产品的交换体现的是不同职业之间的劳动交换关系。这种劳动过程中结成的人与人的关系无疑是社会性的,他们之间的劳动交换反映的是不同职业之间的等价关系,反映了职业活动、职业劳动成果的社会属性。

(二)职业的规范性

职业的规范性包含两层含义:一是指职业操作要求的规范性,二是指职业道德的规范性。不同的职业在其劳动过程中都有一定的操作规范性,这是保证职业活动专业性的要求。当不同职业在对外展现其服务时,还存在一个伦理范畴的规范性,即职业道德。

(三)职业的技术性和时代性

职业的技术性指不同的职业具有不同的技术要求,每一种职业往往都表现出相应的技术要求。职业的时代性是指职业由于科学技术的变化,社会生产力的发展,人们生活方式、习惯等因素的变化,会产生新的职业,如微商、电商、外卖小哥等。

(四)职业的广泛性

职业的广泛性有两层含义:一是职业主体广泛,但凡通过劳动自食其力的人员，都属于从业人员；二是涉及的领域广泛，涉及政治、经济、文化等许多领域，所以有工人、农民、教师、商人等众多职业。

三、职业的分类

根据不同的标准，职业可有不同的分类方法。每一种分类方法，对职业的特定性都有明确的解释，这对个体更好地掌握某一职业的特点，去选择适合自身的职业有指导作用。

我国《职业分类大典》把职业划分为 8 个大类：第一大类：国家机关、党群组织、企业、事业单位负责人；第二大类：专业技术人员；第三大类：办事人员和有关人员；第四大类：商业、服务业人员；第五大类：农、林、牧、渔、水利业生产人员；第六大类：生产、运输设备操作人员及有关人员；第七大类：军人；第八大类：其他从业人员。

四、职业观不正的表现

职业观就是择业者对职业的认识、态度、观点，如对职业评价、择业方向等问题的认识，是择业者选择职业的标准和指导思想。通常而言，人要在社会中生存，就需要有职业，但在现实生活中选择职业时，每个人的世界观、价值观不一样，对择业的标准不一样。常见的职业观不正主要表现在以下几方面：一是眼高手低。自身素质不高，大事做不来，小事又不愿意做，尤其不愿从事一些职业环境差、收入低、以体力活为主的职业，不愿脚踏实地从底层做起。二是恶劳好逸。不想去劳动，整天想着如何捞偏门、走捷径、发大财。比如，有的人将抢劫、盗窃、拐卖妇女儿童、贩卖毒品、运毒等犯罪行为作为谋生的手段，甚至将其视为一种“职业”。三是职业歧视。主要表现在两方面：一方面，低收入职业受到了歧视；另一方面，“体力活”被贴上了“没前途”“低贱”“文化要求低”的标签。

五、树立正确的职业观

一是树立先生存后发展的观念。通常而言，刑释人员回归社会后，当务之急是先解决自己的生存问题。二是树立正确的求职心态。研究表明，轻视劳动、鄙视劳动、恶劳好逸、不劳而获等错误思想和观念是相当部分犯罪的思想根源。刑释人员踏入社会后，关键是要摒弃、纠正原来的错误思想意识，树立“劳动光荣”的思想。只有这样，才能积极面对生活，树立正确的求职心态。三是合理定位自己。既不要高估自己，也不要妄自菲薄，客观地认识自己的优势和劣势，踏踏实实，从零开始，一步一个脚印，凭借自己的不懈努力找到适合自己的就业岗位。四是树立职业平等观念。无论是环卫工人还是汽车修理工，每一种职业都有其存在的必要，缺一不可，它们只是社会分工的不同，并无高低贵贱之分。国家领导人与道路清洁工，他们都是社会的一分子，都对社会的发展作出了贡献，不能因他们贡献的大小不同而衡量职业高低尊卑。职业不过是一个人对彰显自身价值的方式的一种选择,既然是选择,那便无关乎贵贱,选项都是平行平等的。

矫正作业:

1. 简述职业的含义。
2. 职业的特性有哪些?
3. 结合自身,分析自身职业观不正的表现有哪些?
4. 结合自身,谈谈如何树立正确的职业观?

将答案填写在《矫正足迹》上。

第二节 职业生涯规划基本概述

建议课时:3 课时

前面一节,为我们介绍了职业的含义、特性、分类,职业观不正的表现以及树立正确职业观的措施,让我们明白职业观不正会影响一个人的发展,甚至会导致一个人走向犯罪的道路,这就需要我们对自身的职业生涯进行有效规划。

一、职业生涯规划的概念及特性

(一)职业生涯规划的概念

职业生涯规划,是指一个人对自己未来职业发展历程的计划,具体是指个人结合自身实际情况、社会需要、面临的机遇和制约因素,为自己确定职业方向、职业目标,选择职业道路,确定学习、训练和发展计划,为实现职业生涯目标而订立的行动方案。从一般意义上讲,职业生涯规划是一种计划、一种安排、一种方案,目的是实现自己确立的职业方向、职业目标、职业道路等。职业生涯规划不是别人强加在个人身上的,而是在个人内心动力驱使下而规划的实施方案,其动力源于自身。是自己在设计自己,是自己在规划自己,是自己在做自己命运的主宰,是结合社会发展和个人利益而充分发挥个人主观能动作用的产物。

(二)职业生涯规划的特性

第一,合法性。合法性指职业的选择、职业方向、职业目标、实现职业的措施等,是合乎法律规定的,为实现职业目标而付出的行动是在法律范围内进行的。总之,整个职业生涯规划的制订和实施都必须符合法律规范,只有具备合法性,才能保证自己的职业选择、职业方向、职业目标得以顺利实施,反之,则会阻碍甚至断送了自己的职业生涯。

第二,可行性。可行性指职业生涯规划的制订,能结合自身文化水平、知识结构、能力素质和职业技能等,有周密的计划步骤,目标明确,方法适用,效果可靠,是切实可行的,经过努力可以实现的。换言之,职业生涯规划是可以付诸实际行动的,并对实际行动具有指导意义。总之,职业生涯规划不是纸上谈兵，只有具备可行性，才有其真实的价值与作用，才有其实际意义。

第三，适时性。适时性指职业生涯规划何时实施、何时完成，对应自己的规划，拟定出短期（日、周、月、年）、中期（3～5年）、长期（5～10年）应该要达到什么目标，何时学习和培训，等等。这些都要有具体的时间和日程上的详细安排。

第四，适应性。适应性指规划未来的职业生涯目标与行动，涉及环境等很多不确定因素，因此规划应有弹性。随着环境和自身条件的变化，个人应及时调整自己的职业生涯规划方案，以增加其适应性。

第五，持续性。职业生涯目标是人生追求的重要目标，职业生涯规划贯穿人生发展的每个阶段，通过不断调整和持续的职业活动安排，将人生的每个发展阶段规划连贯衔接起来，最终实现职业生涯目标。

二、职业阶段划分与职业规划

（一）职业阶段划分

关于职业生涯阶段的划分，不同的专家学者有不同的观点，有的提出三阶段论，有的提出四阶段论，也有的提出五阶段论、六阶段论。职业生涯发展理论专家金兹伯格，将人生职业生涯发展划分为3个阶段，即幻想期（11岁以前）、尝试期（11～18岁）和实现期（18岁以后）。美国学者利文森将职业生涯发展划分为6个阶段，即拔根期（16～22岁）、成年期（22～29岁）、过渡期（29～32岁）、安定期（32～39岁）、潜伏的中年危机期（39～43岁）和成熟期（43～59岁）。孔子根据自己的亲身经历，将10年作为一个生涯阶段，曰："……三十而立，四十而不惑，五十而知天命，六十而耳顺，七十而从心所欲，不逾矩。"

（二）职业规划

就业从业阶段，人们将自己的知识与智慧贡献给社会，为社会服务，社会财富也因为人们在这一个阶段的贡献而得到创造。成功的人首先必须取得职业发展的成功；一份适合自己的职业，能发挥自己才能的职业，是一个人获得一定的社会地位和经济地位的基础。

在职业规划中，个人要基本形成自我职业概念，并随时准备寻找适合自己的工作，为就业做好基础准备。在就业的过程中，个人经过相应的教育、培训或积累了一定的人力资本，经过多次的挑选与被挑选，确定工作岗位并在相应的岗位上施展才能。职业创新期，是个人职业发展生涯的黄金期。个人基本上找到了自己所认同的职业领域，并寻求在此领域中有所建树。当职业生涯发展到维持期，个人由于知识与经验的积累，达到了一种稳定的状态，发展速度缓慢，并已取得了一定的地位和成就。在职业发展的最后阶段，人进入衰退期，由于体力与精神状态的下降，个人从一个积极的参与者到完全退出工作领域。

三、影响职业生涯规划的不良心态

职业生涯规划对个人职业发展起着至关重要的作用,但在职业生涯中,总会有一些不良的心态影响人的职业成长,了解和掌握这些不良心态有助于人们更好地进行职业生涯规划。具体来说,主要有以下几种不良心态影响职业生涯的规划和发展。

(一)缺乏主见

主要表现在:一是看到其他人都制订了职业规划,自己也想制订,但不明白为什么要制订,只是随大流;二是制订职业生涯规划时,不能全面分析自身的优势和劣势,不去思考自己适合从事什么职业,缺乏主见,严重依赖他人的见解;三是主意多,但是不能确定适合自己的职业方向,总觉得这个也行、那个也行,在犹豫中徘徊不前。在这种“把自己当客人,自己的人生让别人做主”的思维模式下,所制订的职业生涯规划,要么不适合自己,要么实施起来问题多、困难重重。

(二)急于求成

主要表现在:一是制订职业生涯规划时,追求长远规划,忽略短期、中期、长期目标,希望一步到位;二是在规划实施的过程中,忽略学习、培训等环节,不注重自身素质的提升;三是在职业生涯规划实施过程中,由于环境等各种不确定性因素的影响,不对职业生涯规划方案进行适时调整,而是急于求成,按照原定计划继续前行。职业生涯规划的重点是先有一个大的方向或目标,然后围绕这一方向或目标,制订实施步骤,分步实施。从学习阶段进入职业阶段有一个过渡期,也需要一个职业探索期。罪犯刑满释放后也是如此,从"监狱人"到"社会人"也需要一个过渡适应期,面对困难生活,加之感到被耽搁的时间太多,急于补偿,如果草率进行职业规划,那么所制订的职业规划要么脱离实际无法实施,要么以失败而告终。

(三)缺乏韧性

主要表现在:一是虽然树立了职业生涯目标,但是缺乏制订规划的恒心和勇气;二是把自己制订的职业生涯规划停留在口头上,不付诸实施,或者消极实施;三是在实施的过程中遇到了各种问题后,不想方设法去解决问题,而是选择逃避。

老干妈风味食品有限责任公司的董事长陶华碧,1947 年出生于贵州省湄潭县一个偏僻的山村。由于家里贫穷,陶华碧从小到大没读过一天书。20 岁那年,她嫁给了一名地质队员;但没过几年,丈夫就病逝了,扔下了她和两个孩子。为了生存,她不得不去打工和摆地摊,用四处捡来的砖头盖起了一间房子,开了个简陋的餐厅,取名"实惠餐厅",专卖凉粉和冷面。为了佐餐,她特地制作了麻辣酱,专门用来拌凉粉,结果生意十分兴隆。有一天早晨,陶华碧起床后感到头很晕,就没有去菜市场买辣椒。谁知,顾客来吃饭时,一听说没有麻辣酱,转身就走。这件事对陶华碧的触动很大。她一下就看准了麻辣酱的潜力,从此潜心研究起来。1996年7月,她租借南明区云关村委会的两间房子,招聘了40名工人,办起了食品加工厂,专门生产麻辣酱,定名为“老干妈麻辣酱”。2018年10月,陶华碧入选“改革开放40年百名杰出民营企业家名单”。

职业生涯规划的制订与实施并不是一蹴而就的,需要经过多次努力、面对各种考验,在这一过程中,如果缺乏韧性,那么再好的规划也将付诸东流。陶华碧,从小到大没读过一天书,而且遭遇丧夫之痛,屡次打工摆摊受挫,最后却成为杰出民营企业家。在创业过程中,如果她缺乏韧性,在餐饮业遇到挫折就逃避,那么她也不会有清晰的职业方向——潜心研究麻辣酱,更不会取得今天的成功。

(四)好高骛远

主要表现在:一是制订规划时,在职业选择的过程中,这山望着那山高,左顾右盼,定不下心来,没有清晰的职业方向;二是所设置的职业目标不切实际,对自己缺乏清晰的认知和定位,目标过高;三是制订规划时不分轻重缓急,有的人本来自己的生存都成了问题,但是职业方向却考虑得比较长远,生存问题还没得到解决就去思考发展问题。职业生涯规划的第一步就是要对自我进行认知,根据自身的能力、兴趣、个性和价值观,全面分析个人和外部环境因素,先了解各种职业的需求趋势以及关键成功因素,然后确定职业或事业发展目标,选择与目标相适应的职业和岗位。好高骛远,不切实际,最终往往都是以失败而告终。

四、职业生涯规划的重要意义

成功的人生需要正确地、科学合理地规划自己的职业生涯,这是迈向成功人生的重要一步。职业生涯规划是个人职业发展的有效方法,通过职业规划可以明确个人职业发展的目标,少走弯路;职业生涯规划可以使人了解自己,了解周围环境,通过这种方式,使自己在纷繁复杂的环境中找到适合自己的人生坐标,并在自己的潜能方面不断挖掘和拓展,最终达到事业的辉煌。

职业规划的核心目标是要实现人生价值的最大化。它包括两个方面:一是充分用足自己的长处,二是充分用足环境资源。正如谚语所言:“如果你不知道要去哪,那你通常哪也去不了。”服刑罪犯总有一天会刑满释放,同样也要有清晰的目标和方向,监狱开展职业生涯规划教育,其目的是让大家刑满释放后不处于盲目状态或重操旧业。那么,对服刑罪犯进行职业规划意义何在？主要有3个方面:

(一)有利于自己的生存和发展

通过制订职业生涯规划,有利于改变刑释人员就业与谋划职业的盲目状态,使每名刑释人员明确刑释后“做什么、能做什么、如何做”等个人职业生涯基本问题,明白轻重缓急,首先应当解决什么问题,其次才考虑其他问题。刑释人员回归社会后，首先要解决的是个人的生存问题，其次是发展问题。职业生涯规划，可让刑释人员有计划、有目标，快速找到适合自己的工作岗位，获得物质财富，从而获得维护自身生存的经济基础。在生存问题解决的基础上，对自身的职业发展再进行规划，选择符合自己的职业人生，以新的人生职业态度，开创属于自己的职业天地。

(二)有利于良好家庭环境的重建

通过职业生涯规划，刑释人员可以了解社会经济、社会分工和职业分类等发展状况，准确地作出择业判断，选择符合自身条件的、适合自身特点的、发挥自身价值的职业或事业，也就是我们日常所讲的“工作”。这样可以依靠自身的勤劳，以合理合法的手段从所从事的职业活动中获取物质的、精神的财富，以满足自己的生活与精神需求，获取重建家庭、创造良好家庭环境的经济基础。

(三)有利于维护稳定的社会秩序

罪犯再社会化过程的重要内容之一，就是刑满释放后参加正常的社会组织、社会活动，而最重要的就是社会职业活动。通过职业生涯规划，可以让刑释人员吸取因无正当职业、无事可做等而走上违法犯罪道路的深刻教训，充分认识到稳定的就业是从源头上避免不劳而获思想、违法犯罪行为发生的“防护墙”，是保证自身生活稳定、维护社会秩序的有效手段。

矫正作业：

1. 简述职业规划的概念、特性。

2. 简述职业规划的重要意义。

3. 列出影响职业生涯规划的不良心态。

4. 职业生涯规划对刑释人员有何意义？

将答案填写在《矫正足迹》上。

第二章　九型人格与职业规划

矫正目标：了解职业规划的步骤，明白职业规划与九型人格的关系，学会运用九型人格进行自测，清楚自己的职业倾向。

建议课时：9 课时

第一节　职业规划步骤及自我认知

建议课时：1 课时

一、确定志向

明确的职业发展方向是就业的第一要素，也是事业成功的基本前提。确定了自己的职业目标，就要沿着这个方向去努力。

二、准确自我评估和分析客观条件

职业规划中进行准确的自我定位非常重要。对自己的评估应包括：兴趣、性格、技能、特长、思维方式等，要将自我认识和他人评价相结合。外部，要分析社会环境。各种职业环境和组织环境，应注意环境条件的特点、发展变化情况、自己与环境的关系、环境对自己有利与不利的因素等。只有调整好自身条件与客观条件的接洽度，才能在职业发展规划中趋利避害，使职业规划更符合实际。

三、制订适度的职业目标

选择职业发展目标时，切忌急功近利。要保证目标适度，不可过高或过低，并将长期目标和短期目标结合起来，通过不断实现短期目标最终实现长期目标。

四、制订行动计划、考核措施，并进行评估和调整

确定了职业发展目标后，要通过一系列发展规划来确保目标实现。职业发展中，会经常发生变化，考虑到影响职业规划的因素很多，对职业规划的阶段性评估与修订也很必要。修订的内容可以包括职业方向的重新选择、职业生涯路线的重新选择、人生目标的修正、实施措施与计划的变更等。

综上所述，挑选职业时，必须参照主客观的条件，既要有个人的职业能力、兴趣，还要与社会实际、职业发展趋势等因素相结合。在职业选择的实践中，往往需要职业选择理论的帮助与指导，特别是心理学及心理测验技术，对帮助与指导人们选择合适的职业方向起着一定的作用。

矫正作业：

简述职业规划的步骤。

将答案填写在《矫正足迹》上。

第二节　九型人格与职业规划

建议课时：8 课时

一、九型人格的含义

九型人格是一门古老的学问，按照古老图腾的 9 个角度展开，揭示了 9 种不同的内心动力，每个人天生都是独一无二的个体，而这个“型”就是“基本人格型态”。

九型人格是从人的基本焦虑应对策略出发，进而从人的基本需要的角度对人格进行考察和诠释的人格类型理论，近年来由美国斯坦福大学海伦·帕尔默（Helen Palmer）发扬光大，并已进入斯坦福、哈佛、牛津等国际知名学府的主流教程。

九型人格是一门属于人格心理学范畴的社会科学理论，是目前使用率较高的识人、用人的人才管理工具。由于其理论掌握难度较低、人格判断迅速、应用简单实用，已在多个领域的杰出工作者中推广使用，如心理学家、精神分析师、管理者、教师、律师及宗教导师等。九型人格不但有助于个人成长、企业管理及人际沟通，而且更加适于企事业单位在人员招聘、组织构建、团队沟通、提升业绩、促进协作过程中作为评价人员性格的工具。近年来更扩展至夫妻相处、子女教育及家庭和谐等方面。

如今,九型人格论更被全球大部分国家和商业机构,如通用、微软、可口可乐、安利等广泛应用。

二、九型人格与职业规划

心理学家经过多年的研究发现,个人职业生涯与人格类型之间存在必然且重要的联系。因为能力、兴趣、价值观这几方面都是随时间和社会环境的变化而变化的,但是一个人的基本人格类型自接近成年以后就有着良好的稳定性。人们会被一种特定的人格类型支配,也会坚持某些特定的行为方式;而选择适合自己的工作,就等于最大程度发挥了人职匹配。因此,根据人的性格进行职业选择和规划,才能使人的天赋得到充分的施展与发挥,人的内心深处才能在工作中感到深层的满足,并从工作中获得持续的快乐。

由于人们在需要、欲望、兴趣爱好、特长、价值观和性格类型上都存在差异,因此,不同人格类型的人适合的职业类型也差异很大。同样的工作,对某一种人格类型的人来说可能如鱼得水,而对另一种人格类型的人可能困难重重。甚至同一工作的不同方面,都对应着不同类型的人。通过了解人格类型与特定工作之间的适合程度,我们可以进行职业生涯规划,了解最适合自己的职业活动的种类或组合。

了解人格类型后，我们可以用别人的语言和别人沟通，哪怕是与我们自己的想法非常不同。真正的沟通是可行的，而且能更公平有效地应付各种冲突。九型人格润滑所有工作场所的运作，给人们一个共同的词汇和框架，而且可以帮助人们增加工作满意程度，提高生产力水平。九型人格适用于招聘行政人员，寻找合适的人选，帮助人们在工作时发挥出最高的效率。九型人格于团队发展更显可贵，能有效为冲突找出解决方案、交涉策略。

此外，九型人格有助于我们更加清楚认识自己个性的动力。一旦我们意识到人格类型的重要性，便会看见自己的处事方式不是对所有人都同样有效。因而九型人格最有用的地方，是怎样将自我的思维方式和价值运用到管理中，使管理方式更加灵活，从而发挥他人的力量和潜力。由此，可帮助其他人开始更加有效地自我管理，最终营造一个和谐和满意度高的工作氛围。

三、各类型人格职业匹配

充分了解九型人格的理论。首先，可以有效地帮助我们进行职业规划。因为它帮助我们更清晰地认清自己，发现自己的真正需求，了解更适合自己发展的职业领域，从而避免茫然无措和走弯路。其次，它帮助我们确立更合适的职业目标，让我们在职业生涯规划过程中方向更明确。在制订和实施职业生涯规划的战略中,可以时刻提醒自己需要改善的方方面面;当看到各个型号的领导和同事的特点时,做到知己知彼应对自如,从而帮助自己在职场中换位思考、扬长避短。最后,它可以随时帮助我们分析不同时期遇到的不同类型的人,调整职业生涯策略,提高职场竞争力,最终达到事半功倍的效果。

(一)一号完美型人的特点与工作建议

特点:有自己的标准——公平正直,讲究原则,做事严谨认真,有条有理,井然有序,同时力求完美,但别人却说自己吹毛求疵,爱挑毛病。

基本恐惧:怕自己错、变坏、被腐蚀。

基本欲望:希望自己是对的、好的、贞洁的、有诚信的。

顺境时:正直踏实,能包容他人,能打破条条框框,处事有一定灵活性,判断力强,聪慧而理性,重视公平与诚实,大胆挑战不公平的现象,凡事依据原则而行,有理智,能自律与节制,有很高的道德标准。

逆境时:挑剔,心胸狭窄,不肯接纳别人的意见,容易把别人的意见视为恶意的抨击,不接受自己处事极端呆板,教条主义,绝对化,缺乏弹性,爱否定别人。

可匹配的职业:财务、监察、审计、品质管理、文字校对、产品质量检验、保险理赔员、仓储保管员等。

(二)二号助人型人的特点与工作建议

特点:愿意帮助所有人——富有爱心,善解人意,热情付出,总是优先帮助他人,可别人却常常忽略自己的存在。

基本恐惧:不被爱,不被需要。

基本欲望:感受爱的存在。

顺境时:慷慨无私,富有很强的同情心,体谅他人,热心助人,主动付出,热情而有活力,充满阳光气息,诚恳而温暖,容易接近,很受人欢迎。

逆境时:情绪化,虚荣心重,操控别人,讨好别人,觉得自己特殊,专制而易怒,爱抱怨,因觉得自己的付出与收获不成正比而自认为是受害者。

主要动机:被爱,被需要,希望别人喜欢他多于尊重他,成就他人,追求情感上的满足。

可匹配的职业:秘书、社工、服务工作、护士、餐饮服务员、人事经理、播音员、主持人、导游等。

(三)三号成就型人的特点与工作建议

特点:想要出人头地——追求个人成就,渴望比他人更成功,喜欢成为别人关注的焦点,希望被人尊重、肯定和羡慕,很多人说自己是“工作狂”。

基本恐惧:没有成就,一事无成。

基本欲望:感觉有价值,被接受。

顺境时:精明能干,充满活力,自信而有魅力,愿意自我肯定内在的价值,乐观主动,感染力强,外向,行动敏捷,不断进取,成就出众,有“不到黄河心不死”的韧性,是富有同情心的领袖。

逆境时:工于心计,为达目的不择手段,会欺骗与说谎,妒忌心强,踩踏别人抬高自己,会剥削和利用他人,把他人当作成功的垫脚石,自恋与残暴。

可匹配的职业:销售、公关、运动员、市场拓展员、商人、代理商、项目管理员、自主创业人员等。

(四)四号自我型人的特点与工作建议

特点:觉得自己是独一无二的——注重感觉,敏感而多梦,渴望别人能够了解自己的内心感受。

基本恐惧:没有独特的自我认同或找不到存在的意义。

基本欲望:寻找自我,在内在经验中找到自我认同。

顺境时:灵感不断,富有创造力,感情真挚而坦诚,观人细微,给予别人支持,自我认同,观察力强,敏感,肯定自我并表现自我,有幽默感,愿意承担。

逆境时:忧郁,多愁善感,自怜自爱,自我怀疑,自我破坏,对世界充满不信任,远离人群,爱回忆过去,依附于痛苦等负面情绪中难以自拔。

可匹配的职业:设计、创作、演员、音乐、绘画、自由职业、小作坊创业等。

(五)五号理智型人的特点与工作建议

特点:想要了解世界——总是喜欢分析、思考、追求知识、渴望比别人懂得更多、不善表达内心感受,给人缺乏感情的印象,感知力强,有原创性,孤僻,热衷于复杂的思维及自主独立。

基本恐惧:无助、无能、无知。

基本欲望:能干、知识丰富。

顺境时:聪明,有卓越的观察力与分析能力,见解独到而深刻,能专注于某一领域,博学而专精,办事仔细无遗,好学,求知欲强,有独创与革新精神。

逆境时:逃避,愤世嫉俗,充满敌意,妄想,孤独,狂躁,自我封闭,把自己困于某些思维模式中,有破坏别人及自己的倾向。

可匹配的职业:财务、工程技术、机械设备维修、考古、计算机程序等。

(六)六号疑惑型人的特点与工作建议

特点:小心谨慎——为人忠诚,有太多疑虑,总觉得世界充满危机,经常担心、焦虑,过于考虑安全方面,常常因此延迟采取行动。

基本恐惧:得不到支持及引导,单凭自己的能力没法生存。

基本欲望:得到支持及安全感。

顺境时:有亲和力,忠诚可靠,肯支援团队,有责任心,勤奋,值得信赖,有良好的合作精神,相信自己和他人,懂得享受生活,踏实,平和。

逆境时:焦虑,紧张,缺乏自信,极度缺乏安全感,到处寻找安全感,对刺激过度反应,自我打击,有被虐倾向。

可匹配的职业:人力资源、生存管理、机要员、安检员、校对员、文秘等。

(七)七号活跃型人的特点与工作建议

特点:觉得自己是快乐的——天生开心,贪玩,喜欢新奇的事物,追求自由的生活,但总有些不得不处理的事情占用自己的娱乐时间。

基本恐惧:被剥削,被困于痛苦中。

基本欲望:追求快乐、满足,得偿所愿。

顺境时:充满欢乐,乐观豁达,热心而宽容,有想象力与创造力,精力充沛,多才多艺,具有鉴赏力,为人群带来欢乐,令人觉得生命充满希望。

逆境时:不切实际,经常妄想,能够以小博大,冲动,有攻击性,爱出风头,有时行为失控,夸张炫耀,在娱乐中逃避现实。

可匹配的职业:喜剧演员、脱口秀表演、节目主持、销售谈判、自由职业、中介、幼儿园老师、项目监理、创意策划等。

(八)八号领袖型人的特点与工作建议

特点:觉得自己是百折不挠的——刚强自信,有正义感,勇于承担,喜欢带领并保护身边的人,但是别人却经常觉得自己太“霸道”而与自己保持距离。

基本恐惧:被认为软弱,被人伤害、控制、侵犯。

基本欲望:决定自己在生命中的方向,捍卫本身的利益,做强者。

顺境时:充满正义感,主持公道,保护他人,勇于承担,宽宏大量，自信坚定，行动力强，能领导他人，坚强，有决断力。

逆境时：手段强硬，独裁而充满暴力，要求别人牺牲小我去成就自己的大我，喜欢追求权力，我行我素，冷漠、夸大、报复心重。

与八号沟通要直接与自信，不要取笑或言语相向。

可匹配的职业：运动员、市场拓展、销售主管、自由职业者、培训师等。

(九)九号和平型人的特点与工作建议

特点：宁愿息事宁人——待人友善，喜欢和谐的氛围，希望大家和睦相处，可别人却说自己太过好好先生，优柔寡断，没有立场。

基本恐惧：失去、分离、被歼灭。

基本欲望：维系内在的平静和安稳。

顺境时：有童心，对人和善，慷慨大度，心境平和，纯真而富有耐心，支持他人，轻松温和，有同情心，勇于实践。

逆境时：抱怨，麻木不仁，将事情过分合理化，懒惰拖延，没有行动力，缺乏焦点，迷茫。

可匹配的职业：教师、客服人员、动物饲养员、项目经理、行政助理、秘书等。

四、九型人格自测与分析

上一节介绍了九型人格与职业规划，那么我们究竟属于哪型人格呢？这就需要了解九型人格自测与分析。

（一）九型人格自测要点

第一，组织矫正对象进行九型人格心理测试，并计算出结果。

第二，结合对矫正对象的自测情况挑选出典型案例。

（二）九型人格测量结果分析要点

第一，围绕九型人格测试结果，矫正官引导矫正对象思考分析“我能干什么”，侧重对自身能力、对事物的兴趣、知识结构等方面进行分析。

第二，思考“未来环境允许我干什么”，分析社会经济状况、地方政策、企业制度等客观环境方面，以及人为主观方面，比如领导态度、亲戚关系、人际关系等因素对职业选择的影响。

第三，帮助矫正对象确定科学的职业目标。

矫正作业：

按照九型人格理论对比分析，结合自身实际，判断自己属于哪种人格，将分析、判断结果记录下来。

将答案填写在《矫正足迹》上。

第三章　职业成功及其必备的素质

矫正目标:了解什么是成功职业者,树立正确的职业观,把握成功职业者的必备要素,学会正确地待人处事。

建议课时:12 课时

第一节　职业成功

建议课时:2 课时

知道自己适合从事什么职业,仅仅是万里长征刚起步,只是说明了前进的方向是正确的。事实证明,职业成功都具备了大致相似的素质,都把握住了前进道路上的各种机遇条件。那么想要获得职业成功,需具备哪些素质。

一、职业成功的含义

职业成功,是指一个人所累积起来的、积极的、与工作相关的成果或心理上的成就感。

一般来讲,职业成功分为客观成功和主观成功两部分。客观的职业成功指标包括总体报酬、晋升次数和其他能表示个人成就的外部标志;主观的职业成功被认为是个人感觉到的对工作和职业发展的满意程度。职业成功标准体现的是一个人的职业价值观,因而它具有时代性、多元性的特点。

二、职业成功的标准

职业成功的标准,是人们对职业成果意义的认识和评价,它取决于人们自身的需要和愿望。既然人的需求是多种多样的,对职业成功的评价就必然是多元化的。当我们越是关注职业成功的主观标准,多元化的特点就越明显。

职业成功的标准大体可以概括为以下几种:

财富标准:认为通过工作可以获得更多的经济回报,发财致富就是现代人的成功标志。

晋升标准:认为职业成功就是晋升到组织等级体系高层或者在专业上达到更高等级。

安全标准:渴望长时间的稳定工作,以获得职业上的安全。

自主标准:强调职业成功就是在工作中自主自由,对职业和工作有最大限度的控制权。

创新标准:标新立异,做出别人没有做出的事情。

平衡标准:在工作、人际关系和自我发展三者之间保持一定的平衡。

贡献标准:对社会、组织、家庭作出贡献。

影响力标准:在组织中、行业内、社会上有足够的影响力,能够改变他人的心理和行为。

健康标准：在繁重的工作压力下依然保持身心健康。

以上几种职业成功的标准不是完全独立、相互排斥的。在每一个人的心目中，职业成功的标准是一个有层次的结构，与其内在的需求体系相对应。职业成功标准的多元性还体现在个体职业成功标准的阶段性上。

在职业生涯发展的不同阶段，人们所面临的任务不同，其追求也不一样，评价也会有变化。在职业生涯的早期，养家糊口、成家立业都需要财力物力，人们可能更注重财富标准；到了中期，人们可能会更关注职业发展的机会、家庭工作平衡、自我价值的实现；而到了晚期，临近退休，人们可能更强调安全、有保障。当我们研究职业成功标准时，一定不能忽略这种复杂性。

总之，职业成功很难用一个绝对的标准来衡量。可是，职业成功作为一个评价性的概念，无论从哪个角度对成功作出评价，都与评价者的职业价值观紧密连在一起。或者说，它是职业价值观的重要组成部分。因此，讨论职业成功的标准问题，实际上是在探讨职业成功的价值观问题。从个人的角度而言，认清自己的内在需要，定义自己的职业成功标准而不是盲目攀比、追求时尚，才不至于在职业生涯的旅途中迷失方向。

矫正作业：

结合自身实际，简述自己对成功职业者的认识。

将答案填写在《矫正足迹》上。

第二节　成功职业者必备的九大素质

建议课时:10 课时

一、动力

人们常说,方向比努力更重要,知识比文凭更重要,情商比智商更重要,做人比做事更重要,能力比知识更重要。还有一句话,动力比能力更重要。

(一)动力比能力更重要

思考以下问题:

1. 为什么有的学生学习成绩很好,有的学生则很差呢?

2. 为什么有的人工作业绩突出,有的人则碌碌无为呢?

3. 为什么有人成功,有人则失败呢?

也许原因很多,请找出最主要的、最普遍的、最有规律性的原因,先不要找那些小概率的、个别的、次要的原因。学习不好,也许你会认为智商的问题,但是勤能补拙。工作业绩不突出,你可能会觉得那是机遇的问题,但是机遇总是光顾有准备的人。有人失败,你可能会觉得,他没有很好的家庭背景,但是很多出身贫寒的孩子,一样可以获得很大的成就,甚至改变整个家族的命运。

影响一个人成功的因素虽然有很多,但首要的是人的进取心,进取心是成功的第一要素。卡耐基曾经说过,“有两种人绝不会成大器,一种是非得别人要他做,他才会去做,否则绝对不会主动做事;另一种是即使别人要他做,他也做不好。只有那些不需要别人催促就会行动起来,并且努力做好的人才能成功,这一类人懂得要求自己多付出,而且做出来的结果总是超过别人的预期”。

进取心是成功的第一要素,如何去寻找自己的进取心呢?从人的行为产生过程中我们可以看出,每个人都有需求,有了这样强烈的需求以后,就会有目标,确定了目标以后,就会产生动机,指引人的行为。旧的需求满足以后,人就会产生新的需求。所以,动机或者是动力决定了想不想做,而能力决定能不能做好。如果一个人没有进取心或者是进取心不足,那么主要的原因就是缺乏动力。没有动力的主要原因是需求不明确、不强烈,或者是有了明确的需求但没有明确可行的目标,所以没有行动。

有一个从国外留学回来的高才生,在家人的帮助下进入一家银行工作。半年之后,她十分苦恼地找到职业规划导师诉说,认为自己做这份工作不能全力以赴。她所处的状态,是所有那些动力不足的人的状态,不能全力以赴做事情。导师问她:“你内心最大的需求是什么呢?是票子?房子,还是车子?你是不是在工作中非常希望得到别人的认可,得到别人的尊重和褒奖呢？”她说，只有做义工的时候才会全力以赴，因为在那里找到了被别人需要的感觉。这种感觉，源于她的成长经历，她是女孩，家里重男轻女，自从她生下来，家里就觉得她可有可无。所以，她非常害怕在工作中可有可无，不被别人重视的感觉。

之后，她换了工作，到一家小企业做经理助理。一年过后，她非常开心地跟导师说：“老板去开发新的领域，目前无论是出纳的工作、文员的工作、招聘的工作，还是一些营销业务管理的工作都交给我来做了，我觉得我第一次被人如此信任和重用。”从这个案例，大家可以看出来，这位高才生是一个能力非常强的人，即使在银行也能胜任，但是她缺乏内心的驱动力。所以说动力比能力更重要。

动力的产生分为外在和内在。来自外在的压力、责任和义务，同样会带给人很大的动力。比如，学生会说，我学习就是为了妈妈，为了让妈妈过上更好的生活；有人说，我如此辛苦地工作，就是为了让老婆孩子过好日子。当然，有不少人的动力是来自内心的需要、兴趣、信念。无论如何，动力都会驱使着人们不断努力，朝着成功的目标前进。

（二）你是职场中的哪种人

职场中有 4 种人，你希望自己成为职场中的哪种人？

第一种人能够做到积极进取、自我实现，无论做什么事都会积极主动，不需要别人的催促，更不需要别人的监督，就能够把事情做到最好。这一种人能够自觉主动地完成各项任务。

第二种人做事方式仅次于第一种人,他们也能做到有事不推诿,一旦有人告诉他们该做什么,他会立刻去做,但是他们只做别人吩咐的事情。

第三种人比起第一种和第二种人就被动得多,这一种人做任何事情,都需要别人的督促,一旦没有人监督,他们就懈怠,这一类人做事犹如挤牙膏,别人挤一下,他才会动一下。

第四种人已经谈不上做事的方式了,因为这一种人根本不愿意去做他们本应该做的事情,他们每天无所事事,浑浑噩噩,如果不能及时改变,其结局只能一事无成。

对照职场中的 4 种人,每个人都可以思考这几个问题:自己在未来的职场中属于第几种人?如果你是企业老板,你会喜欢第几种人?你认为第几种人更容易成功?第几种人更容易幸福?有人说,第一种人更容易成功,但是第二种人更容易幸福。因为第一种人是佼佼者,不但完成别人交给的事情,还主动去做别人没有交给的事情。这样的人将来在社会上,肯定都能够取得比较突出的成绩,但他们一定会付出更多,疲于奔波。很多人愿意选择做第二种人,第二种人也能完成工作要求,但付出的相对会少一些。

二、进取心

进取心就像发动机,也好比一台内燃机,人就是快速行驶的火车,没有了进取之心,一切行动也将失去动力。不管是个人、企业还是社会组织,只有培养出进取心,付出积极的行动,才能收获成功和幸福。

（一）克服拖延

培养进取心,必须克服懒散习惯。在生活、学习和工作中,经常会看到这种现象,单位安排 10 日内完成一项工作任务,有些人要等到第 8 天甚至第 9 天才会去做这项工作,而到了接近任务完成时限的时候,又突然接到了另外的任务,要求马上完成,这类人便会变得焦头烂额了。他没有给自己留出时间来处理其他的突发事情,以致手头上的工作都不能很好完成,导致工作停滞不前。真正有进取心的人接到了任务会分轻重缓急,重要的事情先做,可能两天就完成了任务,不仅给自己留出了足够长的时间保质保量去完成重要的任务,而且还有剩余的时间去完成新的任务,让自己赢得更多的机会。所以成功学大师说:“把昨天该完成的事情拖延敷衍到今天,这正是我们一事无成的一个根本原因。”

（二）避免安于现状

培养进取心,要避免安于现状,要有对现状不满足的精神。无论是学习,还是工作,都是如此。有一家企业在做执行力培训时,让职员画一条执行力曲线,横轴是时间,纵轴代表执行力,令人愕然的是,有人画出的执行力曲线是向下倾斜的一条直线。这说明来到公司的时间越长,执行力越低。该职员给出的解释是:企业要求越来越高,我达不到。他没有说是自己的问题,而是说企业要求越来越高。那么,可否把企业的标准降低呢?不能,如果把企业的标准降低了,其他企业的标准在不断提高,那么企业可能会被淘汰。

也有职员会说:随着时间的推移,对工作的激情、干劲会越来越衰减。如果每名职员都这样认为,并且在实际工作中缺乏激情和干劲,不仅会影响企业的工作效率,而且自己的工作态度给企业管理人员留下不好的印象,也会面临着被解雇的风险。鲁迅先生说过,“不满是向上的车轮”,一个人、一家企业都应该有一种对现状不满的精神,去追求卓越;只有这样,人才能在社会上立足,企业也才能立于不败之地。

(三)兼顾进取心与平常心

人生,就像一场登山比赛,进取心让我们明确目标,不弃不退;平常心让我们气定神闲,不慌不忙。唯有进取心与平常心的结合,才能铺就我们通向人生巅峰的星光大道。

一个不擅长游泳的人失足掉进湖里,由于内心强烈的求生欲望,他拼命挣扎,却反而越陷越深。这时,一位老者路过,他赶忙命令落水者“别呼叫,放轻松!尽量什么也别想,心无杂念,自然就能浮起来”,落水者照做,果然身体慢慢地浮了上来。结合老者的话,我们不难懂得,那些因进取心而失利的人,正是因为完全迷失了平常心而变得太过于计较自身的得失,心态如此一失衡,进取心膨胀为过大的欲望而变异,自然会失败迭出。

俄国著名作家契诃夫曾说:"我什么也不要!"他果真是什么也不要?那为何还能在文学事业上有如此大的成就呢?其实契诃夫"不要"的只是多余的物欲,他以平常心处理好生活,再以进取心把精力集中在文学上,从而事业人生双丰收。

所以,进取心与平常心不是取谁舍谁的问题,而是如何平衡这两者在心中位置的问题。每个人都要有进取心,这是我们人生奋进的动力和美好人生的前提。每个人都要有平常心,这是我们人生健康心态的基础和保证。如何才能保持进取心和平常心的平衡呢?

第一,做事要有进取心,做人要有平常心。要高调做事,低调做人。做事要有进取心,因为做事的标准没有最好只有更好;做人要有平常心,无须处处比较,只要自己能够每天进步,达成自己的目标就心满意足,就可以泰然处之。

第二,对待过程要有进取心,对待结果要有平常心。这一点非常重要。假如一个孩子寒窗苦读了很多年,但高考失利了怎么办?再去纠结高考失利的原因已毫无意义,因为只要全力以赴了,无论出现什么样的结果都要坦然面对。很多人为了一些事付出了巨大的努力,希望能够有所回报,但是很多事情的结果并不会受控于人。大家要明白,只要努力了,就问心无愧,努力的过程中带来的,往往是结果所不能比拟的,因为在过程中培养的能力、积累的经验、建立的口碑,都可以复制到其他的工作中、任务上,它们可能会带来更多的成功。

第三，对今天要有进取心，对昨天讲平常心。人生不能够重来，昨天一去不复返，无论是失败还是成功，对所经历的一切都要进行反思和总结，始终保持一颗进取的心态，继续前行，无论过得好与不好，都要以一颗平常心去面对。

三、诚信

诚信是责任，诚信是义务，诚信是美德，做人要讲诚信。

（一）诚信的重要性

人无信不立，诚信是做人的根本，它能给我们带来许多好处。诚信可以让你与陌生人成为朋友，让你与朋友的友情坚固，让你获得同事的信任，让你获得与客户长期的合作甚至丰厚的财富等。

经济活动中的诚信缺失会导致市场秩序混乱、坑蒙拐骗盛行，进而可能导致投资不足、交易萎缩、经济衰退；人际关系中的诚信缺失，会导致人与人之间的不信任、关系疏远；政治生活中的诚信缺失会导致官员素质不高、办事效率低下、政府权威受损等；企业来往中诚信缺失会导致企业的名誉受损，被孤立。诚信就像一条纽带，连着每个个体，而人不可能是一座孤岛，孑然独立。个人需要社会，社会也需要个人。没有诚信，整个社会就会处于一种非常混乱的状态，人与人相处都是尔虞我诈，企业无商不奸，社会又怎么会和谐？所以，无论是个人还是企业，诚信是生存的法宝，可以让经济更发达、社会更和谐、环境更美好、人们更幸福。

(二)如何决策诚信

每一个人或多或少的,都曾因自己诚信上过当受过骗,甚至失去眼前的机会,但是我们不能因噎废食。当你要决策诚信还是不诚信的时候,请考虑清楚以下问题。

一是要解决好眼前利益和长远利益。有一名学生在一次考试中作弊没有被抓到,考了好成绩而且拿到了奖学金,他为这种行为感到自豪,认为自己的不诚信能够换来好处。但是,试想一下,靠作弊取得了好成绩还会努力学习吗?长此以往,又能得到什么?无非是养成了一种不良习惯,对今后的工作生活有百害而无一利。

二是诚信需要智慧。特定的环境下,“善意的谎言”能起到意想不到的效果。鲁迅先生有这样一篇文章,讲的是有一位富人因生子摆酒庆祝,此时宾客盈门,竞相恭维,有人说道“此子将来必大富大贵”,又有人说“此子必将长命百岁”,主人喜上眉梢、乐在心头,这时突然有个人说道“此子将来必死”,主人立即怒不可遏。通过案例大家不妨思考一下,谁说的是实话呢?由此可以看出,我们在生活中讲诚信无疑是正确的,但有时说实话却会给人带来伤害。所以讲诚信并不是在任何情况下都得把整个真相说出来,在某些特定的场合,当我们知道说出真相会伤害别人时,“谎言”的掩饰更显示出对他人的尊重和关爱。

三是诚信不能愚昧。目前社会上确实还存在一些人,不讲诚信，靠不正当的手段，获得了财富、地位，甚至名望。这只是个别现象，不要把个别的现象当作普遍的规律。每一次决策，总是盯住这些小概率的个别现象，是缺乏智慧的，而且还会把你带入不诚信才能得实惠的误区。除此之外，诚信还要分析正义与邪恶，比如面对诈骗团伙要提高警惕，保护好自己的个人信息；在虚拟网络上也要注意保护自己和家人的相关信息，以免被不法分子利用等。所以讲诚信不能愚昧，讲诚信要用在正途上，讲诚信更要学会保护好自己。

（三）人会在什么情况下不诚信

人可能在以下情况下出现不诚信。

一是在利益驱使下。当自己有利可图的时候，无论是在考试的时候作弊，还是就业的时候造假，因为不作弊，可能就没有机会获得面试，所以在这样的利益驱使下人可能会不诚信。正如前面说的，希望大家不要只顾眼前的利益，要看长远的利益。

二是在自己能力不够的情况下。有的人会高估自己的能力而作出承诺，但是能力有限，就不能够兑现自己的承诺。还有人是虚荣心作怪，过分吹嘘自己的家世背景，当有朝一日谎言戳破时，就会无地自容，也会失去诚信。

三是在意外或者不可抗力的情况下。兑现不了合同，兑现不了承诺，兑现不了原来的预约，在这样的情况下，不诚信是可以理解的，甚至是合法的，但是你首先应该给自己预留出应对意外的解决方案。当然，如果在意外的、不可抗力的情况下，你依然能够兑现自己的承诺，那么你的客户、合作者将会给你更大的信任和友谊，你就会赢得更大的机遇，赢得更多的财富。

(四)诚信“金三角”

诚信靠品德、智慧和意志力，这是诚信的三要素，用三角形来表示，一边是品德，一边是智慧，还有一边是意志力。这就构成了个人诚信“金三角”(见图3)。面积就是诚信的程度，在周长相同的三角形中，等边三角形的面积是最大的，也就是说诚信的3种力量需要平衡发展，缺一不可。

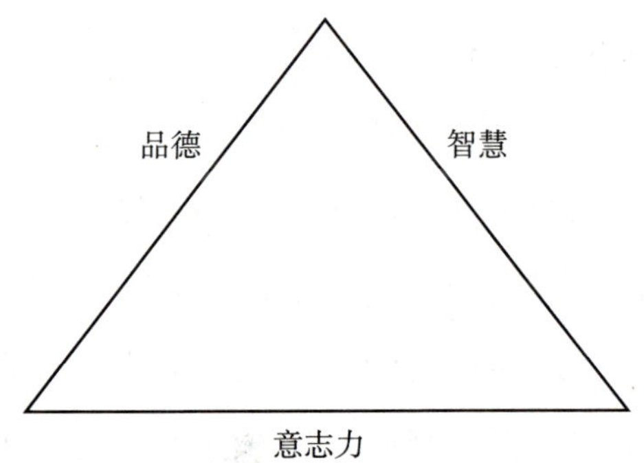

图3　诚信“金三角”

第一种人有智慧和意志力，但品德这条边是最短的。这就是通常我们所说的“有才无德”的人，这种人因为对诚信品德的忽视，做人做事缺乏应有的敬畏，为了能够达成自己所谓的成功，不惜抛弃对诚信的持守，可到头来都为自己的不诚信付出了代价，所以这种诚信意识比较淡薄的人，应该注重诚信品质修养的塑造与提升。

第二种人智慧较弱，而品德以及意志力都很强。这种人在日常工作和生活中经常出现的就是好心不得好报，但是他们又找不出问题存在的原因，就怀疑诚信是否值得去坚持，最终依然会影响他们的诚信。

例如，一家餐厅里的店员在工作的时候捡到一张美发店的充值卡，于是他拿起卡就问旁边桌子上的人，“是你们丢的卡吗？”这时候站起来一个男人说是自己的卡，于是他顺手就把卡给了这个男人。过了没多久，一个女人急匆匆地跑进餐厅，询问餐厅经理是否捡到一张美发店的充值卡，店员说捡到了，但是有个男人说是他丢的，于是就把卡交给他了。结果丢卡的女人气急败坏，说店员和男人串通偷卡，店员开始争辩起来。最后的结果，餐厅经理只好自己赔偿了女人的卡，把这位店员开除了。店员很委屈，他认为自己把捡到的卡给了丢卡的人，最后却换来这样一个结局，好心不得好报。

这个问题就出在店员面对事情的智慧上，还卡的时候为什么不多问一句：既然卡是你的，那你说一下是哪家美发店的卡。这是一个常识性的问题，就像捡到钱包，交还失主的时候总得问问钱包里有什么；捡到手机，有人来认领的时候要问对方手机是什么颜色的；等等，不可能谁说是他丢的，就把东西给他。所以这显然是店员自己的智慧、能力或者经验不足的问题。

社会上确实是有很多陷阱，有很多坑蒙拐骗。电话诈骗、给骗子银行卡汇款等新闻屡见不鲜，虽然骗子们欺骗的手段比较高明，但同时我们也要反思自己，是否缺乏一种智慧，缺乏一种思维,去判断骗子的行为呢!所以,智慧和能力是我们必须要加强的,否则只有诚信的品质,最终带来的结果可能会事与愿违。

第三种人是意志力较弱的人。这种人诚信品德和智慧能力都不错,他们在人生中本来获得了很好的发展,但是人生中的诱惑实在是太多了,不少人因为意志力薄弱,常常是一念之差就毁其一生,所以意志力是非常重要的。有时候仍需强迫自己做该做的事情,而且受到了挫折以后仍然不灰心。

人生成败是在短边。诚信三角形告诉我们,每个人都要有忧患意识,都要有危机感,要非常敏锐地感觉到自己最短的是哪条边。因为每个人的诚信三角形不是确定不变的,在特定的环境中,在特定的情形下,在特定的事件中,往往是一念之差,就会让历经一生积累起来的财富、信誉、口碑、能力、家庭等毁于一旦。木桶原理告诉我们,短板带来的损失可能是毁灭性的,很多时候往往就是一件事毁了所有的努力和所有的成果。

四、积极心态

什么是心态?心就是心灵、心境、心情,态就是状态。心态就是指人的心灵、心境、心情的状态,是人们对外界各种刺激的反应。

(一)培养积极心态

心灵、心境、心情有状态吗?有!心可以是心花怒放、心潮澎湃、心平气和、心满意足、心旷神怡、心安理得、心地善良，还可以是心灰意冷、心浮气躁、心烦意乱、心惊胆战、心有余悸、心事重重、心急如焚。

上面这组关于“心”的描述语，一方面，看到这些字眼，会让自己心情愉悦；另一方面，也会让自己心情压抑。而且这些心情都会写到自己的脸上，代表着自己整个人的状态。积极的心态具有一定的传染性，能传递一种正能量给别人；而消极的心态传递给别人的却是负能量。不同的人对同样的事物和同样的情境会有不同的反应。积极的心态可以帮助人们成就事业，让人乐观处事，为人排忧解难，让自己受人喜欢。

如何去培养积极心态？要学会驾驭生命，你改变不了环境，但是可以改变自己；你改变不了事实，但可以改变自己的态度。你不能够左右天气，但是你可以改变自己的心情；你不能够选择容貌，但是你可以展现笑容，因为笑容是最好的化妆品，可以让人们更加美丽！你怎样看待生活，生活就怎样看待你；你怎样对待别人，别人就怎样对待你。

（二）小故事大道理

人生成败在心态，下面通过几个小故事说明培养积极心态对人生的重要作用。

1. 推销员的不同心态

两名推销员到非洲去推销皮鞋。由于天气非常炎热，非洲人从来都是赤脚。

一名推销员看到非洲人都打着赤脚，立刻就失望起来，他说："我千里迢迢来到这里，本来想好好地开拓一下非洲的皮鞋市场，没想到这些人都打着赤脚，他们怎么会买我的鞋呢？不可能的事嘛。"于是他放弃努力，失败沮丧而回。

另一名推销员，看到了非洲人都打着赤脚，他惊喜万分地说："啊！这个市场太好了，这么多的人他们都没有皮鞋穿，那么这个皮鞋市场该多么大啊！"他像淘到了大量的黄金一样开心极了，就开始想方设法去培植这个市场，引导非洲人购买皮鞋。最后他发财而归，给自己带来了财富，给公司带来了财富，还给国家上缴了大量的税款。

以上两种不同结果告诉人们：在工作中不同的心态，就会带来不同的回报。

2. 危难中的心态

有个朋友乘船去英国，途中突然遇到暴风雨，船上的人都惊慌失措，却看见一位老太太非常平静淡定地在祷告，神情十分安详。风浪过后，朋友十分好奇地问老太太："您为什么当时就一点不害怕呢？"老太太说："我有两个女儿，大女儿戴安娜去了天堂，二女儿玛利亚就住在英国，刚才风浪大作的时候，我就向上帝祷告，如果接我去天堂，我就去看我的戴安娜；如果留我在船上，我就去看我的玛利亚。不管去到哪里，我都和我心爱的女儿在一起，我怎么会害怕呢？"

这个故事告诉人们：积极的态度让人乐观面对生活。

3.加油站里面的对话

一个人驾车到了市郊加油站停了下来,他问:“你觉得这个镇里的人怎么样?”加油站的职员反问:“那你认为此前你住的那个镇的人怎么样?”这个人回答:“他们真的是糟透了,很不友好。”于是加油站职员说:“那么我们这个镇的人也是这个样子的。”

过了些时候,又有一个人驾车驶进了同一个加油站,问同样一个问题:“这个镇上的人怎么样啊?”那个职员同样反问:“那你认为此前你住的那个镇的人怎么样呢?”这个人回答说:“他们好极了,真的十分友好。”加油站职员于是说:“你会发现我们这个镇上的人,完全和他们一样友好。”

这个故事告诉人们:你怎么看别人,别人也就怎么看你;你怎么对待别人,别人就怎么对待你。

4.玩好你手中的牌

一个小男孩与全家一起玩牌,连续几次抓的牌都不好,结果就全输了,于是他开始心烦气躁,连连抱怨自己的手气不好。男孩的母亲突然停止了玩牌,严肃地对小男孩说:“无论你手中的牌怎么样,你都必须去接受它,并尽自己最大的努力玩好自己的牌!”男孩望着母亲那严肃认真的面孔愣了愣神,只听母亲又接着说:“人生也是如此,上帝为每个人发牌,你无法选择牌的好坏,但你可以用好的心态去接受现实,并竭尽全力让手中的牌发挥最大的威力,获得最好的结果。”

从此,小男孩一直记着母亲的教诲,他不再抱怨命运,而是以良好的心态,去迎接一次又一次的人生挑战。这个小男孩后来成长为美国第34任总统艾森豪威尔。

这个故事告诉人们:其实成功者和失败者,在智力、体力、环境上没有太大的区别,他们最主要的区别就是心态不同。成功者是用积极、乐观的心态,去支配和控制人生,他们可能会遭遇失败和厄运,但是他们以积极的心态继续走下去,总有一天会获得成功。

五、科学管理时间

古语云:"一寸光阴一寸金。"时间不只是金钱,比金钱更有价值,时间就是生命。既然时间如此重要,那么如何来科学管理时间呢?

(一)时间管理原则

时间管理,就是使时间投入与目标相关联,从而实现以最小的代价或者花费获得最佳的结果。换句话说,如果时间是一定的,就要实现回报最大。比如,同样的4年大学时光,有的人在有限的时间内拿到了两个文凭或者多个技术证书,而有的人却连自己的毕业证也无法拿到。如果任务是一定的,就需要实现时间耗费最小。比如,3名销售员要去外地拜访客户,分别选择的交通工具有飞机、高铁、汽车,所消耗的时间为2小时、4小时和8小时。而要实现一定时间内的回报最大化,一定任务内的时间最小化,就需要从以下几方面来着手进行时间管理。

1. 要事第一原则

每个人每天拥有的时间都是一样的,这就需要我们对这一天的事情进行合理安排,分清轻重缓急。但往往在现实生活中,多数人都是把精力放在处理那些琐碎的、无关紧要的事情上,以致没有更多的时间去处理那些更重要的事情。

2. 80/20 法则

80/20 法则又称二八定律,讲述的是投入和努力的关系。主要分为两种类型:一是多数,它们只能造成少许的影响;二是少数,它们造成主要的、重大的影响。一般情形下,产出和报酬是由少数的原因、投入和努力所产生的。比如,在一家企业里,在整理客户档案的时候,经常会发现 20% 的顾客产生的是 80% 的销售额或者是 80% 的利润。

(二)科学管理时间的技巧

第一,对一天、一周、一月要完成的目标任务按优先级进行排序。

第二,从优先级最高的任务着手,保证把大部分的时间用到最重要的事情上面。

第三,和拖延作斗争。如果事情重要,告诉自己一定从现在就开始去做。

第四,把大的艰难的任务,细化成小的容易的部分,逐个突破,化整为零,不至于让你前功尽弃。

第五,为自己每天创造 1 小时的宁静,用这 1 小时来厘清思考工作中存在的问题,并作一些反思改进,以便事半功倍。

第六,找到一个安静的地方,如图书馆或者空置的办公室,这样可以让你避免很多的打扰,省下很多时间。

第七,当你有重要的事情要处理的时候,一定要学会对别人说不。

第八,学会委派授予别人做事,与别人建立一种合作的关系,擅长的事情你帮他做,不擅长的事情让他来帮你做。

第九,归纳一些相似的事情,把它们放在一起处理。比如,在处理邮件的时候,可以在一个特定的时间内批量处理。

第十,减少一些低价值例行的事务或者委派别人去完成。

第十一,避免凡事完美主义,记住 80/20 原则。

第十二,避免作出许多承诺。承诺太多,不能够在有效的时间去完成的话,会降低工作质量,降低个人信誉。

第十三,不要把时间表排得满满的,一定要给自己留下一定的机动时间,去应付一些突发的事件。

第十四,设置时间限制,比方说非重要的电话,通话时间不要超过三分钟。

第十五,聚精会神地做分配给自己的工作任务并把它做完。

第十六,处理重要的事情时,一定要集中精力和时间来保证把它做完做好。

第十七，迅速处理困难的事情，等待和拖延都不会使它变得容易，反而会使它变得更难。

第十八，经常寻找节约时间的办法。

第十九，在行动以前，花大量的时间彻底地思索整件工作并做好准备和预防工作，以便自己非常迅速地达到标准。

第二十，除非情况特殊，我们做每一件事情的时候，要一次做好，不要反复去做。

六、善于学习

人为什么需要学习？彼得·圣吉曾说过："你唯一持久的竞争优势，就是具备比你的竞争对手学习得更快的能力。"通用公司原董事长韦尔奇曾经说过："你可以拒绝学习，但你的竞争对手不会。"福特汽车的创始人曾经说过："任何停止学习的人都已经进入了老年，无论是在20岁还是80岁，坚持学习则永葆青春。"中国著名学者邱建卫也说："这个世界上最恐怖的事情，就是比我们聪明得多的人，还比我们更努力地学习。"随着社会和科技的进步与发展，知识的更新速度越来越快，人们要接受了解的信息越来越多，唯有学习才能获得优势，跟上时代发展的步伐。

（一）为什么需要学习

学习是为了实现梦想。每个人心目中都有自己的梦想，有的人有极高的音乐天分，想成为一名音乐家；有的人想成为一名艺术家;有的人喜欢收藏,想成为一名收藏家;有的人知道莎士比亚,想成为一名文学家;有的人会跳舞,想成为一名舞蹈家。谁都不能阻止你成为你想成为的那个人,学习没有时间的限制,只要你想,随时都可以开始,不管结果如何,你将在学习的过程中慢慢体会接近梦想的幸福和快乐。

学习是为了充实自己。在知识经济时代,知识老化的速度越来越快,一名大学生在学校里所学的知识,可能只占其一生所学知识的10%左右,而其余90%的知识,需要在以后的学习中获取。因此,要实现职业理想,就必须不断地学习,以开放的心态树立终生学习观,只有这样才能够实现可持续性成功。

学习是为了更自信地面对生活。拥有知识的人不一定成功,善用资源的人才会成功,你如何利用自己的业余时间,将最终决定你的一生。

学习是为了满足我们的好奇心。在这一点上大人要向小孩子学习,孩子有着无穷无尽的好奇心,他们在满足自己好奇心的过程中,不知不觉地学习,他们甚至不知道这就是学习。也许,从本质上说,学习是人们对未知事物的渴望,是人与生俱来的天性。

学习是为了追求心灵的安宁之所。1940年10月22日,位于伦敦肯辛郡的荷兰屋图书馆几乎被德军炸成了废墟,然而在废墟之下,在纷飞的炮火之中,3位绅士仍静静地站在瓦砾堆中寻书,安静地阅读。因此,从某种意义上说,学习和阅读,可能使人们更容易找到心灵的栖息之所,面对当下这个浮躁的时代而言,这样宁静的心灵和定力显得那么珍贵,令人动容。

学习是一个人独立思考的开始,学习让你成为更好的自己,学习应该成为一种生活方式。

(二)如何提高学习能力

一是要以“空杯”的心态去学习。大家都知道一个装满水的杯子,很难再接纳新的东西,人的思想也是如此,因此要经常地掏空自己,为新知识和新技能的进入留出空间,以空杯清零的心态去学习,保证自己所学到的知识和技能总是最新的。一个人如果没有保持良好的空杯心态,就不可能学习到新的知识,当然也就很难更好地学习。

二是要勇敢地面对自己内心的召唤,寻找自己真正喜欢的东西,然后坚持不懈地学习下去。孔子曾经说过:“知之者不如好之者,好之者不如乐之者。”也就是说,学习兴趣的 3 个境界:知道学习的不如爱好学习的,爱好学习的不如以学习为乐趣的。每一个人在这个世界上的时间都是有限的,所以囿于成见,人云亦云地进行学习,是在浪费时间。不要让别人的观点湮没自己的心声,你今天学习的是什么,将决定你将来会成为怎样的人。因此最主要的是在学习的这条路上,你要有跟着自己感觉和直觉走的勇气。

三是要明确学习目标。目前世界已进入信息和知识爆炸的时代,全世界每年有 80 多万种不同的书籍问世,如果你每天读1本,需要2000多年。要读完1年的刊物、报纸、网络信息等,要耗尽几千年的时间。由此可见,学习是学不完的,也没必要学完。在一段时间里学习内容应该尽可能地聚焦,争取成为一个领域的专家。

四是要知行统一、学以致用。有一句名言,“听过的我会忘记,看过的我能记得,做过的我才能理解”,可见,学习一定要融会贯通,不能只是死背书本,一定要善于将学到的知识应用于实践。

五是要主动跟别人分享自己的观点,被动地听不如主动地讲。在学习的过程中,应该主动把自己的观点拿出来跟别人分享,只有在与他人思想的碰撞交流中,才能产生更大的价值。

六是要让阅读成为你生活的一个部分。苹果砸到牛顿之前,他一定阅读过大量的书籍,做过大量的相关研究和思考,这样才能够在苹果掉落之时,灵光一现。因此,阅读、思考能让我们站在巨人的肩膀上,看得更高想得更远。

(三)养成学习的习惯

联合国教科文组织的调查表明,在以犹太人为主要人口的以色列,14岁以上的人平均每月阅读1本书;全国共有1000多所图书馆,平均每4500人就有一所。在以色列办有借书证的就有100万人。据说以前犹太人的墓地,常常会摆放着书本,寓意是人的生命有结束的时候,而人对知识的渴望,却是永无止境的。

2013 年 4 月 18 日，第十次国民阅读调查表明，我国 18 ~ 70 岁公民的图书阅读率为 54.9%，比 2011 年上升了一个百分点，虽然没有超过 1999 年，但近些年仍呈现出逐年稳步上升的态势。中国人终生学习的习惯，也在逐渐形成。

如何养成终生学习的习惯？

第一个建议是经常去图书馆读书。哈佛大学文理学院的院长科比曾经说过："但凡有所成就的人，在他们的一生中都有一个贪婪的阅读大量书籍的时间。"读书与学习能力有着密切的关系，越是喜欢读书的人，他掌握的知识面就越广，他的学习能力也就越强；只有阅读，能培养形象思维能力和逻辑思维能力相结合的认知模式。

第二个建议是尊重事实，勇于质疑。要在尊重事实的基础上，敢于怀疑传统、质疑权威。"尽信书不如无书"，当你在学习的时候，你需要具备这种独立思考的能力，需要不断反思总结，这样才能得出最后的结论。小学六年级学生聂利经过试验发现，蜜蜂真正的发声器应该是在双翅下的两个小黑点，而不是书本上说的是用翅膀来发声。她的经历告诉我们，权威、书本并不绝对正确，质疑、反思才是真正的科学精神。

第三个建议是经常去听听课，参加一些有价值的培训。在很多企业，管理层与员工已达成这样的共识：培训是企业能够给予员工的最好的福利。通过培训，员工能够迅速学会适应环境的本领，而反过来，培训也促进了企业的发展，因为只有拥有了高技能高素质的员工,企业才能生产出高技术高质量的产品,因此培训对于双方而言是一种共赢。

第四个建议是要学会利用网络搜索资料。在十多分钟的时间里,网络上会有总时长约 864 小时的新视频出现,在 Facebook 上会多出 250 万张新照片。所以我们并不需要担心输出端方面的问题,我们要考虑的是如何面对如此浩瀚的信息海洋,并从中获取有用的知识。比如,在网络,你应该怎么样提问,用什么样的工具来提问、怎样使用搜索引擎、它的准则是什么、在哪里去寻找信息、不同的语言在互联网上的作用是什么、如何来评估你查询的结果等,这些都是值得学习的。

第五个建议是与具有不同观点的人进行交谈。在与他们的交往过程中,你可能会幸运地找到一些新的想法,学习到以前你从未留意到的知识和经验,因为你可以从一个不同于以往的角度来看待问题,沿着完全不同的思维途径进行思考。

第六个建议是行万里路。你可以到没有去过的地方旅行,在旅行中可以欣赏美景,感受大自然,见识各地的奇人异事,了解各地的风土人情。旅行能让你审视自己的内心,找回最真实的自己;旅行能让你开阔眼界,从而感悟人生。

第七个建议是寻找并接受新的挑战。虽然登山跟房地产是风马牛不相及的两回事,但是王石还是疯狂爱上登山,并乐此不疲。对他而言,登山不仅是一个挑战自己的过程,更重要的是这种对自我的挑战,让他学习到如何才能正确、自信地对待人生。

七、有效沟通

沟通与人们的生活息息相关,沟通无时不在、无处不有,无论是语言或非语言,文字或符号,有意或无意,积极或消极……沟通是每个人每天都要做的事情。

(一)沟通的重要性

沟通是人们日常生活和工作的重要内容,它让人们的工作变得更有效率。很多时候,人们抱怨别人不能跟自己很好地合作,问题往往不是出在他们的能力或水平上,而是出在沟通上。研究表明,工作中70%的错误,是由于不善沟通造成的,因此,只有与人进行良好的沟通,才能被他人理解,才能得到必要的信息,获得他人的鼎力相助。

沟通可以实现资源共享。你有一个苹果,我有一个苹果,彼此交换,每个人还是一个苹果;如果你有一个思想,我有一个思想,彼此交换的话,那么每个人就有了两个思想。资源共享使沟通双方彼此互补,共同面对问题、解决问题,双方的能力都会得到迅速提高。

沟通可以更好地认识自己、展示自己。"以铜为镜,可以正衣冠,以人为镜,可以明得失。""三人行必有我师"……这样的古训告诉我们,与别人的沟通交流,能够让我们更加正确地认识自己。有效的沟通能让你更好地展现自己的能力,一个人的组织能力、资源分配能力、解决问题的能力、获取信息的能力都是以交流沟通为基础的。

沟通可以增强社会竞争力。未来竞争的焦点在于社会上人与人之间,以及其与外部组织之间的有效沟通,这是约翰·耐比斯特告诉我们的,斯蒂芬·罗宾斯告诉我们,最好的想法、最有创见的建议、最优秀的计划,无不是通过沟通来实现的。松下电器的创始人松下幸之助告诉我们,企业管理过去是沟通,现在是沟通,将来还是沟通,所以管理就是沟通,如果一个企业上上下下、内内外外都实现了有效沟通,那么它必定具有很强的竞争力。

(二)沟通不畅的原因

第一,口头表达存在问题。有的人在进行口头表达的时候,总是会出现层次不清晰、观点不明确的问题,讲来讲去,别人也不明白讲的是什么。有的人是逻辑混乱、没有条理、前言不搭后语,有的人是重复啰唆、模棱两可;本来只需要 5 分钟就可以表达清楚的问题,花了 1 小时的时间,也词不达意、表述不清。

第二,书面表达存在问题。有的人写文章的时候,结构不严谨,条理不清晰,天马行空,想到哪就写到哪;有的人语句不通顺,文字不简洁,口语化的现象非常严重;有的人在进行数据分析的时候,只是对数据进行简单的描述,而不能根据调研目的对数据进行系统的分析。这些都会导致沟通不畅。

第三,没能够营造和谐的沟通氛围。沟通氛围与人的心理感受是密切相关的，如果你不注意说话的技巧和艺术，或者你态度傲慢、粗暴、不够真诚，就容易使对方产生防御性的心理，在这种情况下，人会变得谨慎、退缩，并用沉默来保全自己或者反攻。为了证明自己正确，有时还可能会变得偏激，这些都会大大地影响沟通的效果。

第四，沟通的渠道不畅通。沟通的双方都不够主动，或者是双方选择的沟通渠道不正确。沟通的目的是让别人更了解自己，也让自己去了解别人，要发现别人的需要，去展现自己的需要。但是如果双方都不够主动，或者选择了不正确的沟通渠道，那么就很难达到沟通的目的。

第五，沟通双方的信息不对称。沟通是一个信息交流的过程，如果双方掌握的信息不充分或者极不对称，那么将大大地减弱沟通的效果。

第六，在沟通的过程中，没有能够很好地控制情绪。如果你不能够很好地去控制情绪，不仅不能够实现沟通的效果，反而会使情况变得更糟。人在情绪失控的情况下，很容易因为冲动而失去理性，说了不该说的话，做了不该做的决定，而且事后很难去弥补。

第七，在沟通的过程中，没有认真地去倾听别人的意见。比如，沟通的环境非常嘈杂，你在跟别人沟通的时候，你的态度不认真不耐烦，你在对待别人给你提出意见的时候也没有及时去反馈，根本就没有认真地去对待。

第八,没有做到换位思考。戴着有色眼镜去跟对方沟通,这样就会导致接收的信息是不全面的。如果不能够客观地、实事求是地去分析问题,就不能换位思考,缺乏同理心,导致沟通不畅。

(三)如何提高沟通能力

第一,语言表达应该清晰而有条理。在沟通之前一定要先做好充分的准备,沟通的过程中主题一定要明确,言简意赅、言之有物,条理一定要十分清楚,逻辑严谨,不讲空话套话,在进行非专业性的沟通时,应该尽量避免使用专业性的术语。

第二,要用真诚去营造和谐的沟通氛围。有一个小故事,一扇厚实的大门上挂了一把坚实的大锁,铁杆费了九牛二虎之力,还是无法将它撬开,钥匙来了,它灵巧地钻进了锁孔里,轻轻一转,大锁就啪的一声打开了。铁杆奇怪地问:“为什么我费了那么大力气也打不开,而你却轻而易举地就打开了呢?”钥匙说:“因为我最了解它的心。”由此可见,在沟通的过程中,真诚是最能够打动人心的。

第三,积极主动与他人进行沟通,增进彼此之间的理解和信任。

第四,选择一个合适的沟通渠道,尽量当面沟通。当面沟通能够更好地互动,观察到对方的语气、情绪等。

第五,需要认真地去倾听别人的意见。孔子曾经说过:“不患人不知己,而患己不知人也。”所以,倾听能让你了解对方的需求,接待员要弄清楚来访者希望见谁?销售员要了解客户的需求,下属要理解领导的真正意图……那么,这些都离不开倾听。

第六,做到换位思考。福特说,“如果有所谓成功秘诀的话,那必定是指要了解别人的立场”,我们除了站在自己的立场考虑问题之外,也必须要站在别人的立场来考虑问题。中国的管理专家曾仕强说过:“中国人只要你站在他的立场上说话。他都可以接受,你若跟他作对,他就会拒绝你,而且只要你有一句话讲到对方听不进去,你讲得再对也没有用。”

第七,巧用语言的艺术。德鲁克认为:人们喜欢听他们想听的话,因此,他们排斥不熟悉的和具有威胁性的语言。语言的艺术性是非常重要的,说话,不仅在于你说什么,更重要的是在于你是怎样去说的。

第八,注意非语言信息的运用。德鲁克说:“人无法靠一句话来沟通,总是得靠整个人来沟通。”在沟通的过程中,一定要注意非语言信息的表达(眼神、声调、面部表情、身体姿势、手势等),用友好的眼神诚恳而又坚定地看着对方,面带微笑、声音亲切,并且运用一些大方自信的手势;倾听的时候身体前倾,表示诚恳和专注等。

第九,消除心理障碍。电影《唐山大地震》中,为了表达多年的愧疚和思念,妈妈元妮将一盆洗得干干净净的西红柿放在女儿面前,终于化解了女儿心中多年的积怨。

(四)网络时代的沟通

货币使人类从物物交易进入了等价物交易时代,身体与头脑分工使手工业、商业蓬勃发展,蒸汽机驱动了工业时代的车轮……而在互联网时代,网络沟通方式改变着社会的各个层面,在这样的沟通方式下,人们应该注意哪一些问题呢?

第一,书信被电子邮件取代。当用电子邮件发送信息的时候,一定要注意邮件的主题是否明确,语气是否恰当,拼写语法是否正确,避免使用不规范的问题和表情符号。在收到邮件的时候应该及时回复,而没有收到邮件也不要无礼地猜测并暗自责怪对方。如果不是工作需要,请尽量避免群发邮件,在给不认识的人发送邮件的时候,请一定要附上自己的信息或者注明身份。如果对方公布了工作邮箱,那么请不要将工作邮件发送到对方的私人信箱。

第二,短信被 QQ、微信、微博等即时通信工具取代。在利用这些工具的时候,一定要注意,如果谈工作,尽量把要说的话压缩在 3 句以内;在别人的状态调整为“忙碌”的时候,最好不要打扰,不要强制推送内容给对方;在进入、退出和发言的时候,都要注意礼貌;要求别人加你为好友之前要先做好沟通。

第三,会议变成了虚拟的视频会谈。互联网正逐渐成为企业的神经中枢,更多的企业希望借助网络技术手段,还原被传统网络通信虚化了的人际沟通,创造有如亲身会面的对话交流形式,形成贸易各方的“零距离”接触和信任共识,而且虚拟的视频会谈也大大地节省了企业的时间成本和货币成本。

第四,图书馆变成了电子的。电子图书馆使得图书的储备量,不再受地方大小约束,数据保存在硬盘上无磨损,造价非常低。图书的管理方式实现了电子化和智能化,图书来源更广阔更多样化,内容更丰富、更专业,读者能够更方便、更快捷地找到他想读的内容。

第五,购物通过网上交易来完成。借助支付宝、财付通等交易平台,人们可以足不出户地轻易购买自己需要的商品。作为一种新的贸易工具,网上交易将改变商业沟通方式,对商业的发展和变革将起到重要而关键的作用。

第六,写作方式也发生了变化。越来越多的人利用朋友圈、微博进行创作,或者记录生活的点点滴滴,这逐渐成为许多人表达自己意见的重要方式。值得注意的是,我们在发表个人见解或成为意见领袖时,一定要尊重别人的劳动,不要随意地否定对方,提意见的时候一定要注意语气,在认真阅读之后再发言,要说出理由,而不是说出脏话,不要断章取义,也不要借题发挥,更不要随意地转载、造谣。

随着科学技术的进步,网络沟通将使得人们超越沟通的极限,将信息、信任、真诚面对面地传递到地球的每一个角落。在新的技术条件下,人们将以一种全新的方式重新定义沟通,凭借着信息化的高速公路,未来将更加宽阔,沟通让未来更美好。

八、高效合作

(一)为何合作如此普遍

首先,合作可以弥补个人不足。《西游记》里面师徒四人:唐僧、悟空、八戒和沙僧。他们都有自己的特点,有自己的长处和短处。

唐僧非常有才华,他当时是名噪一时的佛学家,而且还懂得同步翻译。在今天看来,像唐僧这样的就是不可多得的高层管理人才。唐僧会用紧箍咒来约束孙悟空,非常懂得用管理方法来管理下属。但是唐僧有个很大的弱点就是在做决定的时候总是优柔寡断,他总是分不清楚谁是妖怪谁是好人。可以设想一下:如果说在去西天取经的路上只有唐僧一个人的话,可能他在半路就被妖怪吃掉了。

孙悟空的本领非常高超。在今天看来,孙悟空可谓是个本领非常高超的职业经理人,而且他人脉很广,在遇到困难的时候总能找到各方神圣来帮助。但是孙悟空性格里面也有一个很致命的弱点:比较浮躁。

八戒在人们心中就是个好吃懒做又好色的人,但是这个人有一个很重要的优点,就是善于交际,他很幽默很可爱,可谓是这个团队里的润滑剂,没有了八戒,整个《西游记》看起来就没有那么有趣,整个团队的氛围也不会那么友好。在今天看来,八戒最适合去做跨部门的沟通,他是不可多得的协调关系方面的一个高手。

沙僧给我们的感觉是非常朴实和敬业,他总是能把师父和师兄交代给他的工作做得很好。但是沙僧不够灵活,所以当遇到一些重大的问题要决策的时候,沙僧可能就拿不出很好的主意了。

《西游记》里面的师徒四人各有优缺点,他们组合在一起可以弥补个人的不足,所以他们能够成功地到西天取经,哪一个都是必不可少的。

到了这里有人可能会问:“一个团队里面就只有这 4 种角色吗?”当然不是。有一个著名的学者叫贝宾,他和他的同事通过多年的观察,对团队成员里面的角色进行了总结,认为团队里面通常会有 9 种角色:

第一种是主导者,这种人通常是处事冷静的领导。

第二种是驱动者,这种人通常精力非常充沛,是个精神领袖。

第三种是创新者,这种人有很好的创造性思维,他是团队里面的智囊。

第四种是监察者,善于去监督和考核团队的成绩。

第五种是执行者,也就是通常所说的办事员,他能够把团队的任务很好地执行到位。

第六种是协调者,善于协调各方关系。

第七种是资源的探寻者,这种人善于搜索,他能为团队争取资源。

第八种是贯彻者,他是团队里忠实的拥护者,拥护团队的价值信念以及所指定的方案等,并且保证能够落实到位。

第九种是专业人才,这种人技术能力强,能够为团队解决很多技术上的问题。

假设一个团队里面这9种角色人都能发挥他们长处的话,那么这个团队就是一个高效的团队。

其次,从宏观的角度来看,合作可以推动人类社会的发展。

有一条著名的全球化链条定律:你需要追随你的客户以及全球协议伙伴。追随你的客户我们很容易理解,因为你的客户在哪里,你就要把你的货品卖到哪里去。那么为什么又要追随你的全球协议伙伴呢?来看这样的一个例子:一架飞机的零部件来自十多个国家,有西班牙、韩国、英国等。假如说这样的一架飞机,它是由西班牙一个国家制造的,那么它能有这么高的效率吗?假如说西班牙擅长制造零件A,而英国善于制造零件B,那么西班牙尽力地把零件A做好卖到全世界去,就不需要再耗很多的精力去研发怎么做零件B,这样的合作就使得合作项目效率更高。所以,从这个层面上来说,合作可以推动人类社会的发展。并且在这种全球化合作过程当中,这样的合作促进了不同国家、不同地区的思想技术等方面的交流,而这些交流反过来又进一步促进了全球化合作。

当然,合作虽然普遍,但是我们并不能由此推断凡事一定

都要合作,合作前首先要考虑两个方面的因素:

一是有多个人来做一项工作。效果是否更好?如果说一项工作由单独一个人来做的话效果更好,那么为什么还要合作?因为合作是需要花费时间去磨合的,合作里面必定是有矛盾冲突的,这些都会耗费时间和精力。

二是一项工作当中合作成员是否需要互相依赖?如果大家不需要互相依赖,那么为什么还一定要强调合作?合作是普遍存在的,合作能力也是非常重要的,但是合作并非总是问题的答案。

(二)如何化解冲突

合作是普遍存在的,而合作难免遇到冲突。传统的冲突观认为,冲突是非常可怕的,它会影响人与人之间的沟通,影响人与人之间的信任,从而会影响团队的绩效。后来有学者提出相互作用的冲突观:鼓励冲突。这种观点认为,没有冲突的团队,就没有思想的碰撞,就没有变革,就没有创新。到了现在,普遍比较认可的冲突观是:以解决办法为中心。这种冲突观认为,冲突是不可避免的,无须害怕,而要努力找到办法去解决它。化解冲突至少有 3 种方法。

第一,寻求共赢的解决方案。在遇到冲突的时候,找到令冲突双方都满意的解决办法,就能很好地化解冲突。

第二,袒露你的真诚,展现你的微笑,发挥你的幽默。要在合作和冲突面前做到真诚很不容易,真诚是需要勇气的,真诚也需要强大的内心,往往愿意真诚去沟通问题的人,通常就比较愿意承认自己的错误并改正自己的错误。微笑就是一种很正面的身体语言,在冲突面前保持微笑可以缓和气氛,也有利于去化解冲突;学会幽默,可以在解决问题的时候发挥很大的作用。

第三,要关注共同利益而不是对和错。矛盾在于争论对错,在争论对错的过程中又往往忘记了关注共同利益。所以,在遇到冲突的时候要控制住自己,不要去争辩对和错,因为对和错在那时候是没有意义的,真正需要的是去关注共同利益,找到一个方法来解决。

(三)提高合作能力的八步法

第一步,必须要明确合作的目标。目标是一种激励,目标是一种动力,目标能够让团队成员知道前行的方向。

第二步,要合理地分配角色。每个人都有不同的个性特征,在合作中需要考虑个性特征来分配角色,要考虑个人的优劣势来分配角色,合作成员要认可角色的分配,并且清楚角色的责任。

第三步,要明确工作任务。工作任务要分解,不能分解的合作效果会打折扣,分解了任务之后,还要明确责任,在什么时间点由谁负责什么事情,做出来事情要达到什么样的一种程度……这些沟通要到位。

第四步,要激发工作热情。有工作热情就能全身心地投入工作中来,就能获得比较好的产出。激发工作热情可以采用语言与非语言的表达,所谓语言的表扬,就是你通过口头去表扬,对这个人他的表现的一种肯定;非语言的表扬可以体现在眼神的肯定、肢体上的肯定,这种表扬只要对方能够意会到,也能起到同样的激励效果。

第五步,要培养合作的信任感。要开诚布公,不要欺骗。要勇于承担责任,增强双方的信任感。

第六步,要抵制消极的因素,发挥正能量,并由此获得一种自信。

第七步,需要遵守合作的承诺。

第八步,要懂得去分享合作的成果。分享合作成果可以提高团队凝聚力,为下一个合作项目做好准备。

九、自信

爱迪生说:“自信,人成功的第一秘诀。”要正确认识自信,就要懂得自信的真正含义。相信自己能够做到,就叫自信。

(一)正确认识自信

自信分为 3 个层次:第一层次的自信是能力自信,指的是自己能力范围之内的事情,相信自己能够做好并且勇于承担工作,不惧人言。第二层次的自信是非能力的自信,指的是自己能力范围之外的事情坦然处之,不会因为自己不会做而觉得低人一等。第三层次的自信是潜能力的自信。人的潜力都是巨大的，就看你有没有去挖掘、有没有去激发。有的人在困境中依然能够敢说敢做敢想，相信别人能做成的事情自己也能做成，敢于激发自己的潜能。

(二)自信心的重要性

1. 自信心影响一个人的能力

其实对于大多数人来说，能力大小并没有多少区别，但是，为什么对于同样一件事情，有的人可以做到，而有的人却做不到？那是因为，在做这件事之前，有的人相信自己能做到并且努力去做，而有的人还没做就已经灰心丧气。积极乐观的心态能够让人战胜恐惧。失败的原因往往不是自己能力低下，而是自己内心的胆怯、害怕、恐惧。因此，无论何时都要保持乐观的心态，保持一种自信的状态，这样才有助于自己通过一座座险桥。

2. 自信心会改变人的命运

自信能产生一种满足、快乐、积极的情绪。相反，自信的伤害会带来一种受挫感，产生一种痛苦、绝望、消极的情绪，从而改变人的命运。在很多心理访谈和心理类型的节目中，针对来访者的心理问题，心理专家一般关注的是受访者童年经历过什么，遭受过什么样的挫折和变故，探究来访者的自信心受到什么样的伤害。因为自信的伤害将会伴随人的一生，会影响到成年后对自己的判断，对家庭的经营，对家庭关系的维护。

3. 自信是成功的基石

一个自信的人更容易成功,为什么?因为自信的人一般都具有活泼、开朗、言行一致、果断、勇于承担工作等人格特征,这些人格特征会帮助他们更趋于成功。自信之于人生就像生机之于花朵,是灵魂的力量;只有自信,才能消除羞怯、开拓进取、通往成功。

(三)区分自信与自卑

著名心理学专家张怡筠曾说过:“这是一个以情商论成败的时代,而自信是情商的重要基础,就如同房子的地基,地基不稳,房子越高越容易坍塌。”哪些语言行为是自信的,而哪些语言行为又是用来掩饰自己的?具体可以区分如下:

第一种,总是喜欢使用一些外来语和高深莫测专业术语的人。也许有的人会认为,这是他对自己知识理解的自信,但实际上,爱使用那些晦涩难懂语言的人,大多数是希望向周围的人展示一种能力,而实际上这种能力又超过了他自己的实力。换句话说,他希望用夸张的行为来夸大自己的实力,实则是缺乏自信的表现。

第二种,爱吹嘘的人。大多数喜欢吹嘘的人都有自卑的倾向,因为真正能力强、受到周围人认可的人是不需要吹嘘的,而喜欢吹嘘的人特别渴望得到别人的认可,这也是缺乏自信的表现。

第三种,喜欢使用“绝对”这种断定性词语的人。当人在表达意见的时候,对自己的意见不自信、不确定的情况下,就会产生一种不安和恐惧,为了克服这种情绪,就会使用“绝对”这种断定性的词语来强化自己的信心,其实也是缺乏自信的表现。

(四)如何建立自信

自信是一个人成功的前提,更是基础,自信的人生必将是成功的人生。自信可以点燃理解之花,放飞梦想,自信更可以让生活充满色彩。只要掌握了建立自信的技能,任岁月蹉跎,人生依然光彩。具体建立自信的方法有以下几点:

第一,加强学习,努力提高自身综合素质。现代社会,发展日新月异,只有通过不断更新知识,学习技能,转变观念,才能跟上时代的脚步,适应社会的发展。

第二,明确自己的人生目标,坚持每天都进步一点点。确定人生目标应当结合现实,切实可行;应当把目标分成若干个阶段,通过努力逐阶段去实现,这样人生才会有价值,每天的生活也就变得很充实。

第三,争取每一次小小的成功,虽然渺小,但那毕竟记载着自己曾经奋斗的过程。相信每一次的成功都使自己离最终的目标前进了一步,这样想着的时候,自己才会更加努力,更有信心做好每一件事情。

第四,进行自我暗示,告诉自己是最棒的。不断追求进步,不断超越自己,相信“万丈高楼平地起”的道理,相信自己的奋斗终将收获胜利的果实。

第五，处世冷静，积极思考问题，遇到困难和挫折要执着冷静，积极、乐观面对各种挑战。当自己一次次地面对困难并成功克服掉的时候，自信就会油然而生，那时的你将变得更加自信，精力充沛，做事更有活力、更有激情。

第六，正视自身的缺点，更要发扬自己的优势。不要总想着自己的身体缺陷，或者总是用自己的暗点跟别人的亮点相比，而是要相信自己也是有亮点的。每个人都有各自的优缺点，完美无缺的人是不存在的，要学会取长补短，只有这样，人生才会更加美好。

第七，对着镜子笑一笑，人生是积极的。给自己一个笑脸，不要对生活感到失望，也不要厌恶或者轻视自己。常常对镜子笑一笑，让自己感到更快乐更自信。

第八，学会体验生活，用冷静的态度来面对生活中的一切，时常培养自己积极乐观的生活态度。同时展现自己最优秀的一面，让别人认可你，慢慢提升自信。朝着自己热情的方向前进，多培养一些爱好，多交一些良友，让自己变得自信满满。

第九，学会从正面看事情，凡事都从正面思考一下，做自信的自己，开启幸福人生！

矫正作业：

1. 成功职业者必备的九大素质有哪些？

2. 请分析自己具备哪些素质？不具备哪些素质？应该怎样提高自己。

将答案填写在《矫正足迹》上。

附件一　主题活动

1. 主题活动:现身说法

典型牟利型毒品罪犯现身说法。要求发言内容具体、充实、有代表性,能说清楚自己的犯罪行为给国家、社会带来的危害。

2. 主题活动:演讲比赛

演讲题目:"道德与责任";按照演讲程序要求开展。

3. 主题活动:给朋友或家人的一封信

通过矫正学习,运用自己所学的知识,给朋友或家人写封信,向朋友或家人说明毒品交易的危害及自身存在的错误观念,今后如何规划自己的未来,交由矫正官审阅后寄出。

附件二　牟利型毒品罪犯矫正项目测评试卷(A)

(时间:90 分钟,分值:100 分)

题号	一	二	三	四	五	总分
得分						

一、单项选择题(每题 1 分,共 15 分)

1. 法的特征:(　　)。

①法是调整人的行为的一种社会规范

②法是由公共权力机构制定或认可的具有特定形式的社会规范

③法是具有普遍性的社会规范

④法是以权利义务为内容的社会规范

⑤法是以国家强制力为后盾,通过法律程序保证实现的社会规范

A. ①②④　　B. ①③④⑤

C. ②③④　　D. ①②③④⑤

2. 道德的功能:(　　)。

A. 认识功能　　　　　　　　B. 规范功能

C. 调节功能　　　　　　　　D. 以上都是

3. 实现(　　),是我国社会主义经济建设、政治建设、文化建设、社会建设和生态建设的奋斗目标,是国家意志的价值呈现,是凝心聚力的宏伟目标和价值理想。

A. 富强、民主、文明、和谐　　　　B. 自由、平等、公正、法治

C. 爱国、敬业、诚信、友善　　　　D. 以上都是

4. 麻醉药品、精神药品和易制毒化学品管理的具体办法,由(　　)规定。

A. 国务院　　　　　　　　B. 公安部

C. 卫生部　　　　　　　　D. 商务部

5. 我国《禁毒法》规定,(　　)应当依法加强对邮件的检查,防止邮寄毒品和非法邮寄易制毒化学品。

A. 海关　　　　　　　　B. 公安机关

C. 边防　　　　　　　　D. 邮政企业

6. 下列哪个不是《禁毒条例》中所称的毒品?(　　)

A. 鸦片、吗啡、海洛因　　　　B. 香烟、酒精、安眠药

C. 甲基苯丙胺(冰毒)　　　　D. 大麻、可卡因

7. 最早的禁毒立法工作是(　　)。

A. 虎门销烟

B. 崇祯皇帝两次发出敕令,规定违令者可处死

C. 皇太极下令禁烟

D. 雍正七年(1729 年)颁布查禁鸦片谕旨

8. 娱乐场所应当开展禁毒宣传教育,制定巡查制度,发现娱乐场所内有毒品违法犯罪活动的,(　　)。

A. 自行处理

B. 应当立即向公安机关报告

C. 自愿报告

D. 置之不理

9. 全国人大常委会《关于禁毒的决定》规定,对下列违法行为要依我国《刑法》给予处罚的是(　　)。

①吸食、注射毒品的人

②引诱、教唆、欺骗或强迫未成年人吸食、注射毒品的人

③非法种植罂粟并抗拒铲除的人

④种植罂粟收获后用于制造鸦片及其他毒品或出售毒品的人

A. ①③④　　B. ①②③④

C. ②③④　　D. ①②③

10. 禁毒斗争关系民族的盛衰,清除毒害,人人有责。公民应(　　)。

①珍爱生命,拒绝毒品

②自觉依法律己,决不吸食、注射毒品

③积极同制毒、贩毒、运毒、藏毒等犯罪行为作斗争

④积极宣传国家的禁毒法律法规

A. ①③④　　B. ①②③④

C. ②③④　　D. ①②③

11. 凡走私、贩卖、运输、制造毒品的行为，我国法律规定(　　)。

A. 依据数量多少来确定是一般违法还是犯罪

B. 主要由公安机关进行行政处罚

C. 不管数量多少，都是犯罪，都要受到刑罚处罚

D. 属于违反《治安管理处罚法》的行为

12. 1839 年，(　　)组织的虎门销烟，成为世界禁毒史上的壮举。

A. 邓廷桢　　B. 关天培

C. 林则徐　　D. 李鸿章

13. (　　)是幸福生活的源泉。

A. 见利忘义　　B. 恶劳好逸

C. 辛勤劳动　　D. 发明创造

14. 良知是(　　)。

A. 在学校里学习后才有

B. 需要家长教育才有

C. 不学就知道的价值判断能力

D. 学了才有的价值判断能力

15. 毒品交易本身是重罪，且易诱发大量犯罪活动，下列哪项是为了毒品交易而衍生的犯罪活动？(　　)。

A. 为捞点外快,利用职务便利设计陷害、敲诈勒索百姓

B. 为保面子政绩,不惜违反党纪国法包庇袒护违法犯罪人员

C. 为打击报复,滥用手中权力欺上压下、迫害举报控告人

D. 为了有钱再吸一口毒品,去别人家盗窃或抢劫

二、多项选择题(每题 2 分,共 20 分)

1. 法的规范作用有(　　)。

A. 指引作用　　B. 评价作用

C. 预测作用　　D. 教育作用

E. 强制作用

2. 毒品对个人身心健康的危害包括(　　)。

A. 对呼吸系统的危害　　B. 对精神系统的危害

C. 对消化系统的危害　　D. 对生殖系统的危害

3. 禁毒是全社会的共同责任,(　　)应当依照有关法律的规定,履行职责或者义务。

A. 国家机关　　B. 社会团体

C. 企业事业单位　　D. 其他组织和公民

4. 毒品泛滥对国家、国民素质的影响表现在(　　)。

A. 吸毒者身体素质差而丧失劳动能力,造成人力资源的巨大浪费

B. 毒品让部分青少年丧失了理想和信念

C. 吸毒导致社会素质降低

D. 毒品交易不会对社会安定和谐有影响

5. 毒品交易对社会经济的影响表现在(　　)。

A. 吸毒者的每年毒品消费,很大程度上影响着社会购买力

B. 破坏金融秩序和商品流通秩序

C. 吸毒后长期戒毒、康复治疗的巨额开销

D. 政府为禁毒不断地增加财政性投入,消耗国家宝贵的财力

6. 制定《禁毒法》的目的是(　　)。

A. 预防毒品违法犯罪行为　　B. 惩治毒品违法犯罪行为

C. 保护公民身心健康　　D. 维护社会秩序

7. 根据调节领域、调节方式、调节目标不同,道德从实践领域来看,又可分为(　　)几个方面。

A. 社会公德　　B. 职业道德

C. 家庭美德　　D. 个人品德

8. 说一个人要有良知,就是指要有“五心”,“五心”中除了恻隐之心外,还包含(　　)。

A. 是非之心　　B. 辞让之心

C. 羞恶之心　　D. 敬畏之心

9. 职业道德的内容:(　　)。

A. 爱岗敬业　　B. 诚实守信

C. 奉献社会　　D. 诚信友善

10. 劳动的意义有哪些?(　　)。

A. 劳动创造了人类

B. 劳动是个人生存的基础

C. 劳动是个人发展的加速器

D. 劳动有助于实现个人价值

三、判断题(每题1分,共10分)

1. “自由、平等、公正、法治”是社会主义核心价值观社会层面的价值取向。　(　　)

2. 在易制毒化学品的运输过程中,违反国家规定,致使易制毒化学品流入非法渠道,按照我国《禁毒法》应当追究刑事责任。　(　　)

3. 有良知表现在有恻隐之心、羞恶之心、辞让之心、是非之心、敬畏之心。　(　　)

4. 罪犯可以管理约束控制好自己的侥幸心理。　(　　)

5. 云南省昆明市某县一农村妇女听说罂粟能治胃病,就私自种植了一些,她认为自己在自己的承包地种药与政府无关。她的说法是对的。　(　　)

6. 服用“摇头丸”对人的大脑中枢神经没有多大危害。

(　　)

7. 见利忘义是指背弃道德的准则,不择手段地为自己牟取利益和好处。　(　　)

8. 毒品是指鸦片、海洛因、甲基苯丙胺(冰毒)、吗啡、大麻、可卡因以及国家规定管制的其他能够使人形成瘾癖的麻醉药品和精神药品。　(　　)

9. 毒品具有麻醉、致幻、兴奋作用。　(　　)

10. 社会公德包含家庭美德和个人品德两个方面。　(　　)

四、简答题(每题10分,共30分)

1. 简述家庭美德的内容及含义。

2. 毒品对国家、社会造成了哪些危害?

3. 毒品交易衍生的犯罪有哪些?

五、论述题(第1题10分,第2题15分,共25分)

1. 剖析自己为什么会走上毒品犯罪的道路。

2. 服刑罪犯如何践行社会主义核心价值观。

牟利型毒品罪犯矫正项目测评试卷(A)答案

一、单项选择题(每题1分,共15分)

1.(D)　2.(D)　3.(A)　4.(A)　5.(D)　6.(B)

7.（B） 8.（B） 9.（C） 10.（B） 11.（C） 12.（C） 13.（C） 14.（C） 15.（D）

二、多项选择题（每题2分，共20分）

1.（ABCDE） 2.（ABCD） 3.（ABCD） 4.（ABC） 5.（ABCD） 6.（ABCD） 7.（ABCD） 8.（ABCD） 9.（ABC） 10.（ABCD）

三、判断题（每题1分，共10分）

1.（√） 2.（√） 3.（√） 4.（√） 5.（×） 6.（×） 7.（√） 8.（√） 9.（√） 10.（×）

四、简答题（每题10分，共30分）

1. 简述家庭美德的内容及含义。

答：(1)尊老爱幼：要求在家庭生活中尊敬、照顾和赡养老人，抚养、疼爱和教育子女。

(2)男女平等：要求在家庭生活中男女享有平等的地位、权利和尊严。

(3)夫妻和睦：要求在家庭生活中夫妻互敬互爱互助互信互谅。夫妻关系是家庭生活的核心，夫妻和睦是夫妻之间最基本的道德要求。

(4)勤俭持家：要求在家庭生活中勤奋劳作，节约俭朴，合理持家。它是兴家之本、富家之路，是中华民族的传统美德。

(5)邻里团结：要求在家庭生活中与邻里之间友好往来、互相帮助、和睦相处。它是中华民族的传统美德，也是社会主义新型道德关系的要求。

2. 毒品对国家、社会造成了哪些危害?

答:(1)危害社会安定,诱发各种违法犯罪。如盗窃、抢劫、暴力抗法、传播不治之症艾滋病等,使老百姓无法安居乐业。

(2)造成社会财富大量流失,损失大量国家财政,金钱流向境外,社会失去大量劳动生产能力等。

(3)污染社会风气,使人道德滑坡,直至沦丧。

(4)对社会的发展与进步产生巨大危害。毒害青少年,使其丧失上进心,一步步沉沦。

3. 毒品交易衍生的犯罪有哪些?

答:(1)经济利益的驱使让毒品犯罪制贩毒行为愈演愈烈。

(2)新型毒品的流行与泛滥让毒品犯罪更加猖獗。

(3)零包贩卖、以贩养吸、容留他人吸毒等犯罪行为恶性膨胀。

(4)毒品交易衍生的次生犯罪凸显。

五、论述题(第 1 题 10 分,第 2 题 15 分,共 25 分)

答案略。

附件三　牟利型毒品罪犯矫正项目测评试卷(B)

(时间:90 分钟,分值:100 分)

题号	一	二	三	四	五	总分
得分						

一、单项选择题(每题 1 分,共 15 分)

1. 法的规范作用有(　　)。

①指引作用　②评价作用　③预测作用　④教育作用　⑤强制作用

A. ①②④　　B. ①③④⑤

C. ②③④　　D. ①②③④⑤

2. 实现(　　),是我国社会主义经济建设、政治建设、文化建设、社会建设和生态建设的奋斗目标,是国家意志的价值呈现,是凝心聚力的宏伟目标和价值理想。

A. 富强、民主、文明、和谐　　B. 自由、平等、公正、法治

C. 爱国、敬业、诚信、友善　　D. 以上都是

3. 道德的功能:(　　)。

A. 认识功能　　　　B. 规范功能

C. 调节功能　　　　D. 以上都是

4. 麻醉药品、精神药品和易制毒化学品管理的具体办法，由(　　)规定。

A. 国务院　　　　B. 公安部

C. 国家卫生健康委员会　　　　D. 商务部

5.《禁毒法》规定，(　　)应当依法加强对邮件的检查，防止邮寄毒品和非法邮寄易制毒化学品。

A. 海关　　　　B. 公安机关

C. 边防　　　　D. 邮政企业

6. 下列哪项不是《禁毒条例》中所称的毒品？(　　)。

A. 鸦片、吗啡、海洛因　　　　B. 香烟、酒精、安眠药

C. 甲基苯丙胺(冰毒)　　　　D. 大麻、可卡因

7. 禁毒工作坚持的方针是(　　)。

A. 教育为主，禁吸、禁贩并举

B. 预防为主，综合治理，禁种、禁制、禁贩、禁吸并举

C. 打击为主，综合治理，禁种、禁制、禁贩、禁吸并举

D. 预防为主，教育为辅，严厉打击，保护公民

8. 下列哪项不是毒品交易引发的家庭危机？(　　)。

A. 投资贩毒，人财两空，造成家庭经济危机

B. 筹集毒资，花光积蓄，骗借家人

C. 身陷囹圄，责任缺失，造成家庭职能危机

D. 逞一时之强,利用手中权力欺压、残害百姓

9. 制定《禁毒法》的目的是(　　)。

①预防毒品违法犯罪行为　②惩治毒品违法犯罪行为

③保护公民身心健康　④维护社会秩序

A. ①③④　B. ①②③④

C. ②③④　D. ①②③

10. 当知道张某因为吸食你交易的毒品后妻离子散,家破人亡,惨不忍睹后,你应该被唤醒的不包括(　　)。

A. 恻隐之心　B. 是非之心

C. 辞让之心　D. 羞恶之心

11. 在走私、贩卖、运输、制造毒品的行为中,一般犯罪嫌疑人会主观地认为自己是幸运儿,而且行为非常隐蔽,做得天衣无缝,无人知道,这种心理是(　　)。

A. 胆大妄为　B. 胡作非为

C. 侥幸心理　D. 乐观心态

12. 因毒品交易是重罪,入狱罪犯一般刑期较长,要防患于未然,心怀(　　)才能守住法律底线,才能做到行有所止。

A. 敬畏之心　B. 辞让之心

C. 勇于创新　D. 大胆探索

13. (　　)是幸福生活的源泉。

A. 见利忘义　B. 恶劳好逸

C. 辛勤劳动　D. 发明创造

14. 禁毒斗争关系民族的盛衰,清除毒害,人人有责。公民应(　　)。

①珍爱生命,拒绝毒品

②自觉依法律己,决不吸食、注射毒品

③积极同制毒、贩毒、运毒、藏毒等犯罪行为作斗争

④积极宣传国家的禁毒法律法规

A. ①③④　　B. ①②③④

C. ②③④　　D. ①②③

15. 1839 年,(　　)组织的虎门销烟,成为世界禁毒史上的壮举。

A. 邓廷桢　　B. 关天培　　C. 林则徐　　D. 邓世昌

二、多项选择题(每题 2 分,共 20 分)

1. 法的特征:(　　)。

A. 法是调整人的行为的一种社会规范

B. 法是由公共权力机构制定或认可的具有特定形式的社会规范

C. 法是具有普遍性的社会规范

D. 法是以权利义务为内容的社会规范

E. 法是以国家强制力为后盾,通过法律程序保证实现的社会规范

2. 毒品对个人身心健康的危害包括(　　)。

A. 对呼吸系统的危害　　　　B. 对精神系统的危害

C. 对消化系统的危害　　　　D. 对生殖系统的危害

3. 良知的特性(　　)。

A. 普遍性　　　　B. 可塑性

C. 继承性　　　　D. 排他性

4. 根据调节领域、调节方式、调节目标不同,道德从实践领域来看,又可分为(　　)。

A. 社会公德　　　　B. 职业道德

C. 家庭美德　　　　D. 个人品德

5. 毒品交易对社会经济的影响表现在(　　)。

A. 吸毒者的每年毒品消费,很大程度上影响着社会购买力

B. 破坏金融秩序和商品流通秩序

C. 吸毒后长期戒毒、康复治疗的巨额开销

D. 政府为禁毒不断地增加财政性投入,消耗国家宝贵的财力

6. 全国人大常委会《关于禁毒的决定》规定,对下列违法行为要依刑法给予处罚的是(　　)。

A. 吸食、注射毒品的人

B. 引诱、教唆、欺骗或强迫未成年人吸食、注射毒品的人

C. 非法种植罂粟并抗拒铲除的人

D. 种植罂粟收获后用于制造鸦片及其他毒品或出售毒品的人

7. 毒品泛滥对国家国民素质的影响表现在(　　)。

A. 吸毒者身体素质差而丧失劳动能力,造成人力资源的巨大浪费

B. 毒品让部分青少年丧失了理想和信念

C. 吸毒导致社会素质降低

D. 毒品交易不会对社会安定和谐有影响

8. 禁毒是全社会的共同责任,(　　)应当依照有关法律的规定,履行职责或者义务。

A. 国家机关　　B. 社会团体

C. 企业事业单位　　D. 其他组织和公民

9. 职业道德的内容:(　　)。

A. 爱岗敬业　　B. 诚实守信

C. 奉献社会　　D. 诚信友善

10. 劳动可以(　　)。

A. 创造财富　　B. 缔造幸福

C. 增强人脉　　D. 提升品质

三、判断题(每题1分,共10分)

1. "自由、平等、公正、法治"是社会主义核心价值观社会层面的价值取向。(　　)

2. 在易制毒化学品的运输过程中,违反国家规定,致使易制毒化学品流入非法渠道,按照我国《禁毒法》应当追究刑事

责任。（　）

3. 为人处世无愧于心，这里的“心”主要是指：辞让之心、恻隐之心、是非之心、敬畏之心、羞恶之心。（　）

4. 侥幸心理人人都有，所以进行毒品牟利交易时，只要做到天衣无缝，就能不被法律追究。（　）

5. 云南省昆明市某县一农村妇女听说罂粟能治胃病，就私自种植了一些，她认为自己在自己的承包地种药与政府无关。她的说法是对的。（　）

6. 服用“摇头丸”对人的大脑中枢神经没有多大的危害。（　）

7. 见利忘义是指背弃道德的准则，不择手段地为自己牟取利益和好处。（　）

8. 毒品是指鸦片、海洛因、甲基苯丙胺（冰毒）、吗啡、大麻、可卡因以及国家规定管制的其他能够使人形成瘾癖的麻醉药品和精神药品。（　）

9. 毒品危害非常大，重要的是自己不吸毒，卖给别人吸问题不大。（　）

10. 国家公职人员都有权利和义务收缴毒品，收缴到的毒品只要不贩卖，可以自行处理。（　）

四、简答题（每题10分，共30分）

1. 如何管理约束侥幸心理？

2. 毒品交易引发什么家庭危机？

3. 毒品交易衍生的犯罪有哪些？

五、论述题(第1题10分,第2题15分,共25分)

1. 剖析自己为什么会走上毒品犯罪的道路。

2. 服刑罪犯如何践行社会主义核心价值观。

牟利型毒品罪犯矫正项目测评试卷(B)答案

一、单项选择题(每题1分,共15分)

1.(D)　2.(A)　3.(D)　4.(A)　5.(D)　6.(B)　7.(B)　8.(D)　9.(B)　10.(C)　11.(C)　12.(A)　13.(C)　14.(B)　15.(C)

二、多项选择题(每题2分,共20分)

1.(ABCDE)　2.(ABCD)　3.(AB)　4.(ABCD)　5.(ABCD)　6.(BCD)　7.(ABC)　8.(ABCD)　9.(ABC)　10.(ABD)

三、判断题(每题1分,共10分)

1.(√)　2.(√)　3.(√)　4.(×)　5.(×)　6.(×)　7.(√)　8.(√)　9.(×)　10.(×)

四、简答题（每题10分，共30分）

1.如何管理约束侥幸心理？

答：（1）适度管理侥幸心理。制定目标适度可行，不过度依赖，不过度投入。

（2）用道德约束侥幸心理。树立正确的价值观，珍惜个人信用，学会自我反思，懂得将心比心。

（3）用法律震慑侥幸心理。树立对法律的敬畏之心，法律面前莫侥幸，侥幸必被抓，莫做心虚贼、惊弓鸟。

2.毒品交易引发什么家庭危机？

答：（1）投资贩毒，人财两空，造成家庭经济危机。毒品犯罪的巨额利润会蒙蔽部分人良知，导致其丧失道德、越过法律底线，铤而走险，走上毒品交易的道路，最终因违法犯罪进了监狱，钱财则被没收、处罚。

（2）身陷囹圄，责任缺失，造成家庭职能危机。夫妻、父母子女、兄弟姐妹构成整个家庭关系。因为触犯国家法律，或被判处死刑，付出生命的代价；或来到监狱服刑，付出自由的代价。无论是哪种结果，自己都不能再履行好家庭职责，都会导致夫妻关系破裂、家庭解体，致使父母、子女无人照管。

3.毒品交易衍生的犯罪有哪些？

答：（1）经济利益的驱使让毒品犯罪制贩毒行为愈演愈烈。

（2）新型毒品的流行与泛滥让毒品犯罪更加猖獗。

（3）零包贩卖、以贩养吸、容留他人吸毒等犯罪行为恶性膨胀。

(4)毒品交易衍生的次生犯罪凸显。

五、论述题(第1题10分,第2题15分,共25分)

答案略。

图书在版编目(CIP)数据

牟利型毒品罪犯矫正项目 / 中国监狱工作协会编. -- 北京 : 法律出版社, 2021

ISBN 978-7-5197-5284-2

Ⅰ. ①牟… Ⅱ. ①中… Ⅲ. ①吸毒-犯罪分子-监督改造-研究-中国 Ⅳ. ①D926.74

中国版本图书馆 CIP 数据核字(2020)第 263059 号

牟利型毒品罪犯矫正项目 **MOULIXING DUPIN ZUIFAN** **JIAOZHENG XIANGMU**	中国监狱工作协会 编	策划编辑 沈小英 责任编辑 程王刚 装帧设计 李 瞻

出版发行 法律出版社
编辑统筹 法治与经济出版分社
责任校对 晁明慧 王 皓 李景美
责任印制 吕亚莉
经　　销 新华书店

开本 A5
印张 12.5　**字数** 249 千
版本 2021 年 8 月第 1 版
印次 2021 年 8 月第 1 次印刷
印刷 固安华明印业有限公司

地址:北京市丰台区莲花池西里 7 号(100073)
网址:www.lawpress.com.cn
投稿邮箱:info@lawpress.com.cn
举报盗版邮箱:jbwq@lawpress.com.cn
销售电话:010-83938349
客服电话:010-83938350
咨询电话:010-63939796

书号:ISBN 978-7-5197-5284-2　**定价**:63.00 元